よい対立 悪い対立

世界を二極化させないために

アマンダ・リプリー
岩田佳代子・訳

Discover

High Conflict

Why We Get Trapped and How We Get Out

by Amanda Ripley

Published by arrangement with the original publisher, Simon & Schuster, Inc.

through Japan UNI Agency, Inc., Tokyo

「善と悪の概念を超えたところにある場所。そこであなたと会おう」

――13世紀のイスラム神秘主義《スーフィー》詩人

ジャラール・ウッディーン・ムハンマド・ルーミー

もくじ

3章 対立の火種

パート

2 対立の外へ

4章 時間を稼ぐ

5章 空間をつくる

はじめに

普段のマーク・ライナスは、誰かと事を構えたがるようなタイプではなかった。趣味は、歴史書を読むことと、アルティメット（フリスビーを使ったスポーツ）をすること。仕事は、小さな慈善団体が運営するウェブサイトの編集。科学者の息子であり、環境保護に傾倒。しかし自身の主義主張は、声高に口にするよりも文章で伝えることを好んだ。

そんなマークが、1999年のある晩、気づくとイギリス東部にある自宅近くの畑に不法侵入していた。全身黒づくめで、山刀《マチェーテ》まで持って。そして、そのマチェーテを力任せに振り下ろすのは絶対に正しいおこないだと信じて、次から次へと健康なとうもろこしの茎をなぎ倒していった。

仲間の活動家たちに当てないように気をつけつつ、マチェーテを振り回しては、とうもろこしの列から列へと行ったり来たりしながら、片っ端から切り倒していく。あたりに満ちる、湿った土と、裂けたばかりの茎のにおい。マークはときおり立ち止まっては、ずれた眼鏡を直した。

この手のことはみんなそうだが、始まりは至って真っ当だった。

数年前、マークはイギリスの海辺の街でおこなわれた懇親会に参加した。マークのような若い環境保護論者の集まりだった。そこで知ったのが「遺伝子工学」だ。モンサントという巨大化学会社が、より質のいい作物をつくるために、種子の遺伝子組み換えを始めたという。マークは心底ゾッとした。なぜそんなことをするのだろう？

もちろん、金儲けのためだった。モンサント社によって遺伝子操作された新しい植物は高い耐性を有していて、同社が開発した「ラウンドアップ」という除草剤を散布しても枯れることはないという。

マークは身を乗り出した。え、ぼくの聞き間違いか⁉　モンサント社といえば、枯葉剤「エージェント・オレンジ」の製造に尽力した会社だったはずだ。米軍がベトナム戦争時に用いた、除草剤の混合剤。そんな会社が今度は、やがて来る有毒物の嵐から、自社のつくり出す、まるでSFに出てくるような種子だけが生き残れる大がかりな生態系を生み出しているらしいなんて。

その話を聞いてマークの頭に浮かんだのは、当時イギリスで巻き起こっていた狂牛病をめぐる議論だった。

何千頭もの牛が致命的な脳感染症を発症していたにもかかわらず、イギリス政府は何年にもわたり、狂牛病に汚染された牛肉を口にしても、人間に害が及ぶ証拠はないと執拗に言い張っていた。

「いっさい問題はありません！」

「食べ続けていただいて大丈夫です！」

ところがやがて、それが完全な誤りであったことが明らかになった。狂牛病のヒト変異型は、牛肉製品を介して感染するらしい。政府は見解の撤回を余儀なくされた。結局、２００人以上が命を落とすことになった。

政府は巨大企業から国民を守ってはくれない。そして今、同じことが繰り返されようとしていた。巨大多国籍企業が食物供給に口を出し、自然を意のままにしている……。

知れば知るほど、マークは怒りを募らせていった。何とかしなければ！　そこで、遺伝子組み換え作物がいかに危険かを警告する、初めての記事を執筆した。

タイトルは「化学や食品の分野における多国籍企業が、さらなる利益追求のために世界的な規模でおこなっている遺伝子実験において、我々消費者はモルモットである」。『Corporate Watch（コーポレート・ウォッチ）』誌に寄稿した。「企業側が戦いに勝利し、遺伝子を組み換えた農作物を我々に強要するようになれば……この地球という惑星で営まれる生命の流れが永遠に変わってしまうかもしれない」と警鐘を鳴らした。

それは我々の存在そのものにかかわる脅威であり、一刻の猶予もならないものだった。「危険な時代がやってくる」この記事は注目を集め、話題となった。マークは次から次へと執筆を続けた。それが高じて、あの晩、畑でおこなったような「排斥」運動に加わるようになっていったのだった――。

のちにマークは思った。はたして、自分はいつから物事を見誤ってしまったのだろうか？　もちろん、モンサント社に疑念を抱くだけの理由はそれなりにあった。だが、どこか途中から道を間違えてしまった。振り返ってみれば、呆れるほかなかったが、悔やんでも遅かった。

あの晩、警察は突然、広々とした畑の向こうから現れた。マークは地面に伏せた。心臓が早鐘を打っている。こんな経験は生まれて初めてだった。

畑の至るところで弧を描く懐中電灯の光。

やたらと響く警察無線の雑音。

警官が近づいてくるにつれて聞こえてくる犬の喘ぎ声や鳴き声。

マークは地面に伏せたまま、以前警察犬について耳にした話を思い出していた。しっかりと訓練されているので、一度噛みついたら離さないという。頼む、嘘であってくれ！
少し冷静になると、今度は何とも言えない気持ちに襲われた。ぼくはちゃんと法律を守ってる。胸を張れる人生を生きてきた。警棒で顔を殴られるなんて嫌だ。警察に楯突く気なんかさらさらないのに！　……だが実際には、掘り起こしたばかりの土に顔を押しつけ、犬に見つからないようにじっとうずくまっていた。

不健全な対立

対立には「よい（健全な）対立」と「不健全な対立」がある。

よい対立は、わたしたちがよりよい人間となれるよう背中を押してくれる。許すこととは違う。屈することとも無縁だ。ストレスが溜まったり、激しくやり合ったりすることはあっても、わたしたちの人としての尊厳が損なわれることはない。社会のあり方を大幅に変えたり、地殻変動をもたらしたりする可能性がある。それでいて、下手な模倣に陥ることもない。そしてわたしたちはつねに現実を受け入れていく。いつでもどんなことにでも答えられる人間などいないし、わたしたちはみんなつながっている。自らを守り、互いを理解し合い、向上していくために欠かせないもの、それが健全な対立だ。しかも昨今は、その必要性がますます高まってきている。

対して、「善と悪」「わたしたちと彼ら」といった、相反する関係が明確になったときに起こるのが**不健全な対立**だ。

そこには真っ当なルールなどない。リアルであってもなくても、両者は敵対し、どんどん感情的になっていく。脳も通常とは異なる働き方をする。自分のほうが優位に立っているという思い込みが激しくなり、相手のことはますますわからなくなっていく。相手から見当違いで穏やかならぬ言葉が発せられれば、胸が苦しくなり、怒りの混じった恐れを感じるかもしれない。対立が自身の生存に対する脅威のように思えてくる。実際にはそんなことなどないとしても、だ。

面白いことに、こうした負の感情は相対する両者が同じように抱くことがよくある。それでいて、互いに話し合うことはない。それぞれが対立を終わらせようとして起こす行動はたいてい裏目に出る。SNSを介して誰かに呼びかけたり、人事部に気に食わない同僚の苦情を持ち込んだりすることは、状況を悪くするだけだ。あなたがすべきは、**直感に反すること**。それを、冷静におこなうのだ。

他者に比べて不健全な対立を引き起こしやすい人もいる。**「対立を煽るパーソナリティー」**を持つ人たちだ。あなたのまわりにもひとりはいるだろう。すぐに相手を責め、自分は絶対に正しいと言って譲らず、いつも身構えている。他者との間に明確に一線を引き、どんなときでも自分から歩み寄ろうとはしないタイプ。たいていの人はそうではないし、できるかぎりこのような不健全な対立を避けようとする。それはそれで問題なのだが。

さまざまな大陸をまたいだ調査で何度も耳にしたのは、不健全な対立に陥っている人々の主張だ。彼らは自分たちの苛立ちを、相手側からの先制攻撃に対する正当な反応だと説明する。**驚くべきことに、事実がどうであれ、両者とも「自分たちは降りかかる火の粉を払っているだけだ」と信じているのだ。**それでいて、侮辱されたことをいちいちあげつらい、大袈裟に騒ぎ立てて、気づけば何度も対立を繰り返す。

どうしてそんなことになるのだろう？

他者に対して絶えず緊張感を抱いたまま人生を送りたいなどと思っている人はほとんどいない。大半の人が理屈ではわかっているのに。

それなのになぜ、対立し続けてしまうのか。

よい対立に戻りたくても、戻れないのはどうしてなのだろう？

それが本書最初の謎だ。

話は、北カリフォルニアの沿岸にある、楽園のような場所から始まる。そこで出会うのはゲイリー・フリードマン。世界的に有名な紛争調停の専門家で、地方政治の改善を願って、その世界へ飛び込んでいくことを決意する。

幾重にも重なっている対立という現象。それを理解するためにまず注目すべきは、**静かに勢いを増す小さな対立**だ。対立にはそこに至る背景があり、見た目の構図どおりではない。

つぎに検討していくのは、**対立がいかに激化していくか**だ。くすぶったままだったり、自然消滅する対立がある一方で、煽られ、暴力を伴うようになり、何世代にもわたって続く対立があるのはなぜなのだろう？

ここではカーティス・トーラーに登場してもらう。長年シカゴで報復合戦に明け暮れてきたギャングの元リーダーだ。世界中で対立を加速、悪化させている4つの要因について学んでいく。

最終的に目指すのは、**不健全な対立をよりよく理解する**ことだ。そうすれば、対立が起こるときにそれを認識できるし、望むなら、そこから自分や他者が抜け出すのを助けることもできる。そしてそれは、最も興味深い謎へとつながっていく。

人は、不健全な対立からちゃんと逃れることができる。個々人が、あるいはコミュニティ全体でも、対立によってもたらされる負の連鎖をかわす術を見出せる。とはいえ、誰しも逃れることにいきなり同意するわけではない。これが重要な点だ。みんな、自分の信念は投げ出さないし、極端な方向へ立場を変えることもない。

自身の信念は曲げないが、相手の言い分に耳を貸す。そこからすべてが変わっていくのだ。関心が戻ってくる。思いやりの気持ちを取り戻す。知能指数も元に戻る。**同意できないことを理解できるようになる。対立は、人を消耗させるものから、自分に必要なものへと変わっていく。**

不健全な対立は、健全な対立に変えることができる。わたしは最近何度も目の当たりにしてきたし、わたし自身の内で起こっているのも感じた。だがそれは、放っておいても起こるものではない。行動をしなければならない。

不健全な対立を防いだり、途中で断ち切ったりするためには、街や、はては国が一丸となって、大々的な規模で行動を起こすことができるかどうかだ。その答えを見つけるために赴くのがコロンビアの首都ボゴタだ。そこで会うのはサンドラ・ミレナ・ヴェラ・バストス。内戦からの正式かつ合法的な撤退を自らの意思で選んだゲリラ兵で、他の大勢の人たちがその同じ旅路を行くのを後押しするためにはどうすべきかも理解している女性だ。

そして最後に、最初から不健全な対立に免疫がある地域とはどういったところなのかを見ていく。アメリカに戻り、ニューヨーク市のセントラル・パーク近くにある、ひときわ目を引くシナゴーグへ行こう。ここに集う信徒は、どんなに不快な思いをしたとしても、関心と確たる決意を持って対立を探究するという、まったく別の対処法を会得している。進歩的なユダヤ人の一団が、このシナゴーグからミシガンの片田舎へ行き、地元の刑務所で働く、保守的なトランプ支持者の家で過ごす3日間に、わたしたちも同行させてもらう。

そこで繰り広げられるのは、戸惑いも覚えるが、実に興味を引かれる情景だ。両者は、自分たちの直感にほとんど逆らいながら、これまでのように不健全な政治的対立をヒートアップさせるのではなく、健全な対立に戻そうする。

不健全な対立《ハイ・コンフリクト》。この現象は、とても興味深いものではあるが、理解はされていない。それをきちんと認識し、制御し、さらには防ぐ術を学ばなければ、遅かれ早かれすべての人がとらわれてしまうだろう。誰もが不健全な対立に魅了される可能性があり、そのせいで、なぜか自分の主義主張に反する側に立って戦い始めていて、しかもそれに気づかないことがある。その結果、自分にとって最も大切なものを犠牲にしてしまう可能性があったとしてもだ。

見えざる手

わたしは対立に囲まれて育った。だが、極端に劣悪な環境だったわけではない。食べるものには困らなかったし、愛情もたっぷり注いでもらった。失敗も許される環境だった。ただ母は、頻繁に見舞われるうつ病や不安症の発作に苦しんでいた。自分が傷つけられるのではないかと思うと、そのたびに、怒ったり相手に罵声を浴びせたりといったことを繰り返した。しかもしょっちゅうだ。

だからわたしはよく、家の階段に座り、1980年代に流行したモスグリーンのカーペットに人差し指でいろいろな模様を描きながら、両親の喧嘩に耳を傾けていた。父の声はほぼ聞こえず、階上からは母の声だけが響く。内容はほとんど聞き取れなかったが、その声が甲高く、大きくなっていくにつれ、わたしの胃は恐怖でいっぱいになった。

弟はというと、自分の部屋にこもって、スター・ウォーズのアクションフィギュアで遊んでいた。賢明な行動だ。でも当時のわたしは、どういうわけか、それをどうしても聞きたかった。いさかいの一部始終にじっと耳を傾け、しっかりと把握しておくことが大事な気がしたからだ。そうすれば、次に起こることを予想したり、ひょっとしたら防いだりできる一助になるとでも思ったのだろう。

だからだろうか、年を重ねるにつれ、対立を目の当たりにすることで生計を立てる術を自然と見つけていった。『タイム』誌のジャーナリストとして、犯罪、災害、テロなど、人が経験するあらゆる悲惨な状況を取材した。それから教育問題も。子どものことや勉強のことなど、きれいごとばかり並べ立てられているが、実のところアメリカでは教育そのものが不健全な対立を引き起こしている。

そしてこうした取材に、何とも言えない安心感のようなものを覚えていた。**対立をひとつも見失うことなく、そのすべてを記録に留めていけば、自分はもとよりすべての人を何とかして守れるだろうと無意識のうちに信じていたからだ。**それほどにわたしは子どもだった。

そんな自分の幼さに気づいたのは、2016年の大統領選後だ。わたしには対立を予測できなかった。理解すらできなかった。自国のことなのに！　どうしてあんなにも多くの人が、絶対的な確信を持って、世の中というものをまったく異なる見方でとらえているのだろう？　民主党員と共和党員の半数が、対立する党の党員をよく知らないまま、恐ろしい存在と見なしていた。アメリカ人は、多くの政策において、変わらず意見の一致を見ていたが、それでも、自身の政治的な傾向や思想をベースに、互いを同じ人間とは見なさなくなっていった。あの選挙のせいで、3800万ものアメリカ人が、家族や友人と話をするのをやめたという推計もある。

まるで政治的関心がなくなってしまったようだった。そんなときに物語を語ることに何の意味があっただろう。細部に至るまで丹念に取材し、事実確認をしたところで、対立する陣営の党員の存在に怯えながら、同じ党派内の人に向けてしか話せないことに、何の意味があっただろう。アメリカ人の3人に2人は、マスコミがニュースをすべて、正確に、公平に報道しているとはとても思えないと言っていた。多くの人が、自発的にニュースを避けてもいた。見聞きすると落ち込むからだ。かと思えば、忌々しいから見ずにはいられないという人たちもいた。


これはきっと、アメリカならではの病的な状態のせいに違いない！　しばらくの間、わたしはそう考えていた。極端な経済格差と結びついた人種差別の歴史のために、政治的二極化（保守とリベラル）という破滅的な状況がもたらされたのだろう、と。それも答えの一端ではあった。だが周囲に目を向けたとき、これはアメリカにかぎった問題ではないことがよくわかった。

他の国では、難民問題や英国のEU離脱、燃料価格などに対する意見の違いから、家族で囲む夕食の席を蹴って飛び出していく人たちがいた。アルゼンチンの国民は、10人中9人が、自分たちの国はかなり、あるいは完全に分断されていると言った。ノルウェーとデンマークでは、野生のオオカミの取り扱いについて、大きく意見が割れていた。ニュージーランドでは猫を巡って。

ヨーロッパの半数の人たちが、10年前に比べると、自分たちの社会には寛容さがなくなってきていると話している。「我々は永続的な憤り、ある種の社会的な怒りを経験している」とは、ドイツ大統領フランク＝ヴァルター・シュタインマイヤーの弁だ。「ドイツは話さない、大声で叫ぶ」

こうした不健全な対立の原因として間違いなく挙げられるのがYouTubeやFacebook、X（旧Twitter）だ。いずれも、対立の無限ループを故意に煽ってきた。それに、怒りを利益に変えたセンセーショナルなメディア。人間の最悪の本能に大々的に報いてくれた関心経済《アテンション・エコノミー》（情報の質より人々の関心や注目を集めるほうが経済的な利益が大きいこと）もあった。テレビをつけ、ネットに接続すれば、わたしたちを駆り立て、あなたは正しいと焚きつける挑発的な言葉の大合唱に迎えられた。

SNSは大きな原因ではある。けれど、じゅうぶんな説明になっているようには思えなかった。ソーシャルメディアにはほとんど時間を費やさない人も大勢いたのに、そういう人たちも依然としていがみ合っていたからだ。

他にも起こっていることがあったのだ。まだはっきりわかっていない何かが。

そこでわたしは、自分が見落としているものを見出そうと思った。激しい対立を何とかしようとしてきた人たちからじっくりと話を聞いた。ルワンダからコロンビア、イスラエルまで、あらゆる場所に出向いた。紛争調停――それも、離婚や職場の問題、親権争いといった、個人間の対立に特化した調停のための研修も80時間きっちり受けた。すると、対立の中身は多種多彩でも、人々の行動は同じであることが見えてきた。

それから5年、わかったことは、わたしたちを不健全な対立の場へと追い込んだのは、多くの力だったということだ。技術の変化や人口の推移、グローバル化、不当に規制された市場、急激な社会の変化。それらによって、不安や疑念の波がもたらされた。人は、これほど急速な変化のペースにはついていけない。混乱し、それがひどくなれば脅威を感じるようになる。そんな不安を説明するための物語を探そうとする。日和見主義のリーダーや評論家やプラットフォームがつけ込むのは簡単だ。

しかしそんな力とは別の見えない力がある。**不健全な対立そのものが引き込む力**だ。これこそ、現代の見えざる手だ。対立がエスカレートすると、ある時点から対立そのものが主導権を握るようになってくる。紛争をもたらしたもともとの事情や力の存在感は薄れ、敵対する相手との力関係が幅を利かせてくる。医療政策や難民問題における実際の意見の不一致はもはや問題ではなくなり、対立そのものが現実となっていく。

不健全な対立がすべてを焼き尽くす

1930年代、アラバマ州の州都モンゴメリーに、オークパークと呼ばれる公共のレクリエーション施設が建設された。目玉は、最新の濾過装置がついた巨大なプールと子ども用のプール。テニスのクレーコートが6面にメリーゴーラウンドもあった。クマとワニとサルまで揃えた動物園まであるではないか！　まさに市営のおとぎの国だった。

だが、そんなおとぎの世界にも、何百年も前から続く不健全な対立が存在した。黒人への人種差別だ。なんと、オークパークは白人専用だったのだ。

1957年の秋のある日、マーク・ギルモアという若い黒人男性が、職場からの帰路、オークパークを抜けて近道をした。結果、人種隔離政策に違反したとして逮捕された。マークが法廷でその政策に異議を唱えると、連邦裁判所判事は、白人専用という市が定めた政策は違憲だと裁定した。黒人の納税者も含め、すべての市民がパークの建設費を負担したのだから、すべての市民に開かれなくてはならない、と。

平等と正義の大きな勝利かのように思われた。が、次に何が起こったか。市は人種差別をなくすかわりに、なんとパークを「完全閉鎖」したのだ！　黒人のいないプールで白人が泳げないいなら誰も泳げない、というわけだ。プールは水が抜かれ、埋め立てられた。動物たちは譲られたか売りわたされた。プールは二度と再開されなかった。黒人も白人も、全員が負けたのである。

対立は火によく似ている。生きていくためにはある程度の火が不可欠だ。火がないと、人生はもっと悪くなる。自分が間違っていたことを明らかにすることも、獣から身を守ることもできない。荒れる市議会も、デートのときの緊張感に包まれたディナーも、抗議のためのストライキも、理事会や進路指導カウンセラー室での衝突も、すべて必要な対立だ。対立のない人生は、愛のない人生のようなもの。寒々しく、やがて耐えられなくなる。だが、対立が不健全なものに変われば、家全体を焼き尽くしかねない。

わたしは人生をかけて対立を追ってきたが、多くのジャーナリスト同様、その本質を見失っていた。なぜ、不健全な対立が生まれるのか？　そう、**不健全な対立は人を惹きつける**のだ。ひどい確執は、わたしたちを誘い込む。自身の最善の利益に反するような行動をさせる。いったんこうした対立に巻き込まれると、わたしたちの視野は狭くなる。問題だけが、はっきりすぎるくらいはっきりと目に入ってくる。そして、自分は、自らの意志で行動していると、厳然たる事実と深く根づいた価値観に基づいて決断していると思い込む。だが、本当にそうだろうか？

ボタンの掛け違い

あの暗い夜、マークが警察犬に見つかることはなかった。捜索のスキを見て全力疾走。間一髪、鉄条網を飛び越えて近くの畑に逃げ込み、夜明けまで下草の中に身を潜めていたのだった。

マークはその後も、思いつくかぎりのあらゆる方法で、遺伝子組み換え作物に関する反対運動を続けた。2001年には、オックスフォードのボーダーズ書店へ行き、自分と意見を異にする、自著を朗読中のデンマーク人の統計学教授の顔に、スーパーマーケットで売っていたスポンジケーキを投げつけた。「あんたが環境について言ってることはまるっきりデタラメだ!」と叫びながら。

よし、騒ぎになるぞ! そう思っていたのに、マークが想像していたのとはまったく違う光景が広がっていた。顔についたクリームを静かに拭う教授。朗読の再開を待ちながら、混乱した顔でマークを見つめる聴衆。あたりはとたんに気まずい空気に包まれた。あれ!? 自分を店から引きずり出すための警備員がひとりもやってこない。

「あんたは気候変動について嘘をついた。環境問題を前にしたり顔のあんたには、当然の報いだ」などととっさに思いついた言葉をひたすらに叫んでいると、しばらくして警備員が現れ、ようやく店外へと連れ出された。騒ぎを起こすなど自分らしくない。それでも、自分はいい戦いをしているのだと信じていた。

実際に結果がついてきていたことも、マークと仲間たちの行動を後押しした。ヨーロッパやアジア、アフリカ、オーストラリアの政府は、マークのような環境論者の説得を受けて、遺伝子組み換え作物の大半を禁じた。それはマークの生涯で最も影響力を持った左翼的反対運動のひとつだった。

それなのに……。マークはときおり何とも言えぬ違和感を感じていた。ある日、マークが主催したロンドンでの抗議活動で暴動が発生した。窓ガラスが割られ、9人の警官が負傷。仲間の活動家たちがパブで祝杯を挙げている一方で、マーク自身はすっきりしないでいた。

その違和感はあたっていた。そして、それは突然明らかになった。

2002年、アフリカ全土がひどい干ばつ、そして飢饉に見舞われた。飢えに苦しむ何百万もの人々。ところがザンビア政府は、危険性が疑われるという理由で、遺伝子組み換えとうもろこしの輸入を全面的に拒否した。ザンビアの人たちは、もう何年も前から遺伝子組み換えのとうもろこしを食べていたのに。アメリカ人も食べていた。それなのに、なぜ！

最も必要なときである今になって、そのとうもろこしは汚染されていると見なされたのである。不健全な対立にどっぷりとはまってきたマークと仲間の活動家たちはこれまで、科学的な根拠が乏しいにもかかわらず、世界各地で遺伝子組み換え作物に反対する流れができるよう尽力してきたが、そのせいで今、大勢の人が命を失いつつあった。

「我が国民が飢えているからというだけで、毒を与えていい理由にはならない。国民の健康にとって本質的に危険な食べ物を与えていい理由にはならないのである」と、ザンビア大統領レヴィー・ムワナワサは述べた。国連世界食糧計画は、これまでおこなってきた食糧支援の引き上げを始めた。干ばつという惨事に悲劇が重なった。外国からの支援に対するザンビアの指導者たちの不信感は今に始まったことではなかったし、原因も複雑だったが、状況をさらに悪化させていたのが、マークのような活動家たちによる反対運動だった。

何年もの間、マークは自身の疑念から必死に目を背けてきた。人間はこうしたことを非常に得意としている。遺伝子組み換え作物は安全で、人の命を救うことすらある。そんな科学による新たな研究結果が発表されても、つねにそれを退ける理由があった。しかもたやすく退けられた。こんなことになるまでは。

ありのままの世界

不健全な対立は有益であり得ると認めよう。心地がいいし、人生に意味をもたらしてもくれる。ただ最近の不健全な対立は、その有益性の上限に達してしまっているようだ。わたしたちが文明人として直面する問題は、たび重なる不健全な対立によって、よくなるどころか悪くなっているように思える。

不健全な対立は、非常に火がつきやすい。暴力に発展しやすく、反対勢力はさらなる暴力で応戦し、悪意の連鎖がエスカレートしていく。状況の改善に最も力を尽くせそうな人々は早々にその場から逃げ出し、あとは過激派が支配する。

また、わたしたち対彼ら、という考えを助長する現代の活動はいずれも、暴力、非暴力に関係なく、内部から崩壊していく傾向にある。不健全な対立は、違いを受け入れない。世の中を善悪で二分する文化は、当然ながら窮屈で、限定的だ。そういう文化では、困難な問題に取り組むために大勢で力を合わせることが許されない。

このことを人々に痛感させたのが新型コロナウイルスによる感染症の大流行だ。

２０１９年12月31日、中国の衛生当局は、湖北省の武漢で肺炎の集団感染が認められたと世界保健機関に報告した。２週間後、武漢に滞在していたワシントン州在住の男性が帰国。空港到着時にはいっさい症状は見られなかった。ところが４日後、新型コロナウイルス感染症（以下、「コロナ」とする）であることが判明し、病院に駆け込んだ。一方中国当局は、国民への脅威はさほど深刻ではないと軽視し、世界保健機関も「状況はコントロールできている」と世界に向けて繰り返し強調していた。

２０２０年３月１日、ニューヨークで初めて公式にコロナの陽性反応の結果が報告された。だがウイルスは、何週間も前から、静かにニューヨーク中に広がっていた。すでにおよそ１万１０００人ものニューヨーカーがコロナウイルスに感染していた可能性があった。そしてその大半は、中国からではなく、ヨーロッパからの旅行者を介したものだった。

世界経済は停止。４月末までに２６００万以上のアメリカ人が失業手当を申請した。この時点で、世界中で３００万人超がウイルスに感染していた。

またたく間に人類は、「感染力が強く、たちの悪い新たなウイルス」という共通の脅威にさらされた。これはまさに、党派や人種や国籍に関係なく手を取り合う未曾有の機会だった。

共通の敵は人々の連帯感を変えた。世界中でほとんどの人たちが手を取り合った。過度に二極化した国々においてさえそうだった。「我々はみんないっしょだ、と信じている」そう答えたアメリカ人は、3月下旬には90%にのぼった。2018年秋の63%から大幅に増えていた。アメリカの上院では、大規模な連邦景気刺激策を96対0の全会一致で可決。これほどの合意が得られるとは、ほんの1カ月前には想像もできなかった。

だが、時間が経つにつれ、不健全な対立が顔を出す。人を惹きつける。それは容易には抗えない。特に、かつて不健全な対立の維持に大きな意味や仲間意識や力を見出したことのある人にとっては難しい。ヒンドゥー教徒が大多数を占めるインドでは、コロナの初期感染がイスラム教の宣教師たちの集会に端を発していることが明らかになったことで、イスラム教徒がコロナウイルスを広めたと報道機関が非難し始めた。X（旧Twitter）上では、「コロナ聖戦《ジハード》」という言葉がトレンド入りするようになった。

アメリカでは、トランプ大統領が中国を非難した。中国当局が、感染発生の初期段階でウイルスに関する情報を隠蔽したのは誤りだったと指摘したのだ。正しい指摘だった。大統領は、次いで世界保健機関も責め、感染拡大への対応の遅さを理由に、資金を引き上げ、同機関から脱退すると明言した。この点でも、大統領の主張には一理あった。世界保健機関は間違いを犯したのだから、その責任は負ってしかるべきだ。

だが感染拡大は、世界規模の緊急事態であり、対処するには協力が欠かせない。非難するだけではいずれ自滅する。手に負えないほどの最大規模の火災が発生している最中に、世界の核となって活動する唯一の消防署から資金が引き上げられたために、悲惨な状況はさらに悲惨になった。突然、世界保健機関とホワイトハウスのエッセンシャルワーカーたちは、公衆衛生ではなく、政治をしなければならなくなった。

アメリカの多くの学校が再開あるいは閉鎖継続を判断する基準としたのも、科学ではなく政治だった。子どもたちも家族も、必要以上につらい思いをさせられた。本来であれば命を落とさずにすむ人たちが亡くなった。不健全な対立の悪弊を終わらせるのは容易ではない。だが、わたしたちと彼らを分ける明確なラインがほとんどない現代世界では、その悪弊もいずれ自らついえる。人里離れた村で発生した感染症が主要都市のどこかに広まるのに、今日の世界なら1日半もあればじゅうぶんだ。1980年から2013年までの間に記録されている感染症の発生数は1万2012件。4400万の人と、ほぼ世界中の国に影響を及ぼしている。いずれも、コロナが大流行する以前のことだ。今では世界の人口の半数以上が、密集した都会で暮らしていて、ウイルスが蔓延しやすくなっている。しかも、肉体的な健康はどうにか守れたとしても、地球規模の経済はわたしたちを蜘蛛の巣よろしくとらえ、経済的な将来をもからめ取っている。

「集団間の抗争と憎悪とはことさら新しい問題ではない」と、心理学者ゴードン・オールポートは、1954年に刊行された自身の名著『偏見の心理』の「序」に書いている。「新しいのは工学が進んで諸集団が密接化したため、のんびりしておれなくなったということである。（中略）われわれはまだ新しい精神的、道徳的近接に適応する術を学んでいないのである」

わたしたちはみんなつながっている。誰もが順応しなければならない。これは現代の核をなす課題だ。不健全な対立ではなく、よい対立のための制度や社会をつくっていくこと。人間性を失うような状態に陥ることなく、問題に対応できるようにしていく。それが可能だとわたしたちにはわかっている。これまでに大なり小なりそれを実際に成し遂げてきた人たちが山ほどいるからだ。

2020年5月25日、ジョージ・フロイドという46歳の黒人男性が、ミネソタ州ミネアポリスの白人警官によって命を奪われた。警官は、フロイドが繰り返し「呼吸ができない」と訴えたにもかかわらず、およそ9分にもわたってフロイドの首を膝で強く押さえつけていた。この殺人の大半は動画に記録されていて、ミネアポリスはもとより世界中からの抗議を引き起こした。その反響の大きさがきっかけとなり、人種や正義、さらには主要な政策の変更について、歴史に残る真剣な対話が繰り広げられていった。多くの地で、激しいけれど健全な対立が見られた。

だが、どこでもそうだったわけではない。場所によっては、市民が警察に対して、あるいは市民同士の間で暴力行為に及んでいたところもある。平和裡におこなわれていたデモの参加者に、警官や連邦職員が催涙ガスや武器を用いた街もあった。デモの参加者を悪者扱いした政治家もいれば、事件を偏った目で見て拡大解釈し、警察を中傷した活動家もいた。そんな不穏な状況の中で、ジョージの他に少なくとも12人のアメリカ人が命を落としている。その大半の死因が銃創によるものだった。暴力は、報復のためのさらなる暴力が正当なものだと人々に思わせる。不健全な対立では、そういうことが概して起こる。

そして2020年の大統領選を経て、2021年1月6日、暴徒と化したトランプ支持者たちによる連邦議会議事堂襲撃事件が発生した。このときの衝撃で生じた一時的な停滞の間に、よい対立に移行する絶好の機会があった。だが分断と疾病に見舞われ、対立の扇動者に操られたこの国は、依然として自国民の最大の敵であり続けた。マスクをし、換気をすることで感染リスクは軽減できるとか、学校は問題なく再開できたとか、ワクチンはほとんどの人にとって安全だ、といったエビデンスをどんなに積み重ねたところで、不健全な対立の勢いが収まることはなかった。

何が起ころうとも、多くの人が感染拡大で命を落としてはいただろう。ただし、少なくとも16万3000人のアメリカ人が、まだ下ろす必要のなかった人生の幕を下ろさざるを得なかったのは、ウイルスのせいだけではなく、不健全な対立のせいでもあった。

現実逃避

2008年のある夏の日、イギリスの『ガーディアン』紙はマーク・ライナスに、遺伝子組み換え作物を批判する短い記事の執筆を依頼した。マークが以前よくやっていたことだ。マークは、遺伝子組み換え作物との交雑で農薬耐性を得たスーパー雑草やバクテリア、ウイルスが、はびこり、増殖し、他の畑に悪影響を及ぼすと警告する文章を一時間もかからずに書き上げた。もともとのマークの主張だ。

だが原稿が新聞に掲載されると、奇妙なことが起こった。原稿の下のコメント欄には、こんなコメントが載っていたのだ。

「科学的な知識も理解もない」

批判が胸に刺さった。はじめての感覚だった。

そこでマークは、自分の守りを固めようと、自身の主張を裏づける経験的な証拠を探し始めた。ウェブ上で次から次へとページをクリックして、雑誌の記事や電子書籍に目を通していった。画面をどんどんスクロールしていくにつれて、心拍数がどんどん上がっていく。信頼にたるものはひとつも見つけられなかったのだ。これまでの科学的な証拠はどれも、自分の不安を消し去ったり、長年にわたる主張を裏づけてくれたりはしなかった。むしろ目に入ってきたのは、自分とは反対の立場を明確に支持する見解だった。

遺伝子組み換え作物は、環境にとってプラスになり、農作業の負担を軽減する場合もあるという。また、害虫への耐性を持つよう栽培されていたので、農薬もさほど必要ではなかった。遺伝子組み換え作物を活用している国々では、農薬の使用が30％も減少していた。30％!? そんなにも減少させることができたとは！

単純に割り切れることはひとつとしてなかった。モンサント社をはじめとする企業も、もっといい形で遺伝子組み換え作物を導入できた可能性があったのに、そのやり方を間違えた。遺伝子組み換え作物は、地球を破壊するどころか、救う一助となれるかもしれない。それなのにマークは、よかれと思ってとはいえ、何年にもわたって、アフリカやヨーロッパにもたらされたかもしれない計り知れないほどの進歩を阻止すべく必死に活動してきたのだった。

マークは椅子に深々と身を沈めた。いきなり引っ叩かれた感じだった。底なしの深淵に身を乗り出しているかのような感覚。頭ではなく、体で感じた。「それまでの自分の世界観に大きな亀裂が入ったんです。亀裂の向こう側には何があるのか、まるでわかりませんでした」

かつて、マークが科学を無視していると多くの人から責められたことがあった。マークは何年もの間、科学者たちと議論を交わしては、彼らの主張を拒んできた。その状況に新たに加わった事実はない。それなのになぜ今回は、違和感を覚えるのだろう？

一連の経験がマークの頑なな態度を変え、心を開かせたのだった。一度開いた心は、容易に閉ざせない。5年後、マークはイギリスで開催された会議で、大勢の農業従事者を前に、全員の心に残るスピーチをおこなった。

「さて、みなさん、わたしはまず謝罪から始めたいと思います。わたしはこれまで数年にわたって、遺伝子組み換え作物を切り倒してきました。それを今、みなさんの前で、心からお詫び申し上げます」

マークは、緊張するだろうと思い、あらかじめスピーチの内容を一言一句正確に書いておいた。それでも、10秒に1回程度は原稿から顔を上げ、聴衆と目を合わせながら話していった。

「また、環境にとってプラスになりうる、あるいはプラスにすべき重要な技術的な可能性を、悪いものと決めつける手助けをしてきたことも謝ります」

このときこそ、マークが不健全な対立から抜け出した瞬間だった。主張を翻したわけではない。相変わらず、気候変動やブラック企業との戦いに明け暮れていた。「気候変動を解決しなくていいと思うようになったわけじゃないんです」とマークはわたしに言った。「自分たちの活動がうまくいっていないことがわかってきたんです」

このスピーチ以降は、知識に裏づけされたより正確な話をするようにもなった。企業や政治家を公然と批判し続けてもいるが、以前のように相手を見下さなくなった。自分と同じことを望んでいる人々とやり合って、時間を無駄にすることは、もうなかった。


現代社会で成功するには、不健全な対立がいかにして起こるかを理解しなければならない。不健全な対立から一歩引いて、その輪郭を知り、畏れを感じなければならない。そうすれば、それがどれほどわたしたちの視野を歪めているかがわかる。そして、別の生き方を思い描くことができるようになる。

いつかは相手が理解してくれると望んでいても無駄だ。それでは傷つくだけ。相手の悪いところをあげつらいたいなら、一生やっていればいい。次の選挙のことばかり考えているのは、問題の先延ばしにすぎない。相手を憎むのをやめ、愛情を注ごうと人々に言って回ったところでうまくはいかない。なぜなら、不健全な対立に引きずり込まれた人々は、たとえ自分が敵意の塊になっていたとしても、そうは思わないからだ。そういう人たちは、自分は正しいと信じている。

憎しみは重要な感情だ。けれどそれは、いわば表に現れている症状であって、根本の原因は不健全な対立にある。そして不健全な対立は、構図であって、感情ではない。

パート 1

対立の中へ

1章

対立の背景

両方の側に立つ

ゲイリー・フリードマンは、理由も告げられないまま「会いたい」と言われた。だが、その相手のジェイとローナは古くからの友人だった。無下にするわけにもいかず、ふたりを北カリフォルニアの緑豊かな地区にある自身の法律事務所に招くことにした。

約束の時間ちょうどに現れたふたりから告げられたのは、「離婚したい」「助けてほしい」の二言だった。それも、ふたり同時に。

ゲイリーは相談内容を聞き、唖然とした。ふたりが離婚を決めたからではない。夫のジェイは不倫をしていたし、幼い子どもが3人もいるのに、じゅうぶんな定収入もないのも知っていた。ふたりを同時に弁護してもらいたい、と言われたからだった。

ふたりに説明しようと、言葉を尽くす。

「どちらかひとりの弁護しかできないんだ。わたしひとりでふたりの弁護をしようものなら、利害が対立してしまう。円満な離婚を望むなら、別の弁護士が必要だ」

「そもそも、どちらかひとりの弁護をするのさえ心が痛む。君たちはふたりとも友人なんだから」
大切な友人であるふたりにそんなふうに言わなければならない自分が嫌になる……。
するとローナが言った。「どちらかの弁護をしてほしいわけじゃない。ふたりの間で決めなきゃいけないことを手伝ってほしいだけ。どちらか一方の味方をしてほしいわけじゃないの」

両方の側に立つ。いずれの側にも肩入れしない。それはゲイリーにとって、意外な発想だった。そんなことが可能だとすら考えたこともなかった。当時は1970年代後半、そんな立場をとる法律の専門家などいなかった。

「法律っていうのは、君たちが考えているよりはるかに複雑なんだよ」とゲイリー。
その通りだと自分に言い聞かせていた。だが何かが引っかかっていた。実際ここ数年、「法律」自体に不満を抱いていたのだ。仕事には過剰なまでに対立がつきまとい、クライアントがもっと心穏やかでいられる新しいやり方を探していた。にもかかわらず、なぜ友人に言い古された言葉を並べているのだ？　ゲイリーは座ったまま、友人夫婦と同じように気落ちしていた。

そこでいったん口を閉ざし、そのまましばし、友人夫婦が望んでいることについて考えを巡らせた。ひょっとしたらこれは、自分がずっと探し求めてきた類型を破るチャンスかもしれない。

「君たちの言う通りだ。きっとできるし、力になりたい。どうすればいいのかはわからないが、喜んで挑戦させてもらうよ」

無謀な挑戦なのは、火を見るよりも明らかだった。やり方はもちろん、そもそもゲイリーは離婚問題を扱ったことがなかったからだ。ただ、そう言い添えても、友人たちの表情は見るからに変わっていった。実に晴れやかな顔だ。ゲイリーも同じ心持ちだった。

それから4カ月、3人は同じ部屋でともに話し合いを重ねた。何とも気まずい日々だった。ときには、家の所有権や子どもの親権を巡って、ジェイとローナが怒鳴り合いを始め、殺伐たる雰囲気になることもあった。また、ジェイは子どもたちと過ごす時間がもっと欲しいと言うが、ローナはジェイの愛人を子どもたちに近づけたがらなかった。そんな話し合いが延々と続いた。まるで巨大な渦に巻き込まれてしまったようだった。ジェイもローナも、言い争う自分たちに情けなさを感じつつも、感情を抑えられない。ゲイリーも自分が役立っているかが不安だった。

だが一方で、奇妙な解放感もあった。通常、ゲイリーが法律を武器に戦う間、クライアントは傍観するだけだ。だが今回は戦場に立ち、ともに戦っていた。これこそ、本来あるべき姿だ。**問題は当事者が誰よりもよく分かっている。ならば、自分の問題をどう解決するかも、クライアン**

ト自身が誰よりもよく理解しているべきだ。

ある日、言い争いが途切れた隙を狙い、ゲイリーはふたりに提案した。目を閉じて、それぞれの10年後の生活、理想的な子どもたちやお互いとの関係を想像してみてほしいと。

ふたりに、将来に目を向けてもらうのが目的だ。彼らの娘が結婚すれば、顔を合わせることになる。息子に子どもが生まれれば、どちらも孫の世話をせざるを得なくなる。ふたりはこの先もずっと、互いの人生に関わっていく。それが現実だ。

しばし黙するジェイとローナ。離婚したとて、それできっぱり縁が切れるわけではないことに気づいたようだった。では、どうするのか？

家のこと、子どもたちのことをはじめ、すべてにおいて、ふたりは最終的に合意した。ゲイリーも確信を得た。対立のあり方はひとつだけではない。両者の関係を尊重する解決法もあるのだ。学ぶべきことは多いが、やればできる！　離婚したからといって、憎しみ合う必要はない。離婚届にサインをしてから、ジェイとローナはゲイリーをハグした。それからお互いを。

その後、ゲイリーはそれまでのようなやり方で弁護をすることは二度としなかった。ジェイとローナの離婚を耳にした他のカップルが、彼の「調停」を求め、依頼は途切れなかった。頭の固い体制側の弁護士がクライアントに反対しようと、顧問弁護士に「行くな」と言われようと。それは、ゲイリーが、どんなに最悪の瞬間でも、最高の自分を引き出してくれそうだからだ。わたしたちは、争いを好むのと同じくらい、心の底から平和を見出したいとも願っている。

不健全な対立は、人を惨めにする。金銭、情熱、友情、あらゆる点で高くつく。対立によって生き生きもするが、苦しみもする。だからこそ、終わらせたいとも思うが、続けたいとも思う。不健全な対立における第一の矛盾だ。終わらせたくもあり、続けたくもある。そこで、ゲイリーが登場する。

対立の罠

1970年代半ばに調停の仕事を始めた当初、ゲイリーは地元の弁護士協会から調査された。ひとりの人物が、同じ部屋で夫と妻の双方に同時にアドバイスをするなど道義にかなうはずがない、と思われていたからだった。当然調査は不毛に終わり、最終的には法律の専門家たちもゲイリーのやり方を支持していった。その後、アメリカ弁護士協会はゲイリーを講師として雇用する。あらゆる対立に対処する彼の新たなやり方を、他の弁護士たちに伝授してもらうためだった。

ロサンゼルスのミラクルマイル地区のレストラン、インターナショナル・ハウス・オブ・パンケーキから1ブロック、ウィルシャー・ブルバードのすぐそばに、ゴボゴボと音を立てる先史時代の「死の罠」がある。その場所の名前は、ラ・ブレア・タールピッツ（タールピッツは「タールの沼」の意。タールには防腐作用がある）。

泡立ちはするものの、一見すると、穏やかな小さな暗い湖だ。だが科学者たちは、この穴《ピッツ》の奥深くから300万点を超える骨を発見した。非常に保存状態がいい、巨大な哺乳動物のほぼ完璧な骨格も。マンモスやナマケモノ、2000頭をはるかに超えるサーベルタイガーの骨も。

地球上で最強の捕食動物たちがどうしてこれほどたくさん、同じ小さな穴に引きずり込まれたのか。なぜそんなことが起こったのだろう。そして、なぜそこから抜け出せなかったのか。

ラ・ブレア・タールピッツは今も活動を続けている沼で、最後の氷河期以来ずっと、天然のアスファルト（タール）が地面からゴボゴボと湧き出ている。そこで悲惨極まりない光景が繰り返されたのだろう、というのが研究者たちの見解だ。

何万年も前のある日、古代バイソンのような巨大な生き物が一頭、タールピッツの中へ入っていく。沈殿したアスファルトに蹄を取られてすぐに身動きができなくなり、苦しそうなうめき声をあげ始める。ほんの数センチの沈殿でも、大型哺乳動物の動きを奪うにはじゅうぶんだった。

そのバイソンの鳴き声を聞きつけたのが、今は絶滅したダイアウルフ（Canis dirus）などの捕食動物だ。ダイアウルフはコヨーテや人間同様、社会的な動物だ。おそらく何頭かで連れ立って沼までやってきたのだろう。そしていつも通り、身動きできないバイソンに襲いかかった。ついている！　と思ったことだろうが、ダイアウルフたちもたちまち沼にはまって動けなくなった。ダイアウルフたちの吠え声が注意を引き、さらに生き物たちがやってくる。やがてダイアウルフたちは飢えか何かで死に、その死骸が清掃動物を引き寄せ、それがまた沼にはまる……。

そうやって息絶える生き物の数は幾何級数的に増えていった。ひとつの死骸が沈まずに残っていられるのは最長5カ月。その間に死骸は何も知らない犠牲者を引き寄せては、薄暗い沼の底へと沈み、視界から消え去る。現在、タールピッツからは4000頭ものダイアウルフの骨が引き上げられている。

調停をする中で、ゲイリーは不健全な対立を**「罠」**と称している。的を射た表現だ。対立がエスカレートしてある点を超えると、タールピッツのような影響を及ぼすからだ。

対立は、ありとあらゆる、そしてごく普通で筋の通ったニーズや欲求でわたしたちの心をとらえ、引きずり込んでいく。だが、引きずり込むことは対立の実質的な目的ではない。抜け出せないようにすることだ。

対立から抜け出せないことに気づくのは、足を踏み入れたあとだ。助けを求め、わめき、もがけばもがくほど、状況は悪くなっていく。自分の生命をどれほど危うくしているかに気づかないまま、さらに多くの人を泥沼に引きずり込んでいく。

不健全な対立の目的は、**停滞させる**ことにある。一方、健全な対立には動きがある。質問も出れば、関心も寄せられる。わめき声が響くこともあるだろうが、どこかへ向かっている。ずっと今の状態で留まっているより、違うところに向かったほうがもっと面白いと思える。対して不健全な対立では、対立そのものが目的地となり、どこかへ向かうことはない。

そして不健全な対立は、多くの悪影響を与える。

普通に生活していても、人は判断ミスをよくするものだが、不健全な対立下において、それがさらに増える。怒りながら好奇心を抱く状況を想像してほしい。難しいと感じるはずだ。**怒りのせいで、脳の中にある関心を生み出す部位へのアクセスができなくなる**からだ。

また、不健全な対立は、つかの間の満足と引き換えに、人生の充実感を失わせる。その影響は物理的で、無視できないほど大きく、とてもつらい。夫婦喧嘩や自分の応援する政党の立候補者が落選したとき、ストレスホルモンのコルチゾールが一気に増える。コルチゾールが増えるたびに**免疫系が損なわれ**、**記憶力や集中力が低下し**、**筋組織や骨が弱くなり**、**さらに病気になりやすくなる**可能性がある。

一方で、不健全な対立に積極的にかかわらない人たちもいる。**傍観者**だ。大半の人がこのタイプだ。非営利団体モア・イン・コモンによると、アメリカ人のおよそ3分の2が政治的二極化にうんざりしていて、もっと時間を取って互いの話に耳を傾けることを望んでいるという。同団体はこうした人々を「疲弊した多数派」と称している。

だが、誰が彼らを責められよう？　元妻について文句を並べ立てる友人とは付き合いたくないし、対立を目にしたくないとニュースを読まなくなるのはまっとうだ。ひたすら身を潜めて静かにしている。こうした無関心も無理はない。

しかしそれでは不健全な対立は放置されたままになる。そうなったら、過激派たちの独壇場だ。不健全な対立がまたたく間に暴力へと姿を変える。たった一度の流血事件が、相手集団全体の痛みを引き起こし、相手側は報復せずにはいられなくなる。

「わたしたち対彼ら」という二項対立的な考え方は、戦争に不可欠な武器だ。相手が自分より劣る存在だと信じ込めば、その命を奪うのも、隷属させるのも、投獄するのも簡単にできてしまう。

これは、対立に対処する新たな方法をつくり出そうとしていたゲイリーが直面した、根源的な力だ。ローナとジェイのときのようにうまくいくこともあったが、困難で危険を伴う仕事であり、沈むことなくタールピッツを進んでいける、新しいボートをつくらなければならなかった。

以来、ゲイリーは40年以上にわたり、この方法で2000件近くの調停をおこなってきた。企業間の紛争、兄弟間の確執、隣人との不和……。自らタールピッツにはまり込んでしまったこともあったが、概してゲイリーは、何とか泥沼の表面を移動することができた。そして、新たな発見もあった。それは、**問題解決を前にした人間には、ふたつの本質的な立場がある**ということだ。

ひとつは**敵対主義**。対峙している人々が、互いに相容れない利己的な利益を追求するものだ。これには昔から、法律を用いて対処している。夫対妻、検察側対弁護側、といったものだ。もうひとつが、**本能的な連帯感**だ。「わたしたち」の定義を拡大し、違いを超えて対立に対処していく力。人類史が証明しているとおり、わたしたち人間が種として見事に進化してこられたのは敵対主義よりも連帯感によるところが大きい。コロナウイルス感染拡大の第一波の最中、絶えず変化する未知の脅威に対して、何十億もの人々が驚くほど協力し合い、無私無欲の気持ちで対応してきた。国の貧富にかかわらず、世界中の人たちが、自国の政府による緊急事態宣言発令以前から、自主的に外出を控え始めた。イギリスの国民保健サービスが、隔離中で手助けが必要な人のために買い物代行のボランティアを25万人募集すると、なんと、その3倍もの人々が協力を申し出た。

もちろん例外もあった。特定の指導者たちと少数の一般人は、他国や他者をスケープゴートにして、世界を明確にわたしたち対彼らに分断した。だが何カ月もの間、大多数の人たちが直感的に心を惹かれていたのは、それとは対極にある連帯感だった。では昔から、敵対主義ではなく、もっと本能的な協力を後押ししていたら、どうなっていただろう？

現代に生きるわたしたちは、政治からビジネス、法律にまで、敵対主義の側に偏りすぎている。あらゆるものを勝ち負けの争いとして見ている。しかしゲイリーら調停の先駆者たちは、別の方法があることを明らかにした。争いの解決に、敵対主義によらない選択肢を確立した。そのやり方は概して、これまでの手法に比べてはるかに効果的かつ公平な解決をもたらしている。

アメリカの最高裁でさえ敵対主義の限界を認めている。最高裁判所長官ウォーレン・アール・バーガーは1984年の法曹関連団体での演説でこう述べた。「多くの請求案件で、敵対主義に則った裁判は、血を流しておこなわれた古《いにしえ》の裁判と同じ道を辿るだろう」「真に文明化された人々にとって、我々のやり方はあまりに犠牲が大きく、あまりにも耐え難く、あまりにも非建設的で、あまりにも無益だ」

今日の政治にも同じことが言えるのではないだろうか。今日の政治もまた、真に文明化された人々にとっては、あまりにも犠牲が大きく、耐え難く、非建設的で、無益だ。

そんなわけで、2015年、ゲイリーの隣人のひとりが、地元の小さな町ミューアビーチの地区理事会の理事選に立候補するようゲイリーに話を持ちかけたのは、必然だったのだろう。地域の道路と水を管理する地区の理事会の5人のメンバーはいずれも無償のボランティア、理事会にもさほど権力はなく、選挙は超党派でおこなわれる。にもかかわらず、タウンミーティングは敵対主義に陥っていて、誰もがやる気をなくしていた。SNSでよく目にするように、人々は互いに悪口を言い合っていた。最近の話題は、新たに提案されたバス停の美観についてで、国立公園局を相手に、コミュニティを二分しかねないほどひどくやり合っていた。

調停の祖ゲイリーはこの流れを変え、平穏を見出すことができるのだろうか。

マイケル・ジョーダンに対立は解決できるか？

「とんでもない話だよ」とキャシディは言った。2回目、いや、たぶん3回目だった。キャシディはゲイリーの35歳になる息子だ。父子は、自宅近くを流れる川の13キロほどに及ぶ湾曲部に沿って、ハイキングをしていた。とりとめもない話をしながらレッドウッド（セコイア）の原生林を抜けていく。その先には、太平洋を一望できる尾根があった。

ゲイリーの妻トリッシュは、夫が理事選に立候補するという話に大賛成だった。地域の役職に就くのは自分たちのコミュニティに恩返しをするためのごく自然な方法だと思っていた。当時ゲイリーは71歳。孫たちともっと過ごせるよう、いい加減あちこち飛び回るのを減らそうと考えていて、ちょうどいいタイミングにも思えた。ゲイリーの娘も乗り気だった。対立回避の第一人者である父親以上に、コミュニティをうまくまとめることができる人などいない、というわけだ。

キャシディだけが家族の中で異を唱えていた。当時キャシディは、ドキュメンタリー映画の制作者として働いていたが、数年前までは小さな町で記者をしていた。だから、父親にはわからないことも自分にはわかると思った。これは政治的な問題なのだ。

「政治ってのは恐ろしいものなんだよ」キャシディは言った。「隣人同士が敵意をむき出しにするようになる。そういう場面をぼくは見てきたんだ」

父子はハイキングをしながら、一番大事な問題について話をした。20年ほど前にも、こんなふうに話し合ったことがあった。たしか、家族で1年間フランスに移住するかどうかについてだ。もっと最近話し合ったのは、キャシディが父親になることについて。

この日、ゲイリーは息子に自分の胸の内を伝えようとした。

「父さんはこれまで調停の仕事をしてきたが、唯一の不満は、いつも真ん中にいるのに、ただ見ているしかできないってことなんだ」

「父さんが長年取り組んできた調停の形を、政治に応用できたら、と思うんだ」

政治が有害なものになる可能性があることはわかっている。しかしそれこそが大事なことだ。その過程を正したい！　人々が、対立の陰に隠れた本当の問題を明らかにする手助けがしたい！

政治的二極化が国を二分するのを見てきて、その病理も認識している。政治家たちの行動たるや、内輪揉めのようだった。怒ったり疑ったりしているだけで、自分たちがかつて大切にしていたものをめちゃめちゃにしていることもわからない。ミューアビーチに蔓延していた罵り合いは、いかに事態が悪化しているかを示していた。

自分はそんな社会を治療するために生涯を捧げてきた。伝統的な法律にかわるものをつくり出すことに尽力してきた。そんなことができるとは、誰も思いもしなかったときでさえ。

キャシディはゲイリーの言葉を聞き、不安そうな目で見つめた。父親が自分ひとりで政治を正せると思っているように聞こえたのだ。目の前の崖から海に飛び込むつもりだと言われるほうがマシだ。父さんは自分の評判も心の平安も台無しにするつもりか？　バス停の場所ごときで？

そう思ったのにはわけがあった。キャシディは以前、これと似たようなことを経験していたからだ。父親が、自らの意志で自分の思いを遠ざけたのを知っていたのだ。普段は虚心坦懐、人の心をよく知る父が、壮大な夢物語に振り回されたことがあった。それと同じことを父は今、繰り返そうとしていた。70代にもなった男が、自分のエゴのままに行動しようとしている。父の矛盾した言動を前にした息子は、それを父に理解させることができずに悩んでいた。

そうだ、スポーツにたとえればわかってもらえるかもしれない！　そうすれば、父さんの自尊心を傷つけることなく訴えられるかもしれない。

「父さんはすごいことを成し遂げてきた。それを今さら立候補？　マイケル・ジョーダンが野球選手に転向しようとしたときのことを覚えてる？　誰もが『やめろ！』って言ったじゃないか」キャシディは声を荒げて言った。「自分の性格を考えて。父さんは政治家向きじゃない。ゴマすりだってできないだろ。世間話ですら苦手じゃないか！」

ゲイリーはうなずいた。息子の言う通りだからだ。上っ面の会話が嫌い、社交辞令も言わない、コミュニティの理事会も基本欠席。だって、退屈だったから。しかし、だからこそ自分はこの仕事に適任だと思った。「だが父さんなら、政治を変えられるかもしれないじゃないか」。ウェーブのかかった白髪を海風になびかせながら、ゲイリーは肩をすくめ、微笑んだ。

キャシディはため息をついた。やがて表情が変わった。言葉で表すのは難しかったが、ゲイリーは、息子が怒っているように見えた。「むしろ政治に父さんを変えられそうだよ」

偽の旗

ローナとジェイの離婚に対処して以来、ゲイリーの技量は進化していた。いま、あなたがゲイリーのもとへ離婚の相談に行けば、ゲイリーはあなたとあなたの配偶者を呼んで、これまでの結婚生活について話してほしいと言うだろう。そして真剣に耳を傾ける。ゲイリーはあらゆる意味で真ん中に居続ける。ふたりが言い合いを始めたとしても、穏やかな顔で。笑うべきときも、話を聞くべきときも心得ている。

あなたたちの話が終わると、ゲイリーは、自分が話の内容をきちんと理解しているかを確かめるために質問をしてくる。首を傾げ、目をきらきらさせている。今まで耳にしたことがない話を聞いているかのようだ。あなたの話に興味があります、という態度で。

質問は、こんな感じだ。

「パートナーの考え方について、あなたが理解できるところはどこですか」

「欲しいものを手に入れたら、あなたの人生はどんなふうに変わると思いますか」

結婚生活を終わらせようとしている人にとっては、奇妙に聞こえるかもしれない質問だ。でもほとんどの人が、いつの間にか答える前に考え込んでいる。何年も戦ってきたのに、この争いの後に待っている人生について、具体的に思い描いたことがなかったのかもしれない。

質問を重ねていくことでゲイリーは、当たり前のように積み重なっていった日々の不満の層を剥がし、その下にある一番肝心なことを見つけ出す手助けをする。対立を乗り越える唯一の方法、それは**対立としっかり向き合う**ことだ。

妻側がこんな要求をしたとしよう。「離婚後の生活費として、毎月4000ドルを払ってほしいの」すると夫は怯むに違いない。「何バカ言ってんだ！」と叫ぶ。「そりゃないって」

このやり取りは、お金のことで揉めているように見える。実際そうではあるが、この争いの根底には、より興味深い対立が潜んでいる。

「どうして4000ドルなんですか？」ゲイリーは、具体的な数字の根拠に迫る。推測はできても、あえてしないようにする。淡々とした口調で問いかけることで、本心から答えを知りたがっていることを伝える。「その金額は、あなたにとってどんな意味があるんですか？」

口を閉ざす妻。やがて、心のうちを話しはじめた。じゅうぶんな生活費を稼げないのが心配で、もう一度学校に通ってフィジシャン・アシスタント（医師の監督のもと、診療、薬の処方、手術の補助など、医師がおこなう医療行為の8割方をカバーする医療従事者）になることを計画している。だから、生活費も賄えて、授業料の足しにもできるだけのお金がほしいと。夫にとっては寝耳に水だった。

人間は、新しい情報を自分のそれまでの信念に合わせて解釈しがちだ。「**確証バイアス**」として知られている。対立は、悪化すればするほど中断させるのが難しくなる。妻からの金銭要求を初めて聞いた夫は、それをこれまでの結婚生活に当てはめて考えようとする。妻は自分勝手で、自分はいつも妻の言いなりだったじゃないか。そんな思考の流れを、ゲイリーの質問が断ち切った。

次いでゲイリーは夫に質問する。妻の言っている4000ドルという金額を聞いてどう思ったかと。「もしも4000ドルの支払いに同意したら、あなたはどうなりますか？」

ため息をつく夫。そして、今の仕事が嫌なのでやめたいと思っていると口にする。自分は仕事のせいで、これまでは自分が望んでいたような親になれなかった。だが13歳の息子が大人になる前に、もっといろいろなことをしてやりたい。これまで、息が詰まりそうな職場で頑張ってきたのは、家族を養うためだ。ところが今、その家族がばらばらになろうとしている。そのうえ、毎月4000ドルを支払わなければならないとなれば、そのプレッシャーに追い詰められている気分だ。過去ばかりか、未来までも失うような気がする。

これを聞いた妻の反応は複雑だ。もう何年も前から、今の仕事をやめたらって言ってきたじゃない。それが今になって？　何だかすっきりしない。けれど、支払いを拒む夫の真意がわかれば、それをありのままに受け入れられる。夫は、妻にお金を取られることに対してだけ腹を立てているわけではなかった。自分の未来、自分の夢を奪われることにも腹を立てていた。

最終的に、両者はそれぞれ、相手に自分のことをよくわかってもらえたと感じる。相変わらず多くの点で同意できないことがあってもだ。このふたりなら互いに自分の立場を主張するのをやめ、自分たちの将来や子どもたちのことをもっと思いやった決断がくだせるだろう。この時点でゲイリーはそう思えた。そしてローナとジェイのときのように、裁判官や弁護士たちではなく、当事者自身が決断する。つまり、当分の間はもう対立を繰り返さずにすむだろう、ということだ。

他の法曹関係者によるさまざまなスタイルの調停も普及してきたが、ゲイリーは依然として一風変わったやり方を貫いていた。**当事者全員が一堂に会し、いっしょに対立の奥にあるものを探究していく**方法だ。他の調停者は、いがみあう当事者たちを別々の部屋に分ける。そのほうが簡単だからだ。でも、それは上っ面を撫でるだけで、目の前の問題しか解決しない。たしかにそのほうが危ない目に遭わずにすむ――しばらくの間は。対立への深入りは、潜在的な恨みを刺激し、対立を煽りかねない。

ゲイリーは調停者に対して、具体的な質問をし、返ってくる答えの内容をすべて確実に理解していることを確認するよう指導している。それを**「なぜの道を辿る」プロセス**と称している。カップルが何かの所有を巡って揉めているなら、なぜお互いがそんなにも所有することにこだわるのかを質問する。重要なのは、この質問を、**同じ部屋で双方に問いかける**ことだ。ゲイリーとではなく、問題を抱えた人同士で問題を共有してもらうのだ。そうすることで、たとえ意見の相違が続いているとしても、その場にいる全員が、状況や互いを少しずつ理解できるよう導いていく。そして理解できれば、人々は対立から抜け出していける。対立そのものはまだあっても、もはやそれは罠ではなくなる。

「人生の一大事を経験している人にとって何より大事なのは、理解してもらうことです」とゲイリーは言う。理解してもらうほうが、お金や土地よりも重要だ。そして、対立に勝つことよりも。

電気鍋を例に考えてみよう。ゲイリーは、純粋な好奇心から、電気鍋がいかに大事かを妻側に聞く。ややあって妻は、結婚祝いのプレゼントでもらったものだと教えてくれる。妻が子どものころ、日曜の午後はいつも家中にポットローストの匂いが漂っていた。それを調理するのに、妻の両親が使っていたのが電気鍋で、問題の電気鍋はその新しい型だった。

夫婦の実際の家庭は違った。ふたりとも料理をするのすら嫌いだった。それでも妻はとにかくその電気鍋がほしいと言う。これを聞いて夫もまた、妻と同じような悲しみを覚える。夫いわく、自分がその電気鍋を求めたのは、妻がそれをほしがっていたからに過ぎない。それを口にするのは容易ではないが、言うことで心が軽くなる。離婚を望んでいたのは妻だけで、離婚を阻止できないなら、自分と同じ苦しみを妻にも味わわせてやろうと思ったそうだ。

ふたりは電気鍋の陰にあることに目を向け始める。もう電気鍋に固執しなくていいわけだ。他のことに対しても。ふたりは少しずつ対立を抜け出し、身動きが取れるようになっていく。

調停者なら誰でも、この電気鍋と同じような話を知っている。カップルが目くじら立てて争っているごくありふれた品物を巡る物語だ。それは、壊れた鉄板焼き用グリルのこともあれば、レゴブロックのセットのこともある。夫も妻も、それぞれの弁護士に、自分たちがほしがっている何倍もの品物を買えるだけの時間報酬を払っていた。

銀行家ジョン・ピアポント・モルガンの言葉を借りれば、「人の行動にはつねにふたつの理由がある――いい理由と本当の理由だ」。この場合ふたりにとってレゴは、ただのブロックではない。

ふたりの子どもが一番気に入っているおもちゃなのだ。レゴを持っている親のほうに子どもの気持ちも向くと、何の疑問もなくそう思っていたようだった。

対立に陥ると、何がその背景になっているのかがわからなくなる。電気鍋やレゴのような偽の旗に目がいってしまい、身動きが取れなくなる。不健全な対立は催眠状態のようなもので、目を逸らすのは難しい。だからこそゲイリーは、当事者に質問をし、その話に耳を傾ける。当事者が一歩引いて、少し離れたところからレゴを眺められるように。その陰にあるものがわかるように。

人は自分が理解されていると感じれば、頑な心を開けるからだ。そして、ひとたび対立の本質がわかれば、一番大事なものはしっかりと持ったまま、それ以外の多くのものを手放せる。「我々は、自分が理解されていると感じれば、より積極的に他者を理解できる」と、ゲイリーは『Challenging Conflict（対立への挑戦）』に書いている。

昔ながらの敵対的な法律制度は、レゴを巡って争うという、わたしたちの最悪の対立本能を刺激するようにできている。ケーブルテレビのニュースや多くのSNSのように、法律もまた、法律そのものを末長く存続させることに主眼を置いてつくられている。株式市場は不健全な対立を組織的に煽り、紛争産業の巨大な複合体をつくりあげることで巨万の富を築いてきた。

だが、ゲイリーをはじめとする調停の先駆者たちは、対立を乗り越える道を示し、この紛争産業の複合体を破壊するために尽力してきた。さらに調停は費用も精神的負担も少ない。ゲイリーは離婚にまつわる対立を軽減できた。はてさて、ことが政治となるとどうだろうか。

理想郷での問題

霧に閉ざされた小さな町ミューアビーチ（人口250人）は、サンフランシスコのゴールデン・ゲート・ブリッジから北にわずか20分という立地でありながら、秘境のようなところだ。ミューアウッズ国定公園に隣接し、その敷地にすっぽりと囲まれた、ビロードのようにさらさらした砂地の町。ゲイリーは過去40年間、この地で、妻のトリッシュとともに4人の子どもを育ててきた。

ミューアビーチには、一風変わった人々が集まっている。

1960年代にこの地にやってきた高齢のボヘミアンやビートニクは、いまだに伝説のロックバンド、グレイトフル・デッドがビーチで演奏したときのことを話している。彼らはみな、ミューアビーチの南およそ75キロの地にシリコンバレーなるものができるよりもずっと前に、サンフランシスコのヘイト・アシュベリー（ヒッピー文化発祥の地）から移り住んできた。ジャニス・ジョプリンが1970年にヘロインの過剰摂取で亡くなると、その遺灰はこの地に散骨されたというもっぱらの噂だ。

そして、「あらゆるものからとてつもなく離れていそうだから」と移り住んできた自由至上主義者たちがいる。街灯もなければ食料品店もない。砂防のため数ヘクタールにわたって植えられた揺れるビーチグラスの先に家が100軒あまりと、小さなむき出しの砂浜があるだけだ。

1970年代初頭には故郷を懐かしんだあるイギリス人居住者が、チューダー様式で英国風の酒場をつくろうと思い立った。地元の反対を抑えるのに8年。その結果、今も町で唯一の商業施設として残っているのがそのペリカン・インだ。1984年、『ニューヨーク・タイムズ』紙は、ミューアビーチを「のどかで、ゴミひとつ落ちていない、太平洋に浮かぶ孤島のような町」と表した。いまだにその通りといった印象だ。


最近移住してきた人々は、多くの点でビートニクの対極をいっている。朝早くから都会へ仕事に行き、夜遅く帰宅する。その姿を見かけることはほとんどないが、概してこの町で最も高価な家を所有している。崖の上に建つ、恐ろしくモダンな造りの家だ。

そのため、何を優先するかという問題において、ビートニクと自由至上主義者とハイテク資本主義者の合意を得るのは容易ではなく、ミューアビーチでは地方自治が難しい状況に追い込まれていた。新しい道路や橋の建設に投資を、と言う住民もいれば、今のままでいいと言う住民もいた。かたや気候変動や森林火災が心配でたまらない住民と、かたや税金が高いと憤慨する住民。

こういった意見の不一致のせいで、いつまでも終わらない住民同士の話し合いもしょっちゅうだ。

トリッシュとゲイリーは、ニューエイジのサブカルチャーに深入りすることなく、あくまでもほどほどに楽しんでから、1976年にこの地にやってきた。ふたりは売りに出されていた最後の一区画を購入した。つまり、とても運がよかった。それから、今日なら億万長者しか手が出ないようなとても美しい場所に、頑張ってこぢんまりした家を建てた。しかも、自分たちは運がよかったと自覚していた。そして、それぞれのやり方でこの場所を愛するようになった。

ミューアビーチはゲイリーにとって理想郷だった。朝は、庭の片隅に自作した小さな屋根小屋で、太平洋を臨みながら瞑想をし、仕事に備える。近くのミルバレーに構えたオフィスに向かうとへとへとになるまで仕事をし、自転車で帰りながら景色を眺めて仕事ですさんだ心を癒やす。帰宅した後は庭いじり。そのあとは、トリッシュがサラダをつくるかたわらで肉を焼くこともあった。寝る前には、裏庭のジャグジーにふたりで入り、波の音を聞きながらその日あったことを語り合った。トリッシュは心理療法士。夫婦は互いの話からいろいろなことを学んだ。

そんな恵まれた生活をしているからこそ、気がかりなことがあった。この国の経済的な不平等にひどく心を痛めながらも、自分は恵まれた場所で恵まれた生活をしている。だがもし自分が立候補すれば、こんな状況も変えられるかもしれない。もっと手頃な価格の住宅用スペースも確保できるだろう。立候補という政治への関心は、そうやって芽生えていったのだった。

ただ、ゲイリーはあまり近所付き合いをしておらず、それはもっぱらトリッシュの担当だった。妻は、具合の悪い隣人にマフィンを届けもすれば、町の子ども全員の名前を把握してもいた。トリッシュにとってのミューアビーチは、避難場所というよりはむしろコミュニティだった。深いつながりと長きにわたる友情を築ける場所。実際、件のハイキングの際にもキャシディは、母さんが立候補すべきだと言っている。ゲイリーにも異論はなかった。妻なら立派に地域の人たちのために尽くすだろう。ただ、立候補を望んでいたのは、妻ではなく、ゲイリーのほうだった。

それから間もなく、ゲイリーはフォレストグリーンの愛車ミニクーパーを駆って郡の選挙事務所へ行き、書類を提出して立候補者となった。

ニューガード

「ミューアビーチは奇跡の町です」２０１５年9月、候補者たちの討論会で、ゲイリーは町民に訴えていた。「この町を初めて見たとき、妻のトリッシュとわたしはまずそう感じました。だから越してきたんです」ゲイリーをはじめとする候補者たちは、長テーブルに一列に並んで座っていた。背後の窓からは町の公園が、さらにその先には広大な海が見下ろせた。

コミュニティセンターは満席で立ち見の人であふれていた。これほどの人が集まるとは！　ここ数週間、ゲイリーは選挙運動の前哨戦としてタウンミーティングに参加していたが、参加者はほんのひと握りで、たいていは同じ顔ぶれ、自分の話を聞いてもらうために集まっていた。だが今夜は違う。ゲイリーは、この町を何十年も仕切ってきた現職メンバーの対抗勢力として選挙運動を展開していた。

ともに戦う候補者はエリザベス。彼女も政治初心者だった（ゲイリーの希望で、プライバシー保護のため、ゲイリーとそのご家族のお名前以外のお名前は変えさせていただいている）。

対抗勢力は、まずは現職メンバーのひとりであるジム。29年間も理事を続けている「理事会の顔」だ。隣人ヒューもいる。理事会メンバーとして4年過ごしたあと、理事会に雇われて地区の責任者になった。その責任において理事会の決定を実行する立場だ。この12年というもの、町民から表立った非難を浴びることなく、ジムとヒューは当然のように癒着した関係を続けていた。

ゲイリーは陰で、そんな現職メンバーと彼らを支持する面々を「保守派《オールドガード》」、対してゲイリーやエリザベスとその支持者は「革新派《ニューガード》」と呼ぶようになっていた。

その夜のゲイリーは、わたしたちが待ち望んでいた理想の政治家を体現していた。顔を輝かせながら、ビーチや孫たちのことを話していた。思いやりを忘れず、すぐに自分をネタに笑いをとった。質問をしてくる人がいれば、その人が「自分の意見をしっかり聞いてもらえている」と安心できるような態度で耳を傾けた。そして、この町に民主主義を取り戻したい、と訴えた。

「これは、本当に変わるためのチャンスです。町民全員が参加するためのチャンスなんです」

関係者が一堂に会すべきという考えをベースに、ゲイリーの調停の原型は形成されていった。

時は1996年にさかのぼる。この年、サンフランシスコ交響楽団がストライキをおこなった。楽団員たちは67日間にわたって職場を放棄し、43のコンサートをキャンセル。

ゲイリーは、友人の弁護士ロバート・ムヌーキンらとともにこの件の調停にあたったのだが、ゲイリーらは調停の場に、数名の代表者ではなく、105人の楽団員全員の出席を求めた。根っこの部分で燻っている対立を解決したかったからだ。そのためには建て前と本音、電気鍋そのものと、電気鍋が表しているあらゆるものについて、関係者全員に理解してもらう必要がある。

楽団員側は経営側に65項目のリストを提示した。賃金アップや福利厚生の改善など。「過重労働の上に正当に評価もされていない」と主張した。対して経営側の言い分は、運営は目下赤字であり、そんな要求には応じられない、だった。どちらも相手の弁をまともに受け取りはしなかった。

1996年12月、楽団員側は完売していたモーツァルトのコンサートをキャンセルし、ピケラインを張った。コンサート用の正装に身を包み、自分たちの楽器で「葬送ラッパ」を演奏した。「こんなことを3年ごとにやらなくちゃならないような気がします。心が萎えます」バイオリニストのマリコ・スマイリーは『サンフランシスコ・エグザミナー』紙に語った。「もっといいやり方があるはずなのに」と言ったのは、がっかりしたチケット購入者のひとりだ。

経営側は楽団員側を交渉の場につかせるため、健康保険の給付を差し止めた。これに抗議し、病気の幼児を抱いてテレビのニュースカメラの前に立ったファゴット奏者。コンサートの常連客たちは払い戻しを要求し、寄付を差し控え始めた。誰もが日々、何かを失っていた。

「双方とも絶望を感じ始めていました。お互いにこう思っていたのです、『どうせあの人たちとじゃどうにもできない。こっちが何を言おうとどこ吹く風なんだから』って」経営側の交渉責任を担っていた楽団の常務理事ピーター・パストリッチは言う。「やがてその思いは、大きな怒りに変わっていったのです」

ゲイリーとムヌーキンが現場に到着したときには、すでにストは終わっていたが、楽団は依然として対立状態に陥ったままだった。しかも楽団員側は、意見の食い違いから内部分裂していた。経営側に屈するのが早すぎた、と感じている者がいた。特に憤慨していたのが弦楽器セクションだ。バイオリニストとチェリストは概して他の演奏者よりも演奏量が多いので、反復性ストレス障害を訴えている。さらなるストは避けられないようだった。

そんな強い怒りのせいで混乱しているなか、ゲイリーたちは、楽団員たちが対立の沼から抜け出せるようにすべく、ワークショップをおこなっていった。最初に教えたのは**アクティブリスニング**のやり方だ。ゲイリーが言うところの「理解の輪《ループ》を完成させる」つまり「**ルーピング**」。調停者としてゲイリーが用いている最も強力なツールのひとつだ。基本的には、相手に見える形で聞くこと。相手に、自分がしっかり聞いていると**口で言うのではなく、態度で示す**ことだ。

多くの人が、自分の話をきちんと聞いてもらえていないと感じるのは、聞き方を知らない人が多いからだ。すぐ結論に飛びつき、わかったと思い込み、相手が話し終わっていないのに先走る。

これを象徴する面白いデータがある。患者が症状を説明し出してから、医者がその話を遮るまでの平均時間はわずか11秒。もし医者が遮らなければ、患者はその6秒後には自分から話を終えていたはずだという。患者が病状を説明するのに必要な時間はそれだけ。たった17秒。ところがほとんどの患者は、それだけの時間すら与えてもらえない。

しかも、わたしたちの聞き方が悪いと、実害がもたらされる。自分の話を聞いてもらえないと思うと不安を覚え、守りに入る。口数が減り、その少ない口数の中で言うことは何であれ、えてして簡略化される。そして壁ができていく。

だが、自分の話をきちんと聞いてもらえていると思えれば、奇跡のようなことが起こる。理路整然と話して、興味深い主張もできる。自分の話の矛盾も認められる。それも自ら進んで。どんどん柔軟になっていく。

自分の投資顧問にきちんと話を聞いてもらえていると思う顧客は、顧問を信用し、顧問が提供してくれるサービスに料金を払う可能性が高くなる。話を聞いてもらえていると思う従業員は、作業効率も、上司に抱く好感度も上がる。自分のことをわかってもらえたと患者が思えば、より満足して病院をあとにし、医者の言うことをきちんと聞く可能性も高くなる。

カップル間でも、パートナーによく理解してもらえていると思っている人は、ふたりの関係を傷つけることなく、対立を上手に利用できる。実際、たとえ意見の不一致が続いていたとしても、議論をすることで、気持ちが荒むどころか、むしろ気分はよくなるらしい。まさに健全な対立だ。

ゲイリーはルーピングをおこなうため、楽団員たちをふたりずつ組ませた。ひとりが、そもそもなぜ楽団に入ったのかを説明し、もうひとりはその話にしっかりと耳を傾ける。話し手が、自身にとって重要と思しきことを言ったら、聞き手はそれを「繰り返して」、相手の話を理解できているかを示す。相手の言葉を正確に繰り返すのではなく、相手の言わんとしたことを自分の言葉で要約してみる。それから、相手の意図を正しく受け取れていたか、相手に確かめる。

「じゃあ、そもそも君がこのオケに参加したのは、自分に挑戦したかったから、世界屈指の演奏者たちと演奏したかったから、ってことなんだね。それで合ってる?」

楽団員たちはこの練習でふたつのことを学んだ。

まず、**自分が思っていたよりも相手の話をきちんと聞けていなかった**ことに気づいた。誰しも、ある程度の予測をしながら人の話を聞くが、その予測がまったくの的外れなことがある。初めて問われたことに対して、自分の意図を正確に伝えるのは難しい、という理由もある。

たとえば、相手から繰り返された自分の意見を聞いて、その表現にさらに磨きをかけるバイオリニストもいるかもしれない。「実はわたしは、自分に挑戦したいだけではなく、インスピレーションも求めていたんです。何て言うのかしら、若いころに音楽に対して感じた気持ち、我を忘れて夢中になれるような感覚がほしかったんです」楽団員たちは、「相手の真意を汲み取るには、関心を持つことと再確認することの両方が必要だ」と学んだのだった。

次に聞き手たちが学んだのは、**誰しも自分の話を聞いてもらえると本当に喜ぶ**ということだ。話者の話をきちんとルーピングできると、話者からはほぼいつも同じ反応が返ってきた。目をきらきらさせながら、「その通り！」と言うのだ。それを見るのが、ゲイリーはとても嬉しかった。人は、自分が理解してもらえていると思うと、その相手を信頼する。そして相手が、自分の話をもう少し掘り下げ、正しく受け止めようと努力してくれていると考える。こうしたやりとりの反復の過程が一助となり、楽団員たちは、楽団としての自分たちにとって何が本当に大事なのかを明確にすることができた。目的はあくまでも、さまざまな契約要項の根底に潜むものを見つけること。なぜ電気鍋——つまりは休暇手当——が自分たちにとって大事なのか。

「わたしにとってはとても面白いトレーニングでした」と、あるバイオリニストは言った。「この楽団でもう15年演奏しています。みんなとはいろいろなことを話してきましたけど、今の今まで、なぜ自分たちの仕事が好きなのか、については一度も話をしたことがありませんでした」

この結果、楽団員たちは、自分たちにとって最も大事なことを明確にすることができた。そして今度は、最も優先順位の高いものを挙げた短いリストを提示した。望んだのは給料アップ。お金が欲しいのはもちろんだが、公平性や将来への不安を感じていたからだ。新しい才能が自分たちの楽団に魅力を感じてくれるよう、他の楽団と同等の報酬を手にできている実感もほしかった。経営側も、結局のところ求めるものは同じだった。ただ、双方が相手の話に本気で耳を傾けていなかったために、その認識に至る機会がなかったのだ。バストリッチはこう振り返る。

「しっかりと話を聞くことが、わたしにとっていかに大事かがわかりました」

「楽団員側は、自分たちの言い分にわたしが耳を傾けさえしないと感じていました。それもあって、わたしに反感を抱いていたことがはっきりしたんです。もちろん、彼らの言う通りだと思います。まあ、向こうも我々の言い分に耳を貸してくれてはいなかったでしょうけれどね」

理解してもらえていると感じれば、それまでは見えなかった選択肢が見えてくる。そして、当事者意識のようなものを持って、解決策を探し出す。すると、たとえ思い通りにはならなかったとしても、解決のために力を尽くしたことで、その結果を前向きに受け入れられるようになる。

何週間も要したが、新たな契約で給料アップが定められ、サンフランシスコ交響楽団はアメリカでも有数の高給取りの楽団となった。弦楽器セクションの精神的な負担も軽減できた。しかも、それで楽団の経営状態が危うくなることもなかった。楽団員側はこぞってこの新しい契約を受け入れた。契約期間は6年。通常の倍の長さだ。契約締結を発表する合同記者会見のあとで、ファゴット奏者は取締役の頬にキスをした。ジェイとローナの姿を再び目にしているようだった。

勝利

候補者たちによる討論会の夜、ゲイリーは、どのタウンミーティングにもこんなふうに大勢の人が参加するところを想像した。問題について考え、解決策を探すのは、選挙で選ばれた理事ではない。住民だ。サンフランシスコの楽団員たちのように。

「みなさん、ミューアビーチは変わりました」聴衆の心をつかむ術は心得ていた。笑みを浮かべ、住民たちとしっかり目を合わせながら、ゲイリーは町民に語りかけた。「土地のこと、分水嶺のこと。かつて想像もしなかったようなプレッシャーが、我々にはのしかかっています」

聴衆の注目を一心に集めていた。手応えを感じた。候補者の中でもかなりの年長だったかもしれないが、気持ちは新進気鋭の新人そのものだ。自分なら、誰かを貶めることなく、町民全員を団結させることができる。政治が無慈悲である必要などない。

「わたしにはチャレンジ精神があります。奇跡を起こし続けるだけの気概が」

この数週間前、ゲイリーはエリザベス、トリッシュとともに戸別訪問をしていた。これまで会ったことのなかった隣人たちに、町を変えるために自分たちに投票するよう話して回った。ターニャという隣人が、ボランティアでゲイリーの選挙参謀をしてくれていた。政治家の家系に生まれたターニャは、これまで労働組合の責任者として生きてきた。権力と戦い、アメリカの労働者を助けるために記事や本も書いている。だからこそごく自然に、ゲイリーの選挙戦のために尽力し、演説のテーマを考え、戦略を練ってくれたのだった。ターニャは戦いの手を緩めず、おかげでゲイリーの選挙戦は、ミューアビーチの立候補者が従来やっていたようなものではなく、さながら伝統的な政治運動といった感じになっていた。「すべての家のドアを3回ノックしたわ」とターニャは話してくれた。「そんなこと、あの町じゃ初めてだった」

ターニャのアドバイスでゲイリーが掲げたスローガンは「前進か、後退か」。ターニャが話すのは勝利のことばかり。程なくしてゲイリーもそうするようになった。

討論会では、水の管理経験について質問された。ミューアビーチのように、頻繁に干ばつに見舞われる、人里離れた地の理事会にとっては最も重要な仕事だ。ゲイリーは正直に答えた。「水の管理のことはよくわかりません。けれど、学ぶことはできます」

政治家なら口にしそうにない答えだった。だからこそゲイリーは言った。政治の型を壊したかったから。正直な政治、すべてを受け入れた政治ができると証明したかったから。

討論会が終わると、妻と娘が抱きしめてくれた。ふたりとも誇らしそうだった。握手を求めて人々がやってきた。文句をつけてきたのはターニャだけだ。水の管理について質問されたとき、あそこまで正直に話すべきじゃなかったと責められた。あれは失敗だったわ、ライバルに弱みを見せちゃったじゃない。

それから数日間、ゲイリーの行動に感謝した隣人たちが、ワインのボトルを持って次々に自宅にやって来た。カリフォルニア州マリン郡の主要紙『マリン・インディペンデント・ジャーナル』で、ゲイリーは当選の暁には新たな秩序を構築すると約束した。「ミーティングにも町民との交流にも、敬意と熱意を持って臨み、すべてをオープンにしていく所存です」

迎えた選挙当日、2015年11月3日。郡は午後11時に結果をオンラインで発表した。ゲイリーはトップ当選。エリザベスも勝った。ふたりで、オールドガードのメンバーふたりを打ち負かした。そのうちのひとりは、30年近く理事の座に居座っていたあのジムだった。その差はわずか4票。「連中の息の根を止めてやったのよ」と、のちにターニャは語った。

ゲイリーはこの上なく幸せだった。選挙戦に臨んだのは、民主主義を復活させられると信じたからで、その思いは今も変わっていない。相手の話にしっかりと耳を傾け、背中を押してやれば、人々は積極的に参加してくれるようになる。それは、ゲイリーがこれまで人生を捧げておこなってきたことの核をなす考えであり、今はそれを政治に応用しようとしていた。当然ながらうまくいっている。ミューアビーチでは、その選挙において、マリン郡内のどの選挙戦よりも高い投票率を記録したとの報告があった。実に住民の74パーセントが投票していた。この地にはまだ希望があった。

隣人にして理事会のメンバーでもあるジョエルがゲイリーに、理事長になりたいと言ってきた。通常は、最初の会合の席で、メンバーの投票によって決めるものだ。だからゲイリーは、穏やかにジョエルに説いて聞かせた。ゲイリーは、自分が理事長になるつもりだった。それがコミュニティにとっては最善だと考えていたからだ。ジョエルは納得して身を引いた。

「我々は団結するよ」ゲイリーはトリッシュに言った。「約束を果たしていくんだ」

2章

二項対立の力

1775年、アメリカ独立の推進派だったジョン・アダムズとトーマス・ジェファーソンは、アメリカの13の植民地を統治する組織、大陸会議の代表者として顔を合わせた。

ふたりは、これ以上ないというほど違っていた。アダムズは背が低く、口が悪い。とにかくよくしゃべり、すぐにカッとなった。ジェファーソンはというと、背が高く、品がある。公開の会議では沈黙を守り、もっと規模の小さな委員会での発言に備えた。愛想がよくて如才なく、他者の気分を害するような真似は好まなかった。それでもふたりはやがて無二の友情を育んでいく。アダムズは、年下のジェファーソンに目をかけていくようになった。翌年には、ジェファーソンを説得して独立宣言を起草させた。この草稿はふたりとも署名している。ふたりの友情は、1780年代に、外交使節団としてヨーロッパへ派遣されたときに、さらに深まった。

やがて、ジェファーソンとアダムズは、新たな国の未来に対して異なる考えを抱くようになっていった。ジェファーソンは中央集権国家に危惧を抱く一方、アダムズは、ことを成すには強い政府が必要だと考えた。それでも、ふたりの友情は変わらず、熱心に意見をぶつけ合うことができた。

ふたりはともに、政党という考えをひどく嫌っていた。アダムズはそれを、考えうるかぎり「最大の政治悪」だと称した。ジェファーソンは、政党に忠誠を誓うのは、「自由で道徳的な行為者のこれ以上ない堕落」を象徴するものだと見なしていた。ふたりは、**文明が政党によってふたつに崩壊してしまう危険**を理解していた。このときのふたりは、よもやこの国が、自分たちそれぞれの支持者によってまっぷたつに割れることになるなどとは、想像だにしていなかった——。

それは、1796年の大統領選で起こった。民主共和党が大統領候補としてジェファーソンを推し、連邦党《フェデラリスト》はアダムズを支持。アメリカ史上初めて立候補者たちによって争われた大統領選挙となった（それまでの2回の大統領選挙では、対立候補不在のままジョージ・ワシントンが選出されていた）。政党はふたつ。ジェファーソンとアダムズが恐れていたままに、アメリカは二分された。選挙戦は大荒れ。それぞれの支持者たちは文書で相手を攻撃した。最終的にアダムズが勝利を手にしたが、選挙人の票差わずか3票という、ジェファーソンとしてはあと一歩の悔やんでも悔やみきれない結果に終わった。アダムズにとっても、目をかけていた相手から受けた、恥をかかされたも同然の結果に屈辱さながらの気持ちを覚え、彼の心と記憶に消えない傷跡を残した。

そもそも政治はわたしたちをふたつのカテゴリーに分類する。民主党対共和党。現行勢力対新興勢力。保守派対革新派。分類すれば、ほぼ確実に対立する。突然ふたつの陣営が登場し、誰もがいずれかを選ばなければならなくなる。カテゴリーという言葉が「告発」や「非難」を意味するギリシャ語に由来するというのも納得だ。

選挙後ジェファーソンは、アダムズ宛に手紙を書いた。万事を円滑に進めるためだ。アダムズに対する友情も忠節も尊敬も変わらないことを強調した。実にいい考えだ。ジェファーソンは、選挙がアダムズの心を傷つけたと察し、だからこそふたりの絆の修復を望んだに違いなかった。

しかし、ジェファーソンがその手紙を送ることはなかった。ジェファーソンに立候補するよう説得した民主共和党の党首ジェームズ・マディソンが、手紙を送らないよう忠告したのだ。アダムズは快く思わないだろうからと言って聞かせたのだ。それに、万一手紙の内容が漏れたら？そんな融和的な内容を知ったら、ジェファーソンの支持者たちは裏切られたと思うだろう、と。

ふたりは、当時の人々からの期待に応えて、ともにこの国を動かしていった。背が低く、口の悪いアダムズが大統領、背が高く、品のあるジェファーソンが副大統領として。ただし、ふたりが言葉を交わすことは少なくなった。さまざまな問題で見解が異なると、この距離感のせいで、互いに相手を最悪だと、容易に決めてかかってしまった。

1800年、ジェファーソンは再度大統領選に立候補する。選挙戦は前回以上に大荒れとなった。当時、選挙運動は候補者個々ではおこなわれず、支持者たちに委ねられていたが、そこでは両陣営の間で流言飛語が飛び交い、相手を貶める展開となった。ジェファーソンはいかがわしい記者を雇い、マスコミを介してアダムズの悪口を広めた。19世紀流のフェイクニュースだ。

一方、アダムズ大統領はというと、自らの意志で辞するまで大統領の職務を全うできるだろうと高を括っていた。前任のジョージ・ワシントンも1期で任を追われはしなかった。しかしジェファーソン側の政党によって、アダムズは浮世離れした君主主義者と揶揄され、再選を果たすことはできなかった。

アダムズにとってはさんざんな敗北だった。だが心の内ではまだ希望を持っていた。昔なじみであり目をかけてもいた男、ジェファーソンが自分の跡を継ぎ、まだまだ不安定な新しい国を率いていくのだ。そんな国のために、ジェファーソンには自分と話し合うべきことも、分かち合うべき教訓も、協力を求めてくるはずのことも山ほどあるだろうと。しかし、そうはならなかった。ジェファーソンが大統領に就任する日、アダムズは朝の4時に駅馬車に乗り込み、ワシントンをあとにした。こうしてアダムズは、後任者を出迎えなかった最初のアメリカ大統領となった。

歴史書が着目しているのは、アダムズとジェファーソンのイデオロギーの違いだ。だが、イデオロギーは対立の背景を隠しているものに過ぎない。この対立の背景は、裏切り、排斥、屈辱だ。誰が仲間で、誰がそうではないのか。

ジェファーソンとアダムズは、政党は危険だと考えてきたが、それが正しかったことを証明したのが、彼ら自身の確執だった。人々の形成する集団を対峙させるシステムは何であれ、不健全な対立につながる可能性がある。ただし、人々が対立について正直に、臆することなく話し、二元的思考の力に抗う術を見出すなら、そのかぎりではない。ジェファーソンがあの手紙をアダムズに送っていたら？　相対する党員である前に、自分たちは友人だとお互いが思い返せていたら？

だが実際は、アダムズはわだかまりを抱いたままだった。選挙後1年たっても、息子相手に、ジェファーソンはすぐにカッとなる男で、信用できないと言っていた。「変わらないのは、野心と狡賢いところだけだな」ふたりは11年間、口をきかなかった。11年たってやっと、今でいうゲイリーや他の調停者のような人物によって対立の沼から救い出された。党への忠誠心という、よくわからない誤った二項対立を乗り越える方法は、あの当時もあったのだ。

カテゴリーと告発

「過剰なカテゴリー化はおそらく、人間が最も陥りやすい心の錯覚だ」
——ゴードン・オールポート『偏見の心理』

ミューアビーチに話を戻そう。選挙を前にしたゲイリーは、「わたし」や「あなた」のことを話すのをやめ、自分をひとつのカテゴリーに入れ、相手は別のより劣るカテゴリーに入れた。

カテゴリー分類することは、時間もエネルギーも節約させてくれる。大勢の個人にも一様に対処できるからだ。その結果、細かいところにまで目を配ったり、じっくり考えたりする必要もなくなる。また、自分に自信が持てるようにもなる。

そのため、誰しも日常生活において、誰かをなんらかのカテゴリーに分類する。小さな集団の中で進化してきた社会的な動物であるわたしたちは、そうやって世の中の諸々に対処してきた。科学者たちによれば、わたしたちの祖先はおよそ5200万年前に、生涯をひとりきりで過ごすのをやめたようだ。集団で生きていくほうがすばらしいことに気づいたからだった。これは、霊長類が昼間、つまり捕食者の前に身をさらした状態で狩りをするようになってくると、特に実感できた。陽光のもとでは、集団がそれまで以上に大きな意味を持つようになっていった。

だがカテゴリーは、**肝心な細部を曖昧にする**。効率はいいが、移ろいやすい。相対する存在が明らかになるや否や、わたしたちは変わる。これは、何十年にもわたる世界中での調査の結果だ。カテゴリーの影響下にあると、自分たちと違う集団とは協力する可能性が低くなり、反感を抱きやすくなる。自分の考え方や行動を巧みに調整して、さらに自分のカテゴリーに合わせていく。

加えて**この傾向は本能的なもので、無作為に分けられたときにすら見られる。**競争も儀式も、報奨金すら必要ない。必要なのは、**自分はこちらの集団で他の人はあちら、という思いだけ**だ。

1968年の映画『猿の惑星』の撮影現場では、チンパンジーを演じる役者とゴリラを演じる役者はそれぞれ別々に昼食をとった。同じ衣装を身につけた仲間の役者といるほうが、ずっと落ち着けたからだった。

こんな実験がある。1971年、社会心理学者ヘンリー・タジフェルとその同僚は、48人の10代の少年たちを、イギリスのブリストル郊外へ連れていき、パウル・クレーとワシリー・カンディンスキーの絵をそれぞれ6点ずつ見せた。どの絵がどちらの画家のものかは告げないまま、少年たちにどちらの絵が好きかをたずね、好みに合わせてグループにわかれるよう指示した。見せた作品はどれも抽象画で、同時期に描かれたもの。対立をもたらしたり、怒りを煽ったりするようなものでもなかった。そして少年たちも、お互いをよく知り、これまでも一緒にいろいろなことをやってきた仲だった。ところが、芸術に対する好みでグループに分けたとたん、少年たちはクレーのファンとカンディンスキーのファンとで分けて認識するようになったのだ！

少年たちのグループ分けに特別な意図はなかった。だがそれでも、**グループが存在していると**

言われたとたん、人間の脳は自分の意志に関係なくグループを受け入れる傾向にある。実際、少年たちに金銭的な報酬を与え、それを匿名でみんなに振り分けるよう言うと、ほとんどの少年が、自分と同じ芸術的志向の少年により多くの報酬を分けていた。自分と同じ好みの少年をひいきした。そうしたところで、明白な利益は何も得られないにもかかわらず、だ。

こういった特定のカテゴリーに対する偏愛は、ごく幼いころから見られる。子どもたちは読み書きもできないうちから、人を人種や性別で分ける。小学校に入学するころには、白人のアメリカ人の子どもは、黒人の顔が描かれた絵に対して、無意識の偏見を示す。黒人の子どもが大多数を占める学校に通う白人の子どもも同様だ。白人の子どもがみな、露骨な人種差別主義の家庭で育ったわけではないし、彼らが必ずしも偏見に基づいて行動しているわけでもないのに。

それはつまり、人間がこれまで生き延びてこられたのは、地位や立場の違いを意識してきたから、ということだ。**わたしたちは、自分たちの社会においてはどのカテゴリーが重要かを、ありとあらゆる、静かで陰湿なやり方で学ぶ。**

だからこそ、意図的に二者択一を設けるのは危険なのだ。ジェファーソンとアダムズもそれを、それぞれの政党の考えに憤慨した際に認識していた。もっといい政治のやり方があるにもかかわらず、わたしたちが昔ながらの二項対立に疑問を抱くことは滅多にない。

たとえば国民投票がいい例だ。国民に直接その望みを問う形式は、民主主義の究極の形のように見える。だが国民投票は、複雑な問題をたったふたつのカテゴリーに分類してしまう。イエスかノーか。いいか悪いか。共和党員か連邦党員か。保守派《オールドガード》か革新派《ニューガード》か。クレーかカンディンスキーか。これが、わたしたちの持って生まれた「他者」に対する偏見にぴたりとはまる。

2016年、3つの大陸でおこなわれた二項対立の国民投票。数多《あまた》ある問題の中でも、有権者がとりわけ賛否を問われた問題があった。イギリスでは、EUからの離脱案。タイでは、民主的な自由が軽んじられていると人権団体が訴えた新憲法の草案。コロンビアでは、半世紀続いた内戦が終結したあとの、297ページにも及ぶ和平合意文書。

実生活ではほとんどの人が、移民やグローバル化、民主主義、汚職、麻薬密売、被害者への補償といった問題に対して、相反する複雑な気持ちを抱いている。個々人の持つ情報にはムラがあるし、意見も多岐にわたる。それなのに国民投票では、どちらか一方を選べと迫られる。

これらの国民投票の結果、イギリスは欧州連合から離脱、タイは制限的な新憲法を採択、コロンビアは和平合意を否決。『ニューヨーク・タイムズ』紙が政治学者マイケル・マーシュに、国民投票は本当にいい考えだったのかと聞いた答えはこうだった。

「一言では答えられません。国民投票は無意味なものから危険なものまで、実に複雑ですから」

カテゴリーに名前がつけられるのは、特定の時点で誰かしらの役に立つからだ。そして名前がつけられると、カテゴリーはひとつの形になる。それが、国民投票は危険と言われる理由のひとつだ。**カテゴリーに対するある人の考えが他の人のそれと違うと、そのカテゴリーはやがて他者に乗っ取られる可能性がある。**

ミューアビーチの場合、オールドガードの面々は「オールドガード」を自称してはいなかった。ゲイリーが考えて、ゲイリーたちが勝手に呼んでいただけだ。他のカテゴリーと同じで、ここでも、政敵の一面だけを強調し、他の面は脇に置いておくか、積極的に無視する必要があった。たとえば、オールドガードは必ずしも自分たちが一枚岩だとは考えていなかった。集票組織に支配されていたわけでもなければ、いつも意見が一致していたわけでもない。自由至上主義に肩入れしていた者がふたり。単にお金を使いたくないという者や、好かれることに汲々としていそうな者もいた。そして全員が全員、ボランティアとして自分たちのコミュニティに貢献しようとしていた。ゲイリーと同じだ。みんな、ミューアビーチを愛していた。

ではなぜゲイリーは、「オールドガード」という呼称を使ったのだろう？　「ニューガード」とは、ゲイリーにとってどんな意味があったのか？　ゲイリーは何かを立証しようとしているようだった。そしてそれは、バス停の美観以上のものだった。

物語を語る

わたしが初めてゲイリーに会ったのは、政治の二極化についての取材中だった。

いずれかの党派に分類される人、相手陣営を危険視する人がどんどん増えていた。善と悪、赤と青、人種差別主義者と非人種差別主義者。そんなカテゴリーが明確になっていった。互いを知らなくても、相手の倫理的な礎くらいはわかる。人々はそんなふうに思い込むようになっていった。気づけばわたしも、そんな思いにとらわれていることがあった。容易に抗えない気がした。

どうも、ジャーナリズムというわたしの仕事があらゆるものを悪化させているようだった。移民、警察の蛮行、弾劾、経済、気候変動。**どんな記事も、集団の偏見というフィルターを通して見られた。誰の心も変えられなかった。ただ人々を怒らせ、反感を抱かせ、絶望させていた。**

取材をしながら、わたしは2015年にネット上で起きた現象「ザ・ドレス」についてずっと考えていた。同じドレスの写真を見た大勢の人の認識が、ふたつのまったく異なるパターンにわかれたのだ。ドレスは青と黒だと言う人たちと、白と金だと言う人たち。議論を重ねたとて、それぞれの認識は変えることができなかった。

他愛のないドレスについての議論はともかく、実際のところ人々は、もっと大きく重要な問題を巡って、深刻な分裂をしていた。国民の半分がトランプを救世主と見なし、あとの半分は厄介な人物と見なしていた。そしてその見解は、どんなことが起ころうとさして変わらなかった。

だから、ゲイリーが対立の陰にあるものに迫ろうとしていると耳にして、俄然興味がわいた。知りたかったのだ、ジャーナリズムの別のやり方、対立を再度一考に値するものにするやり方があるのかどうかを。

初めてゲイリーに取材したとき、最近目にした政治に関する報道で、興味を引かれたものはあるかと質問した。ゲイリーなら、わたしの知らなかった何かしら新しい情報源を持っていると期待していたのかもしれない。だが答えは「ノー」だった。

「ジャーナリストは完全にその落とし穴にはまり込んでいるんだ」ゲイリーはこともなげに言った。「物語が違う方向に進む余地はないんだよ」

物語が進む「違う方向」? 「君は、対立の真の意味を知らなければならないな」と、ゲイリー。目の前にいたのは、無数の対立を目の前で見てきた人。愚かな理想主義者ではない。その彼が言っているのだ、わたしは本当の物語を見失っていると。それもひとえに、他の人たち同様、わたしが対立の沼にはまっているからだった。

ゲイリーは、次の研修に参加するよう誘ってくれた。ゲイリー自身、ジャーナリスト相手の研修は初めてとのこと。それでも、わたしのやろうとしていたことは、秀でた調停者たちのそれとまるっきり違うわけではなかった。人々が己を、そして己の問題を理解できるよう、さらに世の中が少しでもよくなるよう力を尽くしたいという思いは同じだった。

だが、メキシコの研修場所についたとたん、場違いなところに足を踏み入れた気がした。ゲイリーとその同僚のキャサリン・コナー以外は、弁護士とセラピストばかり。そこに、わたしだ。

一日は午前7時半から始まる。まずはたっぷり1時間の瞑想。指導者は、ノーマン・フィッシャー。曹洞宗の禅僧でゲイリーの友人だ。冷や汗が出てくる。1時間も瞑想！　それも1週間毎日？　けれど他の参加者からは文句が出なかったので、わたしも黙っていた。

1時間、全員で車座になる。座ったら動かない。この研修前のわたしがそんなに長時間、じっとしたまま眠らずにいられたのは歯医者に行ったときだけ。瞑想はそれより大変だった。

ゲイリーによると、瞑想は、たとえ対立の渦中にあったとしても、余裕を持ってじっくりと考えられるよう脳を鍛える一助となるらしい。たしかに理屈はわかる。いろいろな研究論文も読んでいた。瞑想は血圧を下げ、不安や鬱などの症状を軽減し、睡眠の質を向上させる。

だがわたしは、心静かにじっとしているのは苦手だ。初めての瞑想の時間を使って考えていたことは、翌日以降の瞑想をすべてパスするための言い訳だった。

その後、移動してルーピングの勉強。わたしは自信満々だった。これまで、どれだけたくさんの人の話を聞いてきたか！　これで生計を立ててきたのだ。これくらいなら簡単だと高を括っていた。頷き、微笑みを浮かべ、ここぞというときには額に皺を寄せる。とにかく感じよく！　けれど、それは話を聞いているわけじゃないとゲイリーに言われた。本当に相手の話を聞いていると相手にわかってもらうのは、わたしのように聞いているふりをしているのとはまったくわけが違うと。相手はすぐにその違いを察するのだよ、とゲイリー。

わたしたちはペアを組んで挑戦した。たしかに、普段のわたしの聞き方とは違った。ルーピングは、次の質問や、いつコーヒーのおかわりができるか、といったことを考えず、ただひたすら真剣に聞かなければならない。相手に主導権を握らせ、ただそれに従わなければならないのだ！　相手が話した後、それをわたしが理解しているかを確かめると、思っていた以上にあやふやだった。なので、正しく理解できるまで繰り返し挑戦した。

次に立場を交換。すると、相手に聞いてもらえるというのがどういうことかがわかった。相手が自分の話を本気で聞いてくれているかはちゃんとわかる。小手先のテクニックはすぐにバレる。

1週間の研修で、わたしの仕事に対する基本姿勢は変わった。記者として20年経験してきたことよりもはるかに効果があった。ゲイリーは、ルーピングから、対立の背景を探究するための一段と深い問いかけまで、対立を価値のあるものにするためのありとあらゆるツールを揃えていた。

それからというもの、取材をするときは必ずルーピングをした。まずは家族や友人から始めた。機内で隣り合わせた、見ず知らずの人にも。うまくできないこともたくさんあった。けれどルーピングをすれば、前よりも少しは自分の存在を実感できた。少しは役に立っている気がした。どうしようもなく相性の悪い相手への取材では特に重要だ。相手の話を聞きたくなくても、しっかり聞けるよう助けてくれる。ルーピングのおかげで、理解するのと同時に異議を唱えるのがどんな感じなのかを、身をもって知ることができた。

わたしは、ゲイリーがしていた質問を付箋に書いて自分のオフィスの壁に貼っておき、対立に巻き込まれた人に取材をするときにはいつでも、その質問をするようにした。

「ここで望みのものが手に入ったら、どうなりますか?」

「相手には、自分のどんなところを理解してもらいたいですか? 相手を理解したいところは?」

それから、1日の始まりに瞑想もするようになった。しっかり10分……いまだに長い気はしているけれど。

そしてゲイリーとはその後も連絡を取り合っている。最近、地元の小さな町の理事選に立候補したが、思っていたようにはいっていないと話してくれた。

「呆れた顔をしない」

2016年2月3日、理事になったゲイリーは初めて、ミューアビーチのコミュニティサービスを司る地区の理事会に出席し、議長として取り仕切った。

ゲイリーはそこで新たな規約を披露した。「**団結の原則**」だ。労働組合の責任者で、ゲイリーが最も信頼する相談役のターニャに助けてもらいながら起草したものだった。それを、理事会の開催場所であるコミュニティセンターの壁に張り出した。

・他者を尊重する
・一度にしゃべるのはひとり
・悪口は言わない
・呆れた顔をしない

理事会で一般の住民が発言をする場合、一人ひとりの持ち時間はわずか3分と新たな規約では決められていた。これによって、かつての理事会で取り止めのない話を延々としていたうるさい面々が会議を乗っ取ることができなくなり、もっと多くの発言を聞ける余地ができる。ゲイリーがこの時間制限について説明すると、ある理事から反対の声があがったが、採決の結果は4対1。こうして理事会は、とにもかくにもあっさりと規約を採択した。反対したのはオールドガードのメンバーだった。ゲイリーはそのことについてさして気にもとめなかった。

ゲイリーはエリザベスと協力して、理事会の際の座席も並べ替えた。理事を含めてすべての参加者が、同じ目線で車座になれるようにした。おかげで、開かれた理事会という感じになった。権力を住民に還元できるようになった。ゲイリーが調停の研修でやっていたのと同じだ。参加者が話をすれば、ゲイリーはそれをルーピングした。自分が身につけてきた、最も折り目正しい言葉で相手の言ったことを要約し、それが正しいかどうか確かめた。

また、住民のボランティアによる10あまりものさまざまな小委員会も新たに立ち上げた。希望すれば誰でも参加できるものだ。サンフランシスコ交響楽団の奏者全員で話し合ってもらったように、ミューアビーチの住民にも、もっと町の自治にかかわってほしいとの思いからだった。それまではコミュニティにおける取り決めや会計監査、ハイキングコース、道路など、住民にとって大事なあらゆるものを対象とした小委員会がひとつあるだけだった。一般の人も会議には参加できたが、会議が滞らないように、発言できるのは小委員会のメンバーだけだった。

「このコミュニティの人であればどなたでも、希望する委員会に参加していただいてかまいません。大歓迎です」ゲイリーは言った。「参加者が多ければ多いほど、賑やかになりますから」

ゲイリーは公約を果たし、地元の政治にエネルギーと良識を注ぎ込んでいった。手応えもあったが、中にはからかう人もいた。新しい規約を「ゲイリーのたわごと」と呼び、呆れた顔をした。そして片っ端から「団結の原則」を破っていった。

変化は他にもあった。ゲイリー主導のもとでは、もう会議中に何かを食べたり、わざわざその時間に世間話をしたりすることもなくなった。みんな、そんなことはプライベートの時間にするようになったのだろう、とゲイリーは考えた。

ゲイリーが議長を務めた最初の会議は、予定通りぴったり2時間で終わった。時計を見て、誇らしげに微笑むゲイリー。それまでの理事会は、ひたすらだらだらと続いて、午後9時を過ぎても終わらない。みんな、あるいは少なくともゲイリーの気持ちはすっかり萎えていた。だから、予定通りに終わるのもまた勝利——人としての基本的な良識の勝利のような気がした。

「とても興奮したよ」ゲイリーは言った。「正義のヒーローみたいな気分だった」彼は政治を住民の手、本来あるべきところに取り戻そうとしていた。そして気づいたのだった。「恐ろしいことだよ。権力を手にして、自分が何かを成し遂げられると思うと、いかに慢心することか」

ゲイリーの妻トリッシュは、愛犬アーティの落ち着きがなくなってきたからと言って、1時間で会議を退席した。

正義

ゲイリーは、政治に特有の敵対する文化に精通していなかったわけではない。実際、そういう環境に生まれたと言ってもいいだろう。カリフォルニアに移住してくる前まではコネチカット州ブリッジポートの訴訟専門弁護士の家庭で暮らしていた。父親が弁護士だった。叔父も。

ゲイリーの父親にとって、1930年代及び40年代に、ユダヤ人弁護士としてキャリアをスタートさせるのは容易ではなかった。コネチカットの多くの地域では、白人のキリスト教徒が、黒人やユダヤ人をはじめとするマイノリティに住宅を販売しないという紳士協定に従っていた。父親は、多数のカントリークラブや法律事務所からも、あからさまか否かの違いはあれ、門前払いを食わされていた。

父親は、けっして弱みを見せてはいけないことを学んでいた。それは、自分自身に対してもだ。「父は典型的な人だった」とゲイリー。「たとえ失敗したとしても、それをけっして認めなかったんだ」夕食の席で繰り広げられる会話はすべて、責められるべきは誰かであり、それはけっして父親自身ではなかったという。裁判に負ければ、それは飲んだくれた陪審員か、偏見の目で見た裁判官のせい。「我々は正しく、彼らは間違っている」話ばかり。ゲイリーは幼いころから、父親の話には何かが欠けている気がしていた。口には出せなかったが、父親の正義を疑っていた。

父親の言う「正義」は、法廷ではたいていの場合、うまく機能したと言わなければならない。それはときに、大事な精神的勝利へとつながった。あらゆる手段を駆使して、「彼ら」と戦うことが唯一のいい選択である場合もある。

1940年、グリニッジに住む白人女性が、黒人のお抱え運転手を告発した。一晩で4回も強姦され、その後どこかへ連れていかれて縛り上げられ、貯水池に投げ込まれ、石を投げつけられた挙げ句、置き去りにされたという。運転手は、主人と性行為をしたことは認めたが、合意の上だったと主張した。警察は、運転手が強姦を自白したと断言していた。誰かが嘘をついていた。

この事件は紙面を賑わせ、同じような目に遭うことを恐れた白人家庭による、黒人の使用人解雇に拍車をかけた。そんな状況の中、ゲイリーの父親と叔父はこの運転手の事件を担当したのだった。彼らとともに弁護にあたったのは、全米有色人種地位向上協議会《NAACP》の黒人弁護士サーグッド・マーシャルだ。

弁護士側は協力して、女性の信じ難い話の矛盾点を明らかにしていった。検察側が被告人に対する証拠をほとんど握っていないこともわかった。ゲイリーの叔父はすでに、検察官は偏見の塊だと決めてかかっていた。「あいつは誰のことも気に食わないんだ。ポーランド系でも、ユダヤ人でも、イタリア系でもな」

そこで裁判では、弁護側は女性の話の信憑性を徹底的に攻めた。疑念の種を植えつけるべく、考えうるかぎりの手を使った。叔父は女性への反対尋問で、あれこれ質問して彼女を苛立たせた。

「バスローブしか身につけていないときに、どうして寝室に運転手を招き入れたんです？」

「受話器を外せば、危険な状況を電話交換手に伝えられたのに、なぜそうしなかったんです？」

そして叔父はハンカチを取り出した。ゲイリーの父親は、女性の証言した通りに叔父に猿ぐつわを噛ませた。それを見た陪審員は唖然とした。事件があったとされる晩、パトカーが近くに停まっていたのだが、その程度の猿ぐつわなら、簡単に声を上げて助けを求められたからだ。

全員が白人からなる陪審員は13時間近く審議をした。そして下された評決は、すべての容疑における運転手の無罪だった。

これが、ゲイリーが幼いころにずっと聞いてきた、忘れ難い話だった。父親いわく、その裁判には、偉大な弁護士としての本質が詰まっていた。「毅然として、敵に情けをかけず、弱者のために戦う」世の中は、善悪、正邪というふたつのカテゴリーに完全に二分されていた。そして、自分の側、善の側が勝つまで戦う。目的はつねに手段を正当化した。

ゲイリーはその後ロースクールに進学し、家族と同じ道を歩んでいく。5年間、フリードマン&フリードマン法律事務所で法廷弁護士として働いた。

優秀だった。攻撃的で辛辣で、頭の回転も速かった。反対尋問の際、証人が真実を話していたとしても、嘘をついているように見せることができれば、全身をアドレナリンが駆け巡った。その瞬間がたまらなく好きだった。自分が強大な力を持っている気がした。

だが一方で、この仕事を始めた当初から、この仕事の在り方に対してももやもやした思いを感じてもいた。それは、子どものころ、夕食の席で聞いた父の話に対して抱いた疑念に似ていた。

「世の中は複雑なのに、それを『正しい』か『間違っている』かのラベルをつけたふたつのグループにわけなければならなかったんだ。あまりにも単純化しすぎだ」

1973年のある事件でゲイリーは、交差点で追突された女性の弁護をした。女性は追突時に負わされた怪我を理由に、追突した側の男性の保険会社を相手取り、損害賠償請求の訴訟を起こしていた。だが女性が勝てる見込みは少なく、対する相手側の弁護士は百戦錬磨で、ゲイリーなど歯牙にもかけない、鼻持ちならないおぼっちゃまタイプだった。

ゲイリーは戦略的だった。裁判の間ずっと、最終弁論のときは特に、自分の依頼人を同情に値する女性として演出。物静かで、少々ぽっちゃりしたうら若き女性は、作家として日々の支払いに苦労する日々。そんな女性と大手保険会社、陪審員のみなさんはどちらを信用すべきですか？

最終的にゲイリーの依頼人に裁定された賠償額は5500ドル。現在の価値に換算すると約3万2000ドルだ。最高だった。依頼人を抱きしめ、まさに意気揚々としていた。

それから振り返り、相手弁護士の顔を見た。おぼっちゃまはすっかり落ち込み、肩身が狭そうだった。彼はこれから事務所に戻り、数週間も前にその機会があったのに、なぜ和解しなかったのかを説明しなければならないのだ。

気分は一転した。ゲイリーは目を逸らした。とても彼と目を合わせられる気分ではなかった。「高揚していたのに、その顔を見てひどく気の毒になってね。彼のことは好きじゃなかったが、その気持ちは痛いほどよくわかったから」

同じような状況は、他の訴訟の判決後にも見られた。勝利するたびにゲイリーは、言葉で言い表せない何かを失ったような気がした。

そして30歳になり、父親の弁護士事務所の共同経営者に任命されることになっていた月に、事務所を辞めた。家族はがっかりした。父親は、いずれ事務所をゲイリーに譲るつもりで人生設計をしていた。裁判官たちは執務室にゲイリーを呼び、「君はとんでもない間違いを犯そうとしている」と説得しようとした。だがゲイリーがその意を変えることはなかった。

トリッシュとともにカリフォルニアに移り住んだゲイリーは、そこで新たな法律の用い方を考案した。離婚を望んでいた友人のジェイとローナの件を皮切りに、対立している双方を引き合わせて、互いの言い分にしっかりと耳を傾け、理解してもらえるようにしたのだ。父親には認めてもらえなかった。男たるもの、法廷で法律を駆使し、一方が勝利するまで戦うべきであり、お前のやり方は違う、というわけだ。だがゲイリーは、生まれて初めて、自分が正しい生き方をしていると感じていた。

自分だけのメロディ

ニューガードとオールドガード。ラベルをつけはしたものの、どちらも穏やかなものだ。それにゲイリーは、相手の人間性を奪うような真似はしなかった。しかしながらラベルをつければ違いは明確に浮かび上がってくる。クレーとカンディンスキーの例しかりだ。選挙では、ラベルをつけることで構図を単純化し、ゲイリーへの支持を引き出した。ゲイリーと仲間は改革派。ではオールドガードは？　現状維持派だ。

問題は、選挙の結果が判明し、いよいよ指導力が必要になっていくときに、ラベルの有用性が落ちていくことだ。選挙後、物事を成し遂げていくためには人々の協力が不可欠だ。でも、選挙によってもたらされた根源的な感情は、開票後もずっと燻り続ける。選挙で競り勝った政治家に、コミュニティの真の団結を期待するなど、人間心理の誤解もはなはだしかった。

ゲイリーが勝利するや、対立のマインドセットはほぼ確実に悪化した。勝利した側の「勝った」という気持ちは、彼らの攻撃性に拍車をかけた。選挙にかぎらず、勝つことでテストステロン（意欲や競争心を高める男性ホルモン）は一気に増える傾向にあるからだ。

ゲイリーは選挙結果について、いつも「前代未聞の地滑り的大勝利」と称した。ただ勝っただけではない。誰も成しえなかったことをやってのけたのだ！　ゲイリーの見立てでは、勝負はまさに一か八かで、外部の傍観者であるわたしが思うよりもはるかに厳しい選挙戦だったようだ。


夏になるころには、会議が緊張感に包まれるようになっていった。

ゲイリーは「団結の原則」を守らせようと躍起になっていた。「今夜は何としても3分ルールを守ってもらいたいと思っています」6月の会議のはじめにゲイリーは聴衆に告げる。別の議題に関する質問は「今夜は違うので」と遮る。食い下がる参加者がいれば「時間は3分です」と念を押して発言をとる。

大事なのは、規則を守ることになっていた。


その晩帰宅したゲイリーを待っていたのは、さらなる反発だった。しかも今度は、最も心を許せる存在の妻から。あなたはみんなを切り捨ててる、みんなの心を傷つけてる、と言われた。

「ひたすら時間制限して、会議をきっちり進めてるだけじゃない！　あなたなら理事会に魔法をもたらせるって信じてたのに。今のあなたがやってるのは、まるで真逆だわ」

ゲイリーは自己弁護をした。改革を邪魔したり、新しい政策を批判したりするために、オールドガードが手下を会議に送り込んできている。自分は攻撃にさらされているんだ！「攻撃」という強い言葉を使って、繰り返し説明しても、トリッシュには理解してもらえないようだった。

ゲイリーは、民主主義や一体性のもと、斬新な考えが出てくるようにと思って、小委員会を立ち上げた。だが、ゲイリーのやることは一事が万事、新たな攻撃にさらされ、嘲笑の的にされるようになっていった。

自分がミューアビーチを思う気持ちは明白だし、みんなに公平に門戸を開くための努力もそうだ。小委員会を立ち上げた理由も、一目瞭然だと思っていた。もっと多くの人に町の自治に参加してもらいたいからだ。その思いに嘘はなかった！　なのになぜ、信じてもらえなかったのだろう……。

ゲイリーは、オールドガードが自分を陥れようとしている気がした。それは事実だったこともあったかもしれない。誰しもコミュニケーションの幻想に苦しめられる。それも事実だ。**自分の意図や考えをいかにきちんと伝えられたか。人はこの点を過大評価してしまう。**自分は自分の気持ちがよくわかっている。だから相手も自分の気持ちをきちんと読み取ってくれると思うのだ。ゲイリーが3分ルールを強要したり、小委員会を立ち上げたりした理由は、みんなにきちんと伝わっていると思っていたからだ。だが、本当にそうだったのだろうか？

コミュニケーションの幻想

「コミュニケーションにおける最大の問題は、それが成立しているという幻想だ」という名言がある。**人はいつも、自分のコミュニケーション能力を過大評価しているが、実際は、自分の考え以外のものに思いを馳せる力が欠けているのだ。**

これは、人間の犯す深刻なふたつの間違いから引き起こされる。**自分の意図や願望を伝えられていないのに、きちんと伝わったと思っている**こと。そして、**自分の意図や願望がどのようなものであるか、本当には理解していない**ことだ。

いま、試しにやってみてほしい。テーブルを叩いて、「ハッピーバースデー」のリズムを取ってみたとして、それが何の歌か、同じテーブルに座っている他の人に聞いてみるのだ。流行りの歌でも他の歌でもいい、そのリズムを叩いてみよう。ちゃんと伝わっただろうか?

話し手と聞き手では、その情報のとらえかたが大きく異なる。１９９０年、スタンフォード大学心理学部の大学院生エリザベス・ニュートンは、大学生たちに、有名な曲からどれか1曲を選んでもらい、そのリズムを叩いた際、曲を聴いた相手が正確に曲名を推測できる割合を調べた。

参加者は、それを聞いた相手はおよそ50%、2回に1回はわかると予測した。リズムを叩く本人には、メロディも楽器の音も、歌詞までもが頭の中で「聞こえて」いたのだから、当然だろう。では、実際はどうだったか。120を超えるリズムだけの曲を聴いた相手が正確に曲名を推測できたのは、なんと3%未満、40回に1回も届いていなかった。

これこそ、コミュニケーションの幻想だ。リズムを聞いている相手がとらえているのは、叩いている相手とは違う現実だ。ひたすらテーブルを叩くだけの単調で味気ない音が繰り返されるだけ。それでは何の意味も成さないだろう。

リズムを叩いていたゲイリーは、自分の考えから離れられなかった。他の人は、世の中を自分とは違った目で見ていることが理解できなかった。同じことはオールドガード側にも言えた。彼らには、ゲイリーの聞いていたものが聞こえなかった。自分たちだけのメロディを聞いていた。

人は自分が面白かったり、驚いたり、心配したり、嘘をついたりすれば、他者にはそれが明らかにわかると、概して過大評価している。みんな、自分は誰にでも容易に理解してもらえると思っているが、そんなことはない。

たとえば、わたしたちは自分が何かしら悪いことをすると、その行動に至ったすべてのこと、些細なことも状況証拠も全部含めて考えるのが普通だ。わたしは、実はもう何年も前にテキサスでたまたま信号無視してしまったのだが、いまだにそれを忘れられないでいる。土地勘のない町で仕事があり、住所を探していて、信号を見ていなかった。クラクションを鳴らされて顔を上げたとき、赤信号が見えたものの、すでに通り過ぎたあとだった。ショックだったし、恥ずかしくもあったが、誰も怪我させずにすんだことに感謝してもいた。だが、自分が向こう見ずな大バカ者かもしれないとは、一度たりとも考えなかった。

対して他者の行動を考えるときはどうだろう。反射的に、その人の持って生まれた道徳的欠陥をあげつらうのではないだろうか。先日、ワシントンD. C. の自宅近くで信号無視した人を見かけたわたしはすぐに、あの運転手はふてぶてしい人物だと決めてかかった。法律なんてどこ吹く風なのよ、きっと！　これを書いている今でさえ、そのときの自分の判断を信じている。

実際には、信号無視をする人の理由はさまざまだ。本当にふてぶてしい人もいれば、注意散漫だったり、体調を崩していたり、他のことに腹を立てていたりすることもある。20代で無謀な運転をしていた人の多くが、40代では安全運転をするようになる。そんな複雑さをすべて考慮するのは大変なので、反射的に運転手はバカだと考える。その運転手のことを知らなかったり、信用していなかったりする場合は特にそうだ。前述したように、昼間、捕食者に身をさらさざるをえない霊長類（わたしたち）は、そうやって「バカ運転手反射」で敵を断定しなければならない。

町民はゲイリーを信用していなかったし、ゲイリーも町民を信用していなかった。この双方の不信感のせいで、「バカ運転手反射」は容易に断ち切れなかった。隣人たちは、自分たちの思いや考えを会議に持ち込んでいた。帰属願望の現れだった。だがゲイリーの変革によって、その伝統がひっくり返された。会議に食べ物を持ち込んでいたのは彼らだった。それは人づき合いのよさや、相手をもてなす心を示すための大事なものだった。ゲイリーにとってはごく常識的な改革と思えたことを、自分が咎められているように感じた人もいた。

また、ゲイリーの改革はいいものだとしても、あまりにも性急すぎると感じる人もいた。ゲイリーは、調停をするときのように、すべての人の話に耳を傾けたわけではなかった。理事会の長として、結果に責任がある以上、いろいろな問題を自分も共有しなければいけないと思っていた。

その結果、当事者に問題や解決を委ねたり、オールドガードたちの抱く不満の裏にある懸念には、さほど関心を示さなかったりした。すでに対立の当事者になっていたのだった。

ゲイリーは死に物狂いでルーピングをしていた。しようとはしていた。だが、同じ人間の意見を繰り返し聞かされているだけのように感じていた。そんな面々に、会議をいいようにされるわけにはいかないかい。他の人たちが話せなくなるからだ。

しかし、肝心の他の人たちはどこにいたのか？　それもまた問題だった。ゲイリーは自分にできることはすべてやっていた。しかし、とにかく大声で文句を言いまくる連中以外の人はやってこなかった。隣人の中でも最も分別のある人たちは、理事会の決定などさして気にもしていなかった。そんなことに、わざわざ夜の時間を費やすなんて、というわけだ。ゲイリーの出馬を後押しした人たち、変化を望んでいると言った人たちも、参加していなかった。

その結果、過激派が絶大な影響力を持つようになった。他の人たちが家にいるときでも、彼らはいつも参加するからだ。他の人たちが外で働いているときには昼夜を問わず、ひたすらSNSをいじっている。

ゲイリーにとって、住民の不在はある面では裏切りのように感じられ、もっと深い面では、個人的な失敗のように思えた。対立を緩和し、人々の団結に尽力してきた人物というゲイリーのアイデンティティが、失われようとしていた。意見の相違をまとめていくためにゲイリーが駆使してきた、ルーピングにおいて「なぜの道を辿る」プロセス、すべての人に発言の機会を与えること、過程を尊重することが、まるで機能していなかった。

ゲイリーの心はボロボロだった。見た目以上に追い詰められていた。何が起こっているのかわからないまま、対立の罠に引き込まれていたのだ。彼が対立をどうにかしようとしてすること——もっと多くの住民にきてもらおうとしたり、ルールを守ることを強要したり——がすべて裏目に出ていたようだった。これこそがタールピッツ、対立の沼で起こることだ。

「まるで戦争をしているような気分だった」

ゲイリーが戦術ミスを犯したのは、ちょうどこのころだった。ミューアビーチでは、水道料金の値上げを迫られていた。水の管理コストは高くなっていたのに、水道料金は7年間据え置きのままだったからだ。町は他のさまざまな財源を使って差額を埋めていたが、カリフォルニアの州法では、水に関する料金は水道料金の支払いのみで賄うことと定められていたからだ。ゲイリーは実質的にたった一晩で、水道料金を倍額にする案を支持した。

オールドガードは怒りを爆発させた。そして、かつてゲイリーが討論会の席上で「水のことは何も知らない」と言っていたことを住民たちに思い出させた。そんなやつにどうして、水道料金倍額という勝手な真似をさせるんだ！「水道料金を値上げする必要は、100％ない」と、古参のオールドガード、ヒューは公開の会合で言った。「倍額など論外だ」

もちろん、公共料金が倍になるのを喜んで受け入れる人などいない。ミューアビーチの大半の家庭では、年間300ドルほどの余計な出費となった。かなりの額だ。だが思い出してほしい、ここは比較的裕福なコミュニティ、世帯収入の中央値は11万2000ドルで全国平均のほぼ2倍。ほとんどの住民にとって、実は300ドルはさほど痛い額ではない。さらにゲイリーが支持した案では、年収9万ドル未満の世帯であれば、水道料金の50％割引が認められてもいた。

では、なぜ反発が大きかったのか？　**「バカ運転手反射」だ。ゲイリーの提案を、状況ではなく、彼の持って生まれた性格的欠陥のせいにしたのだ。**ゲイリーは傲慢か、権力の亡者か、無能なんだと考えたのである。そうでなければ、会議で人々を切り捨てたり、必要もない小委員会をやたらとつくったりするその性向を他にどう説明できるというのだろうか！

今にして思えば、5年以上かけて少しずつ増税したほうがよかったかもしれない。ゲイリーもその選択肢は考えた。町民から不満があがることも想像したが、周囲に説得されたのだ。オールドガードが水道料金の差額を無視してきたのは間違いであり、今こそ正しい行動をすべきだと。

この流れは、対立する相手を勢いづかせることになった。無駄な経費を使っているとゲイリーを非難し始めた。次の選挙での返り咲きを狙って運動を始め、おかげで町はさらに分裂した。

2017年10月にはもう、ゲイリーのかつて考案した呼称が、『マリン・インディペンデント・

ジャーナル』紙の見出しに使われていた。「オールドガード対ニューガード、ミューアビーチ選挙」カテゴリーはいまや明確だった。

ただしこのときにかぎっては「反旗を翻した」のはゲイリーとエリザベスではなく、ジムとヒューだった。オールドガードのメンバーふたりは、ゲイリーとエリザベスを阻止すべく、立候補を決意した。ゲイリーの専売特許が取られてしまった。

緊張が走る。別の地元紙は「ふたつの陣営」について別の記事を掲載した。そこには、ミューアビーチ在住の女性の言葉が引用されていた。「道ですれ違うのが嫌な人たちがいるのよ」

ゲイリーも、自分の町の自治が全国ニュースで取り上げられているのを目にするようになっていた。テレビによく出る政治家よろしく、自分を批判する面々が、半分だけ真実を話し、不安を煽り、住民の心を自分から引き離そうと卑劣な真似をしているに違いない！　被害妄想だったと後にゲイリーも認めているが、当時はすべてがそうとしか思えない状況だった。

そこで彼は、オールドガードの内実を新たに説明する、新たな呼称をつけた。以前のものよりはるかに強烈でもあった。ゲイリーはオールドガードを、トランプと同一視し始めたのだ。

まるで戦争をしているような気分だった。コミュニティ内での意見の相違は、不健全な対立へと姿を変えていた。すべてを賭けた、とてつもなく大きく、切迫した戦いだった。「もはや調停者として彼らの立場に立ち、物事を見ることなどとうてい無理だった」のちにゲイリーはわたしにそう話した。「自分のバランス感覚がなくなっていたし、何より自分自身を見失っていたんだ」

理事会内の意見の相違は、ゲイリーがこれまで弁護士として対処してきた調停の案件とは違った。いや、実際はそれほど違わなかったのだと思う。ただ違うと感じただけなのだ。

当時のゲイリーは、対立を調停する著名な専門家だった。世界中で講演もできる。もっと本を書くことも、儲かる案件を請け負うこともできただろう。それなのに彼は、自分の時間の大半を、地元の小さな町を救うために捧げた。しかもボランティアで。感謝されてもいいはずなのに。隣人たちから認めてもらえないどころか拒まれているという思いは、相当きつかった。毒か何かに蝕まれているような気分だった。なぜこんなにも悩まされるのだろう?

サイバーボール

1990年代半ば、社会心理学者たちは研究室で、排除、拒絶、無視の影響について研究を始めた。そして、**こうした感情はいとも簡単に、しかも劇的なまでに引き起こせる**ことがわかった。

トリード大学の心理学者キプリング・ウィリアムズが、ブレーンストーミングの訓練という触れ込みで、228名の学生をひとりずつ研究室に連れてきた。しかし、訓練というのは建前だ。訓練を始める前の学生が控え室にいると、同じく控え室にいたふたりの人間(学生たちが面識のない研究室勤務のふたり)ががらくたの山の中からボールを「発見」し、キャッチボールを始める。最初は控え室にいる3人全員で。楽しく過ごした1分後、覆面研究者ふたりは突然、何の説明もしないまま、被験者をのぞいてふたりだけでのキャッチボールに切り替える。そのまま4分間、ちゃんとした研究者が戻ってくるまでこの状態が続く。

キャッチボールが切り替わると、除外された学生はまず、また仲間に入れてもらおうと、笑いながらふたりと目を合わせようとする。だがそれがうまくいかないと、概して笑うのをやめ、一歩引いて、黙ってしまう。急に、持参したバックパックの中身をガサゴソと漁り出すこともある。

つらい時間はわずか4分。それなのに、その場にいる全員が、極めて重苦しい雰囲気に包まれる。覆面研究者たちは、キャッチボールを続けるのがつらくなる。他の研究者たちも、マジックミラー越しに観察するのさえいたたまれなくなってくる。**排除は、それを目撃した人間全員に、本能的とも言える苦しみの感情を引き起こした。**

その後の実験で、心理学者たちは同様の感覚をデジタルでもつくりだせることを発見した。サイバーボールと名付けられたシンプルなオンラインゲームでは、2、3人のプレーヤーが、ストップがかかるまでマンガのような画像で表示されたゲームの参加者にバーチャルなボールを投げ続ける（参加者以外のプレーヤーはデジタル・アバターなので、プログラマーがコントロールしている）。

62の国で5000人超がこの研究に参加したが、ここでも対面実験のときと同じ心理パターンが認められた。参加者が強烈な悲しみと怒りを感じるのに数分もかからなかった。プレー中の脳波は、身体的な痛みが引き起こされるのと同じ領域で、脳の活動が活発になることを示していた。

ウィリアムズは、この拒絶や無視によってもたらされる影響を「**社会的痛み**」と称した。そしてこの痛みは、相手が人間であれ、デジタルであれ、感じるようだ。デジタル・アバター相手のそっけないバーチャルな対戦からでも、誰もがみなそんな激しい苦痛を感じるのはどうしてなのだろう？　これほど非人間的なものに、どうして極めて人間的な感情を抱けるのだろう？

人間には、ある種の基本的な感情的欲求がある。その中には、帰属意識、自尊心、支配、意味のある存在でありたいという欲求も含まれる。こうした欲求は、食べ物や水と同じくらい、わたしたちが生きていくうえで重要だが、そんな欲求を脅かすのが**社会的排斥**だ。

ゲイリーの場合、理事会のメンバーでいることで、今述べた基本的な欲求の4つすべてが脅かされていた。もはや自分の地元への帰属意識も感じていなかった。人々を団結させることで対立を乗り越えてきた実績にしっかりと根ざしていた自尊心も折れそうだった。慎重に磨きあげてきたこれまでのプロセス、小委員会の設立や発言の時間制限などを含めたプロセスは、いわゆるオールドガードに嘲笑された。自分が培ってきたツールが、自分の町で通用しなかったなら、自分がこれまで生涯をかけてやってきた仕事とは何だったのだろうか……?

拒絶は、不意をつかれると特に堪える。立候補して町を救ってほしいとスカウトされたのに、一部の人からは、口うるさい、悪の元凶のように受け止められた。彼が自尊心を傷つけることなく批判と合理的に向き合っていくには、オールドガードを責めるしかなかったのだ。

心理学研究室の実験でも、**受け入れてもらえると思っていたのに拒絶されると、かえって敵意に近い反応を示す**傾向がある。不意に見舞われる脅威に対して、わたしたちはより危険を感じる。

研究に次ぐ研究の結果、無視された人は概して同じような反応を示すことがわかった。**まず、相手の関心を取り戻そうとする。すぐさま相手に迎合し、言われた通りにしようとする。それがうまくいかないと、攻撃的になる。そして、ゲイリーのように、自分がないがしろにされていると思うと、ただ嫌われていると思っている人よりもさらに激しい攻撃性を示すようになる。**

そういうことがすべてわかっていたにもかかわらず、ゲイリーは非難に屈した。後にゲイリーは振り返る。「守りに入ってしまったんだ」「攻撃的にもなった。戦略的にもね」

攻撃的になれば通常、さらに社会的に排除される。だがそれもある意味では成功と言える。自分の環境を支配しているという新たな感覚が得られるからだ。一時的であれ、「支配」という最も基本的な欲求のひとつを取り戻すことができる。自分を排除した相手を悪者と見なせば、傷つけられた「自尊心」を回復する一助ともできる。相手を悪者扱いすれば、目的意識も得られるだろう。悪者と戦っているのだ。これ以上「意味のある存在」などないではないか!

政治家が勇気を振りしぼって自党の党首に公然と異を唱え、嘘や不正行為を公表すると、往々にして自党からも党員からも白眼視されることになる。すると強烈な社会的痛みを経験し、その結果、ふたつにひとつの道を選ばざるをえなくなる。党に戻って、党の路線に過剰なまでに追従するか、あくまでも厳しい非難を続けて自分を守っていくかだ。

政治家に恥をかかせると裏目に出ることが多いのはこのためだ。気分はいいかもしれないし、一時的とはいえ、主体性を取り戻すこともできる。だが恥をかかせるのは、あまりにも極端な社会的排除だ。あなたの考えを気にする人や、あなたのサポートを必要としている人にプレッシャーをかけるのとはわけが違う。プレッシャーならうまくいくかもしれない。だが恥をかかせるのは逆効果だ。ほぼ間違いなく相手を強くしてしまう。自分とは相容れない集団の人であれば特に。

それは分裂を決定的にし、不安や怒りで相手側の結束を強固なものにして、勢いづかせることになる。相手が善の側で、彼らを批判するのが悪の側だという考えを後押しすることにもなる。

2018年6月、バージニア州にある富裕層向け田舎風レストラン「レッド・ヘン」のオーナーが、トランプ大統領の報道官サラ・ハッカビー・サンダースとその家族を店から追い出した。サンダースが、同性愛者に対するトランプの政策を支持していることが理由だった。

この件をウェイターがソーシャルメディアにあげ、記者が会見でサンダースにコメントを求めた。サンダースは記者を前に、道徳的に自分のほうが正しいという立場から答えた。「昨夜、『レッド・ヘン』のオーナーから、店を出ていくよう言われ……大人しく帰りました。オーナーの行動は、わたしについてよりもオーナー自身についてはるかに多くのことを語っているでしょう」それから420万のフォロワーに向けて、Xに以下のようなコメントを投稿した。「わたしは、つねに敬意を持って人々と接するよう最善の努力をしています。それは、自分とは意見が合わない人であっても同じです。そしてこれからもこのやり方を変えるつもりはありません」

この騒動にトランプ大統領も加わり、7140万のフォロワーに向かって、そのレストランを「不潔」と称して非難した。レストランのオーナーのもとには、脅迫メールが次から次へと届き出した。さらには町長や警察、レストランに食材を卸している農家にまで。75人もの人間が抗議に現れ、店の外で騒いだため、店は10日間の休業に追い込まれた。

かたやサンダースはシークレットサービスにしっかりと守られていた。レストランの近隣には、白人至上主義団体クー・クラックス・クラン（黒人、アジア人、ヒスパニック、ユダヤ人などの市民権を認めず、カトリックや、同性愛者の権利、フェミニズムなどに対しても反対の立場を取っている）のビラが貼られた。タールピッツは日ごとに少しずつ混み合ってきた。

「パパを失ったような気がする」

2017年の夏までに、ゲイリーの息子キャシディの耳には、ミューアビーチの知り合いからのいささか受動的攻撃性（相手に対して、消極的かつ間接的に不満や怒りなどを伝え、攻撃してくること）のある言葉が届くようになっていた。「『理事長』はどうしてる？」父親を肩書きで呼ばれ、馬鹿にしたような目で聞かれた。キャシディは何と答えればいいかわからず、笑って話題を変えるのが常だった。

ゲイリーの妻トリッシュは、自分と目を合わせてくれない人たちがいることに気づいた。「本当に悲しかったわ。つらかった」とトリッシュはわたしに語ってくれた。「わたしはあの人たちにとって『ゲイリーの妻』でしかなくて、みんなゲイリーのことが気に入らなかったの」

ある日トリッシュは、もうミューアビーチに友だちはいないような気がする、とゲイリーに言った。毎月の理事会を怖がるようになった。

対立はゲイリーにもついて回った。いろいろなことを考えているせいで、毎朝2時に目が覚める。自分が正しくて、オールドガードが間違っている！　なんとかしてそれをオールドガードに最終的に公に認めさせる方法はないかと必死に考えた。何度も繰り返し頭の中で会議を再生した。海辺の屋根の小屋で、さらなる瞑想に励んだ。が、効果はなかった。

ゲイリーはきっかり42分かけて自転車で帰宅することができなくなった。対立を避けるためだ。対立は、隣人たちの中に巣くっていたのだ。「ここは俺が住んでるところだ。うちの子どもや孫が遊びに来るところだ」アーティと散歩をしていると、敵意をむき出しにしてくる隣人。ゲイリーは「ナポレオンみたいなやつ」で、話なんか聞いちゃくれないと言っている人もいたようだ。とんでもない話だ！　大勢の人に話の聞き方を教えてきた自分が、聞き方もわからないだって？　ヒューが言ったのだろうと本人を問い詰めたが、そんなことは言ったことがないと否定されて終わった。

「憎しみが向けられるのは嫌なものだ。自分のことで嘘ばかり言われているとわかっていても、何も言い返せないときは特にね。言い返したところで、相手を勢いづかせるだけだから」

そんなゲイリーの言葉を聞き、安心と同時に不安も感じた。対立調停の祖でさえ対立の罠にはまってしまうのなら、わたしたちが些細な対立をするくらい許されるだろう。でも一方で、こうも感じたのだ。ゲイリーでさえその罠に抗えないなら、わたしたちはどうすればいいのだろう?

その夏、ゲイリーは自分が些細な問題に固執していて、それが大きな問題になっていることに気づいた。家族が集まった席でも、彼は近所の揉め事について事細かに話さないではいられなかった。Airbnbや他のバケーションレンタルのやり方を巡って争いがあり、それがミューアビーチの至るところに飛び火したらしく、議論が巻き起こっていた。さらに、バス停の美観を巡る議論のあとも、国立公園局との緊張した状態がずるずると続いていた。

ゲイリーは、理事会に上がってくるすべての問題について、延々と議論を続けていた。こうした対立をゲイリーは、職場でやっていたようにはとらえていなかった。人々が心の奥に抱いている懸念に耳を傾け、敵対的な力関係から双方で問題を解決する力関係へと導いていくことで究明していくシステムとしてはとらえていなかったのだ。

「父は物事をすべて、真正面から受け止めていたんです」とキャシディは言った。「そして守りに入っていた。『いい』チームと『悪い』チームがあって、父に賛成してくれる人と反対する人がいました。もはや両者の間で意見の交換もされていないみたいでした。父が独り言を言っているかのようだったんです」

ゲイリーの家族もそれぞれ、なんとかしようとした。

キャシディはある日の昼食の席ではっきりと言った。「この家には、毒みたいなものが染み込んでる。そのせいで父さんは眠れなくなってるのに、父さんにはそれがわかってないんだ。正直言って、調停の祖の息子としては、まるっきり理解不能だよ。物事の99%は見抜ける洞察力を持ってる父さんが、残りのたった1%のことがまったくわからないんだから」

娘のシドニーは「パパを失ったような気がする」と告げた。シドニーには子どもがひとりいたが、ゲイリーはいつも理事会のことばかり考え、そっけない態度。父親との間に距離ができてしまったように感じていたのだ。

トリッシュは、もうゲイリーのことがわからないと訴えた。大切な人が対立にとらわれてしまった者がよく口にする言葉だ。そしてついにある日トリッシュは、ミューアビーチから引っ越したいと言い出した。その言葉にゲイリーの心は揺れた。妻の言葉を何度も頭の中で繰り返した。ミューアビーチの魔法を守ろうとしていたのに、逆にそれを台無しにしてしまったとは。

投稿

「一方が完全に正しく、もう一方が完全に間違っている対立などほとんどない」

——ゲイリー・フリードマン『Inside Out（内面を変えて外面をよくする）』

ゲイリーの任期は5年だったが、盟友エリザベスは2017年の11月に再選が迫っていた。タウンミーティングには緊張感が張り詰めるようになっていた。政府当局者は、細菌性病原菌から住民を守るよう、地元の井戸水を高レベルの塩素で消毒することを義務づけた。するとオールドガードは、ゲイリーが飲料水に危険な塩素を大量に注入することを許したと非難し始めた。ゲイリーはその批判に愕然とした。あまりにも無責任な発言に、いまいましさを覚えた。

こういうことからも、わたしたちは対立の罠に陥ることがある。**誰かをいまいましいと思うと、もうその人を理解しようとしなくなる。二度と話しかけなくなるかもしれない。**

結婚について研究している心理学者ジョン・ゴットマンは「嫌悪は愛の硫酸である」と言っている。嫌悪の存在が、最も強力な離婚の兆候であることを、ゴッドマンは発見した。しかも嫌悪は、実際に存在し続けなくても、存在しているように感じる。

２０１７年の選挙直前、ゲイリーは、自分たちが不利であることに気づいた。オールドガードは理事会の主導権を奪還できるだけの議席数を獲得するかもしれないのだ。

そこで、労働組合の責任者にしてゲイリーが最も信頼する選挙参謀のターニャは、権力に対して真実を語る（一方的なプロパガンダに対して、反体制派が用いる非暴力の政治戦術）ようアドバイスした。オールドガードを批判する文書を書き、ゲイリーはそれに署名をし、町のウェブサイトに投稿することにしたのだ。

「あなた方は、最も基本的な受託者責任において、ミューアビーチの全住民を裏切った」

「あなた方や元理事会メンバーが、我々のコミュニティの納税者によって支えられている貴重な財源をどのように使ってきたか、それを示すには無責任という言葉がぴったりだ」

「あなた方が、最近の監査の詳細や、以前は完全に無視していた記録文書について、今になって騒ぎ立てているという事実は、あなた方に謙虚さのかけらもないこと、さらには羞恥心や自責の念、責任感が驚くほど欠如していることを明確に示しているものと思える」

文書の中でゲイリーは、町の元指導者たちが会計監査をしてこなかったことを責めた。ゲイリー自身とエリザベスを守るには、それが早急に必要なことだと思えたのだ。ターニャも同意してくれた。水道料金値上げを責め立てていた連中は、ゲイリーが理事会メンバーになる前まで、会計監査を怠ってきた張本人だった。これほどの偽善は見過ごせない。

ゲイリーは文書の中で6回にわたり、元指導者たちは「8年連続で」会計監査をしてこなかったことを引き合いに出している。数字の8を6回書き、その都度カッコで括っている。それはまるで、ゲイリーが何十年も前にフリードマン&フリードマン法律事務所で書いていた弁論趣意書のようだった。もはや調停者のゲイリーではなく、法廷弁護士のゲイリーだった。

一点一点、反対勢力があげつらってきた批判を論破していった。と、自分ではそう考えていた。確かに、こうして事実を並べ立てれば、人々に自分が正しいことをわかってもらえるに違いないとゲイリーは思った。「わたしに言わせれば、意図的かつ度重なる法律違反に基づく行政上、民事上、あるいは刑事上の捜査をこれまで避けてこられたあなた方は、運がいいと思う」

あとは投稿するだけ、となったとき、ゲイリーは不安に襲われた。何かが間違っている。口調がおかしい。いや、やはり文書そのものが気に入らない。それでもとにかく投稿した。

あいつらは最悪だ！

不健全な対立にさらされやすいのは、自分のまわりの人だ。でも自分は絶対に違う。自分を見失ったりはしない。そう信じるのは容易い。ゲイリーの話を読んでいるあなたは、これはゲイリーの話だと思っているかもしれない。ゲイリーのエゴ、ゲイリーが足をとられた話。他人事だと。

でも、本当にそうだろうか？

世の中には、たしかに他の人よりもストレスや対立に上手に対処できる人がいる。自分の感情をコントロールし、たとえ隔離された状態であっても協調することができるのだ。

こういうタイプを、NASA（米航空宇宙局）は宇宙飛行士選出の際に求めている。直近のメンバー11名は1万8353名の応募者の中から選ばれた。合格率0・06％。NASAの宇宙飛行士プログラムに合格するほうが、ハーバードに入学するより75倍も大変だ。

これだけ多くの中から、NASAは最善を尽くして、並はずれて柔軟かつ主体性のある人物を選んでいる。「まぎれもなく、互いに命を預け合っているんだ」。そう言ったのはジェイ・バッキー・ジュニア、元宇宙飛行士だ。現在は、宇宙空間で宇宙飛行士たちが対人ストレスに対処できるよう尽力している。「本当に有害な対立を避けられるというのは、とても重要なことだ」

応募者は、他のテストも含めて、精神面に関する広範な面接を受ける。それらにパスするのは、適応力が高く、社会性があり、精神的に安定していて、健康で、ストレス下でも際立って他者とうまくやっていける人物であることが多い。

その後、宇宙飛行士として認められると、対立に対処する方法と、隔離された状態でのコミュニケーションのとり方についての訓練を受ける。他のクルーとの対立に対処するためのシミュレーションも含めた訓練のおかげで、彼らのホルモンの値がはっきりと変化することがわかっている。普通の人は恐怖や怒りを感じると、明晰な思考能力を低下させるストレスホルモンの急増を経験するが、彼らはその度合いがわたしたちよりもはるかに少ない。

実際、対立の持つ、人を引きずり込む強い力に、宇宙飛行士以上に抗える能力を身につけている人はいないかもしれない。

それにもかかわらず、ほぼすべてのミッションで起こること。

それが、対立だ。避けられない。

たとえすべてがシミュレーション・ミッションであったとしても起こってしまう。

宇宙飛行士が対立に陥るまでには、わたしが陥るよりもはるかに長い時間を要するのは間違いない。しかしそれでも、最終的には対立が起こる。しかもこれは目下、これまで以上に問題になっている。NASAが今後10年以内に宇宙飛行士を火星に送り込みたいと考えているからだ。火星に到着するまでにはおよそ520日間。それだけの長い間、大きな対立に抗える人はいない。「どんなクルーを選んでも対立は起こる」と言ったのはキム・ビンステッド。NASAが資金提供している、ハワイでの長期宇宙探査シミュレーションの主任研究員だ。「気分の浮き沈みが少ないクルーを選ぶことはできても、それがまったくないクルーは選べない」

これまでにおこなわれてきた、はるか遠くの宇宙空間でのシミュレーション・ミッションの最長のものは、2010年6月にモスクワで実施された。

4カ国から集められた6人の男性が、火星に行ったと仮定して、小さなコンクリートの建物の中で17カ月を過ごしたのだ。日の出もなければ日の入りもなく、友人や家族とのリアルタイムでの接触もないままの生活。そして毎週、個人間の対立に関する調査を受けた。

その中で報告のあった対立は、なんと49件。調査の対象にはならなかった些細で気に障る対立も含めると、もっとあっただろう。宇宙にも、地上同様、対立を引き起こす原因は無限にあると言って間違いない。クルーは、家族からの悪い知らせにストレスを溜め、それをぶつけ合う。不眠に苦しみ、互いにイライラする。

ここにひとつだけ、ほぼ確実に起こる特別な対立がある。カテゴリーの話を思い出してほしい。存在するのはふたつのグループ。宇宙にいるわたしたちと、地上にいる彼ら。そう、**クルーと地上管制との対立**だ。宇宙飛行士たちのストレスの多くが、地上管制のスタッフに向けられる。

これは「地上とクルーの断絶」と呼ばれている。くだんの火星シミュレーションでのクルーの報告によれば、クルー同士の対立より地上管制との対立のほうが、なんと5倍も多かったそうだ。

「地上の連中はやたらと指示してくる。理不尽で、融通が利かなくて、こっちの実状を知りもしないで、不可能なことを言ってくる。クルーはそう思ってるんです」ビンステッドは「地上とクルーの断絶」を淀みなく挙げた。「一方で、地上は地上で思ってるんです、『何だってあいつらはああも気難しいんだ。ただこれをやってくれって頼んでるだけじゃないか！』って」

もちろん、地上側が文句を言うのは簡単だ。彼らは宇宙にいないのだから、クルーたちが経験していることに共感できない。さらに、火星のミッションやシミュレーションでは、テキストメッセージを送ってから返事が返ってくるまでに40分もかかる。遠く離れた宇宙からでは、電話やビデオ通話もできないので、会話はテキストメッセージでするしかない。スムーズなやり取りは望めず、物足りなさが残る。声のトーンやボディランゲージから汲み取る微妙なニュアンスがすべて取り除かれたテキストでのコミュニケーションでは、ほぼ確実に誤解が生じる。

ビンステッドは、宇宙旅行におけるゲイリー・フリードマンだ。普段は対立のことをきちんと理解している。だが、そんな彼女も、宇宙での住居をシミュレーションした場所に4カ月間閉じ込められていたときには、自分のグループと地上管制との間での対立を経験していた。**これまでに学んできたことはすべて意識していたのに、気づけば、実にありがちな対立の罠に陥っていた。**ゲイリーと同じように。それからまる13年がたった現在、ビンステッドは昼食をとりながらわたしにそのことを話してくれたのだが、そのときですらまだ腹を立てていた。

「今でも、地上側が間違いを犯したって思ってるわ」

最近は、参加者が新しいシミュレーションに入る際、こうした地上とクルーの断絶が起こることをビンステッドはあらかじめ警告するようにしている。参加者は彼女の話に耳を傾け、頷き、往々にして思うのだ、今こうして話を聞いたからには、自分たちにそんな対立が起こることはないだろう、と。

「いつも起こります」とビンステッドは言った。そして笑いながらつけ加える。

「自分が属する集団以外の集団があるっていうのは、とんでもないことなのよ！」

NASAに保管されているやり取りの音声記録を聞くと、もっと短期間のミッションにおいてさえ、必死に感情を抑えた、緊張感漂う様子がうかがえる。以下は1965年に録音された、宇宙飛行士のエド・ホワイトが、自身の宇宙船の座標を地上管制に伝えるルーティンの連絡だ。

ホワイト:「01。34。0。0。9」
地上:「了解、エド。訂正させてくれ。013。40。09だ」
ホワイト:「そう言ったろ、管制官」
地上:「いや、違うな。君の読み方は『01。34……』」
ホワイト:「ほら……最初からちゃんと読んでるじゃないか」
地上:「ああ、君は正しい数字を読み上げた。ただ、正しくなかったんだ、その、区切り方が」
ホワイト:「何が正しくなかったって?」
地上:「正しい区切り方で読んでなかったんだ」

ホワイトは、簡単に平静さを失うタイプではない。実際、そのミッションでは、アメリカ人初の宇宙遊泳もしている。だが、この録音の声には、地上管制に対する軽蔑の気持ちが滲んでいる。はらわたが煮えくりかえっていたのも伝わってくる。

ジョシュ・アーリックはロッキード・マーティン・スペースシステム社のシステムエンジニアで、宇宙飛行士を志望している。そして2017年、火星シミュレーションに参加し、ほぼ8カ月にわたって、見ず知らずの5人とともに隔離生活を送った。ワシントンD．C．でコーヒーを飲みながら彼に会ったときの印象は、概して好感の持てる前向きな人だった。だがそんな彼もまた、地上管制との間での緊張関係を経験していた。しかし彼が驚いたのは、その緊張関係が、実は他のクルーとの絆を強固にしたことだったという。

「ミッションサポートセンターからメールが届くと、『こいつ、何考えてんだ？　バカじゃないのか！』と思うことがあります。そして言うんです、『おい、これ見ろよ！』。その瞬間、絆が深まるような感じがしました」

わたしたちは、理解されたいという思いと同様、自分の集団にきちんと属していたいという思いも抱く。そして、そんなつながりを築く手っ取り早い方法が、地上管制であれ、民主党員であれ、サンフランシスコの本社であれ、他の集団を犠牲にすることだ。あいつらは最悪だ！と。

「これは個人攻撃だ」

「対立が支配すると、対立自体が現実を生み出す」
——ゲイリー・フリードマン、ジャック・ヒンメルシュタイン
『Challenging Conflict（対立への挑戦）』

ゲイリーが会議の開始を宣言しようとしたまさにそのとき、ジョエルが割って入った。それは選挙前の最後の会議だった。

「本当にがっかりです、ゲイリー。議題として取り上げてもらいたいとわざわざあなたに頼んだものが3件あるのに、あなたはあくまでも議題として取り上げないと決めたんですから」ジョエルの声はこわばっていた。「いずれも重要な問題、理事会で話し合うべき議題だと思うんですが」

ジョエルは理事会メンバーだった。2年前、理事会の長に立候補しないようゲイリーが説得したあの人物だ。当時、ゲイリーはジョエルのことが気に入っていた。近隣で集まった際に彼がいると楽しかった。だが今、気づけばジョエルは変わっていた。やたらとしゃべり、すぐにカッとなり、万事において足を引っ張った。ゲイリーの見解だが。

ジョエルいわく、3件の議題のうちの1件は、ゲイリーが先日、理事会のウェブサイトに投稿した文書についてとのこと。あれは「まったくもってどうかしてます」とジョエルは言った。「裏

切られた思いです。今日の会議のかなり前からあなたに頼んでいたのに、3件の問題を議題として取り上げることを拒まれたんですから」

ゲイリーは、あくまでも同じ理事会のメンバーとして答えた。

「ご意見には感謝します。確かに議題として取り上げていませんが、その件にかんしては、議題ではないので話し合うことはできません」

まるで不条理劇を見ているようだった。ゲイリーはその問題を議題として取り上げることを拒んだ。だから理事会でそれについて話し合うことはできない。なぜなら議題ではないからだ。

「その件について話し合うつもりなら、その件を議題として取り上げる旨をコミュニティに事前通知しなければなりません」ゲイリーは言葉を続けた。「したがって、それらの問題が今夜の議題となることはありません。だからといって、それらが重要でないと言っているわけではありません。議論されることは正当に認められていますから、いずれ議題として取り上げる機会もあるでしょう」

別のメンバーも、自分の問題が議題から外されたと不満の声を上げた。ゲイリーは言い張った。

「それは議題ではありません」

聴衆から声が飛ぶ。「例外を認めろ！」

「そうだ！」別の男性が叫んだ。ゲイリーは会議の主導権を失いつつあった。会議はまだ始まったばかり。しかもこのあとには、実に忌まわしい議題を取り上げなければならなかった。

「ちょっと待ってください、落ち着いてください！　黙って！」ゲイリーは聴衆に向かって叫んだ。「どうかお願いですから。ダメです、ダメだ、ダメだ。いいからちょっと待って。ちょっと待ってください。会議を仕切っているのはわたしです。最善を尽くしているんです。どうか発言は控えてください」

ジョエルが再び文書の件を持ち出した。「何だってあんなとんでもない文書がウェブサイトに投稿されたのか、どうしても知りたいし、あの件はここで話し合われるべきです」

今度は、議題云々に言及することすらなく、ゲイリーはすぐさまジョエルを黙らせた。「もう結構。個人攻撃に応じる気はない」

「あれは個人攻撃じゃなかった」とジョエル。

「いや、わたしへの個人攻撃だ」

町のウェブサイトにあの文書を投稿したのは間違いだった。ゲイリーは心のどこかでそう気づいていた。はるか昔、自分が父親の行為を批判したときとよく似ていた。文書を投稿したとき、ゲイリーは気が咎めた。そして今はジョエルから、公の場で、自身が掲げた理想を実現できなかったことを認めろと迫られていた。

ついでジョエルは衝撃的なこと、ゲイリーが予想だにしていなかったことをした。「あなたには、この理事会の長としての責務を果たす能力があるとはとうてい思えません」そして、ゲイリーの即時解任を求めたのだ。「動議を——」

ゲイリーが遮る。声には絶望感が滲んでいた。「そんな動議は出せないぞ。議題にないんだ」

「議題にする必要はないんです、ゲイリー」

ゲイリーは、もうこれまでだと思った。ミューアビーチに魔法を取り戻すと話したのは、ちょうど2年前、まさにこの場所だった。聴衆の中から、誇らしげな顔で見つめていた家族。ジョエルとも親しくしていた。何年か前に一度、ジョエルの息子のために対立の調停をしたこともあった。その彼が、町の理事会の茶番を先導している。そして自分は、ボランティアでやっている小さな町の役職から追い出されようとしていた。前代未聞の事態。どうしてこんなことになったのだろう?

対立のすべての引き金を引いたのは、ゲイリーが投稿した文書だった。自分の立場を守るのはかまわない。だが、不快感や怒りから他者を攻撃したのはよくなかった。それが間違っていたからではない、それではうまくいかないからだ。非難は辱めと同じで、相手の心を頑なにする。そうなるであろうことは、物理学の法則よろしく、じゅうぶんに予測できる。そしてゲイリーは、誰よりもよくそのことがわかっていたはずだ。

「そのころには、自分が神の仕事をしている、トランプ相手に格闘していると信じ込んでいたんだ」だが実際にゲイリーたちが戦っていたのは、300ドルの水道料金値上げを巡ってだった。アメリカの民主主義の未来が危険にさらされていたわけではない。誰かの命が危なかったわけでもない。文字通り海辺の理想郷に暮らすとても幸運な人たちがいて、大局的な事象の中のごくささやかな問題について議論していただけだ。だが、そんなことはもはや関係なかった。対立がすべてを終わらせた。

ジョエルのクーデターは未遂に終わったが、それに対してゲイリーが示したのが理事会の規約だった。規約では、そのような策動は認められていなかった。溺れかけた人よろしく、ゲイリーは手順と慣例に必死にしがみついていた。会議はどうにかこうにか進み、ついに2時間後、公式な発言の場を設けた。ウィリアムという隣人がマイクの前に立つ。

「あの文書は、間違いに嘘に中傷的な発言だらけで、明らかに卑劣だった」

ゲイリーは我慢できず、我が身を守るために勢いよく立ち上がった。コミュニティセンターの床に椅子を軋らせながら。

ゲイリー：「わかりました、一言だけ言わせてもらいますが、わたしはあの文書の内容を守りますよ！」

ウィリアム：「おい、最後まで言わせろよ。最後まで言わせろって」

ゲイリー：「もう3分たちました！」

ウィリアム：「そんなはずないだろ」

ゲイリー：「たちました！　時間を計っていました。ウィリアム、ウィリアム、もう終わりです、やめてください」

実際ウィリアムは、持ち時間のうち、まだ90秒しか使っていなかった。だがゲイリーは、そうするしかないと思い詰めていた。この手の攻撃はやめさせなければ。自分の身を守らなければ。

ウィリアム：「要するに、あんたは暴走――」

ゲイリー：「ウィリアム、これは個人攻撃だ。認めるわけにはいかない。3分経過。ダメだ、やめろ！　やめるんだ！　持ち時間の3分は終わったんだ、いい加減にしろ。個人攻撃は必要ない。『団結の原則』があるんだ」

対立の内側にいるゲイリーには、その皮肉を理解することができなかった。

聴衆席からゲイリーについてあれこれと言う声が聞こえてくる。2分後、ゲイリーは会議を中止する動議を出した。彼が理事会の長として参加する定例会議はこれが最後となった。

「彼を尊敬してたんだ」

オールドガードのヒューは、ゲイリーが立候補する23年も前からゲイリーとは近所づき合いをする仲だった。実は何年も前に、ミューアビーチの隣人と地権争いをした際にゲイリーに調停を頼んだこともあった。だから当初は、ゲイリーこそ理事を務めるのにふさわしい人物だと思っていた。「ゲイリー以上にこの仕事にぴったりだと思う人はいないな」ヒューはわたしに言った。「彼を尊敬してたんだ」

ゲイリーが立候補すると聞いたとき、ヒューは喜んだ。そして実際、当時の理事長だったジムに、ゲイリーが当選したら理事長になれるかと聞いてもいる。

「町の体質を浄化できると思ったんだ」ヒューはぼそりと言った。

では、ヒューの目からはどう見えていたのだろう？　文書事件からすでに2年たっていたが、当時のことを話すヒューの声は悲しげで、いささか戸惑いも感じられた。

ヒューは16年にわたってミューアビーチのために尽くしてきた。最初は、選挙で選ばれた理事会のメンバーとして。ついで、地区の責任者として。彼は道路や水のシステムについて詳しく、自分の得意なことをしていると思っていた。

ゲイリーが就任するまで、ヒューは有能たらんと努めてきた。つねにすべての情報をすべての住民に伝えてきたわけではないことは認めている。小委員会もなかった。それでも、住民のコミュニティ意識を育もうと努力はした。毎月、理事会に参加してくれるすべての人たちのためにコーヒーとお菓子を用意した。発言の制限時間も設けなかった。

やがてゲイリーが取って代わった。1年もたたないうちに、23もの小委員会を設けた。ヒューはその数をいまだに覚えている。ヒューがその2年前に立ち上げに尽力した幹線道路のプロジェクトは、立ち消えになった。ゲイリーはあえて、ヒューがやってきたことをすべてぶち壊した。少なくともヒューにはそう見えた。

当初ヒューは、疑念を抱いていたにもかかわらず、新たな体制に協力しようとした。だが、新たな人事委員会に参加しようとしたとき、ゲイリーが彼の参加を望んでいないと告げられたのだ。「ゲイリーは、わたしがミューアビーチを意のままにしていると思ったようだ」しかも、ヒューが新たな水道委員会の存在を知ったのは、それが発足したあとだった。「さすがに少しムッとしたよ」とヒュー。「道路に歩道に排水管。全部わたしが設置してきたんだ。町の飲用水処理の資格も持ってた。自分には役に立つスキルがあると思ってたんだ」

ゲイリーは、もっと開放的であろうとしたが、結局はヒューを排除していた。まるでゲイリーとエリザベスが、ヒューが納得できる理由もないまま、突然ヒューにボールを投げるのをやめてしまったかのようだった。

わたしがヒューと話をするまで、彼は、ゲイリーが何年も自分のことを「オールドガード」のメンバーと呼んでいたことを知らなかった。そもそもそんな自覚がなかった。微塵も。ミューアビーチでのヒューは、インフラの専門家だった。多くのことを成し遂げてもきた。そんなふうに、コミュニティにおける自分の役割を自認していた。だがゲイリーの体制下では、それらはもはや重要ではなかった。ヒューは引っ越しを考えた。成人した子どもたちには、今のミューアビーチはもう好きじゃないと話した。ゲイリーの妻と同じで、ヒューももはやそこに自分の居場所があるようには思えなかった。

最終的にヒューは、ジムとともに、ゲイリーの盟友エリザベスに対抗して次の選挙に立候補することにした。だが本心はゲイリーに対抗して、だった。ゲイリーの任期は終わっていなかったが。ヒューを支持する人たちからも、立候補して、もう一度多くのことを成し遂げてくれと促された。「コミュニティには、前の状態に戻してほしいという人が大勢いたんだ」

そんなとき、ゲイリーのあの文書が投稿された。ヒューとジムがこれまでしてきたあらゆる不始末を責める文書が。「打ちのめされたよ」とヒュー。「それで一気に守りのモードに入ったんだ」選挙戦は大荒れだった。ヒューは、早く終わってほしいと願った。何より胸が痛んだのは、自分がゲイリーの最初の選挙を本気で支持していたことだ。ゲイリー同様、ヒューもまた自分のしたことを認めてもらいたかった。それなのに、排除されてしまったのだ。

社会的痛みは伝染しやすい。そして、ヒューが痛みを覚えれば覚えるほど、ゲイリーは追い詰められていった。

身がすくむ

選挙の準備中は「汚水槽」の中みたいだった、とはゲイリーの弁だ。町の人たちは水道料金値上げに反対票を投じ、すべてが台無しになった。惨めだった。身がすくむ思いがした。ただ悪夢が繰り広げられるのを見ていることしかできなかった。早く選挙が終わってほしいと願った。ヒューと同じように。

いったん対立の罠に陥ると、そこから抜け出すのは信じられないほど大変だ。誰もが平和を望んでいる。だから、何を妥協すればそこに至れるかを考える。相手側も同じことを考えている。双方、とても近いところにいる——のに、どうやっても動けない。わたしたちをタールピッツに引きずり込んだ見えない力——二者択一や社会的痛み、コミュニケーションの幻想、「バカ運転手反射」を含む力はすべて、強くなっていく。

また、たとえ和平を望んでいても、自分の側から先に申し出たくはない。先に折れれば、弱っている兆候と思われ、さらなる譲歩を求められるのではないかという不安に駆られるからだ。相手側が本当に和平を望んでいるかも信用できない。和平に異を唱えるあらゆる声が、わたしたちの偏見と固定観念に直接話しかけてくる。わたしたちの側と相手側という考え方をやめられない。

もっと規模が大きく、もっと対処しづらく、もっと深刻な対立でもそういったことは起こる。たとえば、パレスチナ人の3分の2とイスラエル人の3分の2が、これまでに提案されてきたさまざまな和平案に記された基本的な条項を支持している。人々が望むのは、検問所での長蛇の列や爆撃の不安のない、平和な暮らしだ。それなのに、対立は続いている。

対立を研究しているイスラエル人の心理学者エラン・ハルペリンは、イスラエルで講演をおこなう際はいつでも聴衆に、「アラブ和平イニシアチブ」と言われるものについて耳にしたことがあるかと好んで聞くことにしている。これは、2002年3月に、サウジアラビアのアブドラ皇太子(当時)によって発案された、和平のための提案だ。提案では、アラブ諸国はイスラエルに「正常な関係と安全保障」を提供し、かわりにイスラエルには1967年戦争以降に占領した土地からの完全撤退を求めた。それまでのアラブ側の態度と比べて驚くべき譲歩が記されていて、世界中の指導者から相応に称賛を受けた。新提案は同年、アラブ連盟加盟諸国からも揃って支持された。2007年にも再度支持された。さらには2017年にも。

ハルペリンは聴衆に、アラブ和平イニシアチブを支持するかどうかはたずねない。ただ、耳にしたことがあるかと問うだけだ。この提案(イニシアチブ)は、19年にわたって定期的にニュースメディアで取り上げられてきた。

「どの講演でも、5%以上の人が手を挙げたところを見たことがありません」ハルペリンがわたしに話してくれた。「メディアで取り上げられていても、人々は耳にしたがらないんです。それは、この対立について人々が考えているあらゆることと矛盾するからです」アラブ和平イニシアチブは現実的で価値のあるものなのに、それすらも知られていない。人々は、対立にこだわるあまり、その他のことが見えなくなっている。みんな、いわば心の目隠しをしている状態だ。「相手はけっして変わらない、いつでも我々を騙そうとしている、我々は絶対的な被害者だ。そう思っているかぎり、進んでこの機会を受け入れようなんて思うわけがないんです」とハルペリンは言った。

アメリカ人もまた、対立によって目隠しをされている状態だ。民主党員は、共和党員が実際よりも裕福で、年上で、残酷で、理不尽だと思っている。対して共和党員に言わせると、民主党員は実際よりも不信心で、同性愛者が多く、過激だ、となる。最も政治に関心を持っている人たちが、互いのことを最も誤解している。

どちらの側のアメリカ人も、相手陣営には極端な意見を持つ人がそれなりにいると思っており、それぞれが思い描いているその数は、実際のほぼ倍近くになっている。そしてどちらの側も、相手陣営がいかに自分たちを嫌悪しているかを、とてつもなくオーバーに考えている。

こうした誤解は些細なことに思えるかもしれないが、これが大惨事につながる可能性がある。脅威を感じれば、関心は抱けない。相手側を実際よりも過激だと思い、実際よりも嫌な人々だと思えば、相手を権力の座から追い落とすためとあらば、誰にでも投票するだろう。たとえそれでどんなに抑えが利かなくなったり、対立を生むようなことになったりしてもお構いなしに。2016年の大統領選挙では、およそ半数のアメリカ人有権者が消極的投票をしたという。つまり、**誰に投票したいかよりも、誰に投票したくないかを重視していた。**

一方で、わたしたちがよりよい情報を得られるようにしてくれるはずの制度は、逆の効果をもたらしているようだ。アメリカ人が、さまざまな情報源からのニュースを見ることに時間を費やせば費やすほど、相手側に対する見解は不正確になっていく。また、とりわけ民主党員の場合、教育を身につければつけるほど、共和党員について無知になっていくと思われる。大学院の学位を持っている民主党員は、高校を中退した民主党員に比べて、共和党員に対する認識が3倍も不正確だ。

選挙当日、ゲイリーの一番の盟友エリザベスは、再選されなかった。ゲイリーにとってはまさに最悪の悪夢だった。エリザベスとジョエルが落選し、かわりに当選したのがヒューとジム。オールドガードの中でも一番嫌なライバル、あの悪名高い文書でゲイリーが名指ししたふたりだった。ゲイリーの任期は2021年まで残っていたが、もはや理事会内に確たる味方はいなかった。

「これは制裁よ。連中のエリザベスに対する制裁」とターニャは言った。「利己的で、女性蔑視的で、憎しみに満ちているもの」ターニャとしては、ゲイリーの文書そのものに問題はないと思っていた。問題はフォローアップがなかったことだった。「文書はすばらしかった。でもあのあと、彼らから反撃があるのはわかっていたことだもの」ゲイリーはもっと続けるべきだったのよ、とターニャはわたしに言った。ゲイリーは自分に対する敵対的な言葉と嘘をやめるよう求める嘆願書を書くべきだった。もっとたくさんドアを叩くべきだった。

新たな理事会は、ゲイリーが立ち上げたほぼすべての小委員会をなくした。「わたしはオバマと同じ目に遭ったんだ」ゲイリーは言った。オールドガードはあっという間に、ゲイリーが成し遂げてきたことをすべて、めちゃくちゃにしていった。ちょうど同じころ、およそ4800キロ離れたワシントンでは、トランプ新大統領がオバマ大統領の遺産に対して同じことをしていた。「連中はほぼすべてを骨抜きにしたか、逆行させたんだ」

「ひどい屈辱、苦痛、悲しみを覚えた」とゲイリーは言った。選挙について語る言葉は仰々しかった。「我々は叩きのめされた。まさに最悪だった」

そんなゲイリーの言葉を聞いているうちに、わたしは困惑してきた。彼はまるで何かに取り憑かれているかのようだった。彼を揺さぶり、わたしや大勢の人たちに教えてくれたあらゆることを思い出してもらいたかった。自分が対立にとらわれていること、対立そのものに支配されていることがわからなかったのだろうか？

政党

政党は民主主義を正常に機能させるための必要悪だ。そう考えてしまいがちだ。だがこれまで見てきたように、アメリカ建国の父たちは、政党に頑強に反対していた。アレクサンダー・ハミルトンは政党を、人民のための政府における「最も致命的な病」と評した。ジョージ・ワシントンは辞任の挨拶の中でこう警告している。「政党は、時間と物事が経過するにつれて強力な原動力となりうる。それによって狡猾で、野心的で、道徳心のない連中が、人民の手にあった権力を覆し、政府の手綱を握って意のままにするようになるだろう」

ハミルトン、ワシントン、ジェファーソン、アダムズは、敵対的な体制が最悪の流れをもたらすことを認識していた。ワシントンの家族が新大陸へやってきたのは、17世紀に英国を分断させた内戦で、反目する集団同士が巻き起こす暴力を避けるためだった。人々が相対するカテゴリーに分類されると、不健全な対立が起こりやすくなる。それも意図的に。

法律の世界でゲイリーは、対立に対処するために、新しいルールを用いてまったく新しい形をつくり上げた。そしてそれは成功した！　世界中の人が調停を求めている。敵対的な制度は、対立に対処するための唯一の方法でもなければ、最善の方法でもないことの証明を求めている。

ところがゲイリーは、法律を変えたのと同じように、政治を変えようとした際、昔ながらの敵対的なやり方を用いた。世の中を二項対立的にとらえていたターニャのアドバイスを頼ったのだ。そこにあったのはわたしたちと彼らだ。ゲイリーは、古いルールのまま新しい試合をしようとしていた。法廷に入り、裁判官と陪審員の前で、検察官と対峙しながら電気鍋の探究をするようなものだ。うまくいくわけがなかった。

だが、こうした分裂——わたしたち対彼らという分裂は、避け難いように思える。では政治の場合は、他にどんなやり方があるだろう。

目下、およそ500〜700万人の人が、敵対主義を明確に拒絶する形で政治をおこなっている。彼らは、ゲイリーと同僚が法制度に対しておこなったのと同じことを、民主主義に対しておこなった。敵対主義によらない新しいやり方をつくり出したのだ。それは、競争ではなく協力に対する人間の本能を利用したものだった。

そんな政治がおこなわれているのは、国でも街でもない。宗教の世界だ。本書執筆以前は、わたしもまったく知らなかった。だが、しばらくおつき合いいただきたい。これは、世界中で1世紀以上にわたって続けられている、現実の実験なのだから。

バハイ教の核となる考えは、人はみんなつながっている、だ。そこにはわたしたちや彼らといった考えはない。イエス・キリストと預言者ムハンマドを崇拝し、すべての主要な宗教はひとつのスピリチュアルな源に由来すると信じている。この宗教団体は1800年代半ばにイランで創設され、至るところに広まっている。アメリカの信者は15万人。最大のコミュニティはインドにある。ただしどのコミュニティにも、聖職者もいなければ、万事を取り仕切る実務責任者もいない。では、彼らはどうやっていろいろなことを決めているのだろう?

毎年春になると、バハイ教の1万7000に及ぶ拠点のそれぞれに信徒が全員集まってきて、各地のコミュニティを導く精神行政会のメンバーとなる、9名のリーダーを選出する。純粋な民主主義にかぎりなく近い形であり、233の国と地域でおこなわれている。

そしてここに工夫がある。この選挙にまつわるすべてが、不健全な対立の可能性を減らすべく考えられているのだ。バハイ教の選挙には派閥は存在しない。複数のカテゴリーが存在することは許されない。また、立候補も選挙活動も禁止されている。その地位に最適なのは誰かといったことを話し合うのすら禁止だ。話し合えるのは、最も必要な資質は何か、だけである。

祈りを捧げてから、すべての信徒が、コミュニティを導くにふさわしい経験と人格を有すると思う9人の名前を書く。無記名投票の集計が終わると、9人の「勝者」の名前が発表される。祝勝会はない。

ジョージア州アトランタの地方精神行政会に初めて選出されたときのヌワンディ・ローソンは、ジョージア公共放送の上級政治特派員であり、『ローメーカーズ』という政治番組のキャスターでもあった。すでにフル回転の日々。実際、その晩の集会も、まだよちよち歩きの娘を寝かしつけるために早退していた。

その夜遅く、ローソンの自宅のドアがノックされた。相手はともにバハイ教を信仰する女性だった。彼女はローソンに、香りのいい化粧水の入ったギフトバッグをわたし、「あなたが選ばれたわ」と言った。

「そう」とローソン。「わかったわ」

ローソンは、本人の意向に関係なく、1年間の奉仕を求められていた。これは信徒になる際に決められていたことのひとつであり、ローソンも承知していた。それでも、自分が選ばれたことに驚いていた。

「わたしは他の人に投票したんです。自分が選ばれるなんて思ってもいませんでした」とローソンは話してくれた。「わたしは入信してまだ比較的日が浅かったし、他のもっと経験豊富なかたたちがコミュニティを引っ張っていってくだされば、それでよかったんです」

まさにそういう考え方が、彼女をその地位にふさわしくさせたのだろう。信徒たちは、注目や権力を欲しない人を選ぼうと努めている。「選ばれることはステータスシンボルではありません」

そう教えてくれたのはジェームズ・サミミ・ファー。バハイ教の広報担当者だ。「選ばれることはさらなる謙虚さを身につけるための神の思し召しなのです」

もちろんこれは従来の選挙――承認欲求の強い人を選ぶ選挙の対極にあるものだ。いったい誰が、何カ月も延々と、街頭演説や選挙のビラで恥ずかしげもなく自分のことを自慢しまくれるのか？　いったい誰が、寄付を求めて何度も何度も頭を下げて回れるのか？　そういう人間は特に、アメリカの国政レベルに見られる。長きにわたって争う選挙。そのためのものすごい出費と疲労と周囲からの厳しい視線に耐えうるだけのモチベーションなど、ナルシスト以外に誰が持っているのか？

バハイ教の選挙で選ばれたローソンは、地方精神行政会の会議に毎週参加するようになった。行政会が担当しているのは、バハイ信徒の結婚式の采配、教育プログラムの管理、およそ80人からなる地元コミュニティの予算管理だ。

ここでもバハイの信徒たちはエゴを抑制し、団結しようとしている。毎回の会議では、「協議」と言われるやり方に従う。自分の秀でたところに固執せずに話ができるよう考案されたものだ。たとえばローソンが、地元の非営利団体と協力して、自分たちの教育プログラムの内容を発展させようと提案したとする。するとそのアイデアは、ローソンが口にした瞬間から、行政会のメンバー全員のものとなる。それはもうヌワンディ・ローソンのアイデアではなくなる。その結果、他の人が代替案を出したり批判したりしたとしても、ローソンは、そのアイデアを守らなければという思いをさほど感じずにすむだろう。もはやローソンが批判されているわけではないからだ。

どれも簡単にはいきませんでした、とローソンはわたしに語った。「だってわたしたちにはエゴがあるんですから。それに、誰かのアイデアを否定するのも難しいことなんです」その際に役に立つのが、原則――謙虚さや忍耐など、協議に必要な心がけを促してくれると考えられている原則――を心に留めておくことだ。ローソンも、つねにきちんとエゴを抑制できているわけではない。努力を続けていくことで進歩していくものだ。だからローソンは、そうした規範を忘れないよう、一覧にして、冷蔵庫の扉に貼っている。「牛乳だの卵だのバターだのを出すたびに、繰り返し目に入るようにしておくの」

協議を重ね、地元コミュニティ全体で投票して、なんらかのアイデアを深めようと決めたら、最初は反対していた人も含めて、全員が誠心誠意そのアイデアをやってみる。失敗すれば、再び全体で協議し、きちんと見直す。「『だから言ったでしょ』って言うのは絶対にダメなの」と言ってローソンは笑った。

長い年月をかけて学んだローソンはやがて、自分のアイデアに固執しないですむようになっていった。バハイ信徒の仲間内にかぎらず、いつもそうだ。職場の人たちに対しても、家族に対しても、協議のやり方を用いる。すると、より内容の濃い話し合いがより短時間ででき、より創造的な解決策を生み出せることが多い。

ローソンは、バハイ信徒として、選出された公職に尽くす術を学んでいたのと時を同じくして、仕事で、従来の政治が崩壊する様を目の当たりにしていた。1990年代初頭、初めてCNNで働き始めたころのローソンは、たとえ自分とは相容れない考えの政治家でも、自分が取材した政治家たちの政治的手腕にエネルギーをもらっていた。だが2000年初頭にはもう、尊敬できる政治家はがくんと減っていた。「年月が過ぎていくにつれて、思うようになったんです。『ああ、やだ、これって単に怒鳴り合ってるだけじゃない』って」

政治のやり方は多種多彩だ。そんな政治が成し遂げられることに対するローソンの考え方は、バハイのコミュニティでの経験を通して変わっていった。そして、物事を理解するにはもっといい方法があるし、それを経験することで、ある種の解放感も得られる、と彼女は結論づけた。「自分が称賛されたり、一番大きな声で叫んで目立つことが目的ではありません。目的は、問題を解決することです」まだ初期のころ、ローソンは自分が選出された行政会で、これまでの会議では意見の一致を見なければならなかったにもかかわらず、一度の会議で実に多くのことを成し遂げていくのを見て驚いた。みんながエゴを脇に置き、前向きに協力しようと努力するようになってからは、物事はずっと簡単になった。

もしも社会心理学者が宗教を考案したら、こんなふうになるのではないだろうか。集団行動を何十年も研究してきた結果わかった重要なことは、**集団同士がつねに互いを悪者と見なしているわけではない**ということだ。人間は生まれながらに暴力的だったり邪悪だったりするわけではない。実際、抗争という現象が見られるようになったのは、人類史の中でもごく最近のことだ。最初に見られたのはおよそ1万年前。単純な社会だった狩猟採集民の集団が、定住してより複雑な社会をつくり、資源を求めて競うようになってからだ。それより前の18万年の間、考古学者が知るかぎり、人間は集団をあげて暴力を振るうようなことはなかった。

とにかく大事な教訓は、**人間はちょっと背中を押されるだけで、相手を悪者と見なすこともできれば、協力することもできる**、ということだ。伝統と制度は、わたしたちが考えているよりもはるかに重要だ。「同じ母集団の人間をひとつの社会に割り当てれば、互いに対して真に寛大にさせることができる」と、社会学者ニコラス・クリスタキスはその著『ブループリント：「よい未来」を築くための進化論と人類史』に書いている。「さらに、その集団を別種の社会に入れれば、互いに対して真に卑劣に、あるいは薄情にさせることもできる」この洞察は、ソーシャルメディアとインターネット全般を改善する方法を示唆している。YouTubeやFacebookのようなプラットフォームは、わたしたちの注意力を消耗させ、わたしたちを分断させるように設計されているが、協力や良識に報いる方向に設計し直すことができる。しかもそれは、さほど大変ではない。

ローソンは初めて行政会メンバーに選出されて以降、何度も選ばれ、18年にわたってほぼ継続的に、なんらかの形でコミュニティに尽くしてきた。地方精神行政会はそれぞれに代表者を選出し、その中から全国精神行政会のメンバー9人を選出、さらにその中から、イスラエルのハイファに置かれている最高位の行政機構、万国正義院のメンバーを選出する。すべての運営レベルで、エゴを抑制するという同じ原則が適用される。

こうした代々続くやり方はすべて、人々が互いの人間性を奪い合うことなく、理解し合って、問題を解決する一助となるよう考案されている。このように、政治におけるバハイの選挙は、法制度における調停と同様、まったく別のやり方だ。競争ではなく、人間の持つ、協力する能力を活用するために案出されたもの。完璧ではないが、人間はまったく違うやり方でも政治ができるという一例だ。

曖昧な境界線

わたしたちはあらゆる政治の話を、わたしたちと彼ら、勝者と敗者というレンズを通して見ることに慣れている。バハイ教のモデルケースを実践できるのは、まだ遠い先のことかもしれない。

だが、政治における二項対立を徐々に減らしていく方法はある。謎めいてもいなければ、宗教的でもない方法が。

まず、人々に3つ以上の選択肢を提示する。それですべてが改善するわけではないが、二項対立の力は減らせる。複雑であれば、そう簡単にわたしたちと彼らという構造には陥らない。そのためのひとつの方法が優先順位付投票制だ。有権者は最も投票したい候補者を選ぶだけではなく、その人の得票数が少ない場合に備えて、2番目、3番目の候補者も選択する。それにより、支持が分散される。1番に選んだ候補者が落選した場合でも、多くの人が、自分の意見を受け入れてもらえたと思える。0か100か、ではなくなる。

もうひとつの方法は比例代表制への移行だ。議会の議席は、各政党の得票数に比例して割り当てられる。これだと、小さな政党が大量得票できなくても、議席を獲得できる可能性がある。たとえ少数派であっても、国政に声を届けられる。

世界規模での変化も見られる。研究者が明らかにしたのは、比例代表制を導入している国の人々は、互いをより信頼する傾向にある、ということだ。彼らは、二極化や分裂に苦しむこともさほどなく、自分たちの政治制度には偏りが少ないと考えている。つまりより公平であり、理にかなっているというわけだ。たとえ自分の推す政党が最多票を獲得できなくても、自分たちの声を届けられる。声を聞いてもらえる。これだけでも戦いの半分は終わる。

ほとんどの民主主義国家が比例代表制を採用し、3つ以上の政党を擁している。アメリカは例外だ。その勝者総取り制や二者択一の政党への信任が、不健全な対立をもたらす構図になっていると、心理学的には考えられている。だからこそ今日のアメリカは、世界のほとんどの国に比べてはるかに二極化が進んでいるのかもしれない。

もちろん、投票方式は解決の一端に過ぎない。フランスやブラジルをはじめとする多政党の民主主義国家の多くでも、二極化は目立っている。だが概して、二者択一のシステムが少ないほど、対立に引き込まれるケースも少なくなっている。可能なかぎり小さな例として、ゲイリーが、オールドガードとニューガードに加えて、ミューアビーチに第三のグループ、「セーフガード」なるグループを生み出していた場合を考えてみてほしい。リスクを冒すことを好まない人たちだ。実際、そういう人たちはいるので、この呼称も誇張ではなく、的を射たものと言えるだろう。そしてこれにより、わたしたちと彼らに加えて、さらにもうひとつの彼らが存在することになる。

二元的な思考は細部や矛盾を曖昧にするので、善と悪、正と邪、の間に透明な境界線を引くことができる。だがそれは錯覚であり、他の制度であれば、かなり意識しないとそうした錯覚は起こらない。架空の選挙への参加実験で、1000人のアメリカ人を複数の選挙にランダムに振り分けた。昔からある勝者総取り制の選挙と、得票率に応じて議席を分配する比例代表制の選挙だ。その結果、より不公平感を抱いたのは、前者に振り分けられたアメリカ人のほうだった。また、負けた場合に勝者に対して寛大な態度をとれない人の割合も、前者に参加した人たちのほうが多かった。しかも彼らは少々妬んでもいた。二者択一の制度は人の心に恨みや妬みを植えつける。

対して比例代表制の場合、第1党であっても、何かを成すには、自分たちよりも力の劣る政党の協力を得なければならない。連携しなければならないのだ。つまり、わたしのグループもあれば、あなたのグループもあり、わたしたちのグループもあって、すべてのグループの合意を得ることが必要になってくる。要するに、「一堂に会する」人が増える。ゲイリーの調停パターンとまったく同じわけではないが、よく似ている。そして、複数のカテゴリーがそれぞれ複雑に関係することで、敵対的な関係は減ってくる。

二項対立の政治を減らす方法は他にもあるが、いずれの場合も肝心な点は明らかだ。「我々はもともと、世の中を二項対立的に見がちだが、それを打ち砕いてくれる政治が必要だ」リー・ドラットマンは著書『Breaking the Two-Party Doom Loop(二大政党制における破滅のループを断ち切る)』で書いている。「そのためには、敵も味方も変化できる、融通が利いて自由な政治的連携を維持していくことだ」

それは政治以外でも役に立つ。協力が必要な状況にあっては、グループを柔軟に保っておく。勝者と敗者だの、内部のグループ、外部のグループだのといった形に明確に分ける構図は避ける。できうるかぎり頻繁に、いろいろな人たちを交ぜ合わせる。

あなたの教会で、異教徒との結婚を許可すべきかどうかを決めたい？　どうするにせよ、賛成か反対かの二者択一の投票は用いないこと。ブリュッセルかデトロイトに支店をつくりたい？従業員は支店と本店間を定期的に異動させること。それぞれの従業員をそれぞれの店に固定したまま、それぞれの店ならではの考え方を生まないようにする。住民投票は避ける。それと、多少とも慎重を要することを言いたいときには、SlackやX、Facebook、メール、チャット、テキストなどのコミュニケーションツールは、どうか使わないでほしい。火星へのミッションに参加してでもいないかぎり、いつでももっといい方法はある。

わたしたちはもともと、人をカテゴリーに分け、それに応じて差別するようにできているが、協力するようにもできている。違いは制度設計にある。「いい制度は内なる天使を高める。悪い制度は内なる悪魔を育む」とドラットマンは書いている。

二者択一がうまく機能することもある。たとえばチームスポーツ。これは勝者と敗者が明確になることでうまくいく。しかし仕事や近所づき合い、家族間、国になると、たいていの場合、わたしたちと彼らの間の境界線は曖昧なほうがいい。これはいわば、自分が心身ともに健康でいられるための保険のようなものだろう。これによって生じるのは、より健全な対立だ。

こうした曖昧さがたまたまもたらされることもある。『タイム』誌で働いていたときにわたしが属していたのは記者のグループで、編集者グループへの不満で結束していた。編集者は、記者が練りに練った言い回しをあっさり削除する。わたしたちの書いた記事を削ったり、つまらなくしたりする。少なくとも、わたしたち記者はそう思っていた。ところがある日、編集者たちが揃って静養に行き、わたしたち記者がすべてを任されることになった。前代未聞だ。ジャーナリストは概して、あまり静養が好きではないのに。理由はともかく、記者それぞれに編集を担当するページが割り振られた。発売日に間に合わせるべく、金曜の夜までに仕上げなければならない。

最初はわくわくした。ついに自分たちで編集できるんだ！　万事順調！　だがそろそろ1週間がたとうというころには、当初の弾んだ気持ちは消えていた。ある人が書いた記事を、別の、その人よりも優秀な記者に手直ししてもらえば、記事を書いた本人を傷つける。そんなことはしたくなかった。ならば妥協するのか。それとも、あくまで仕事と割り切るべきか。締め切りは目前。たった1週間で「彼ら」の気持ちがよくわかった。おかげで、この先編集者を簡単にバカにできなくなった。仕事を取り替えることで、カテゴリーが混乱した。もしあれが意図的だったなら、経営陣はすばらしい介入をした。バカが自力で「バカ運転手反射」を直すのは難しい。

今のわたしには、集団における人間の行動が理解できる。だから二項対立の力に今まで以上に気をつけるようにしている。他者について話す際には、極力彼らという言葉を使わない。友人や家族は、仲間の共和党員や民主党員のことを話すときにわたしたちと言う（10年前にはなかったが、今はしょっちゅうだ）。そんなときわたしは、それって誰のこと？　と問うことにしている。二項対立にならないようにするためのささやかな努力だ。わたしたちと言うからには、家族や友人は民主党全国委員会のメンバーなのだろうか？　彼らと言うときには、本気で何百万人もの見知らぬ人を広く指しているのだろうか？　職場でも、他の記者たちといっしょになって、編集者や若手記者たちの悪口を冗談めかして言ったりしないようにしている。いつの日か後輩が大統領に選出されたとき、駅馬車に乗って急いで街をあとにするようなことはしたくない。

だが、正直に告白しよう。そんなことを言ってはいても、わたしはいつも失敗している。自分は正しいと思いたい、主体性を取り戻したい、責められたくない、道徳的に優位に立ちたい、というような思いに抗うのは大変だ。頑張ることは大事だが、あのゲイリーでさえ抵抗虚しく対立に引きずり込まれてしまったのだから、まあ、わたしたちが抗うのは相当大変だろう。

すると自ずと浮かんでくる次の質問は——対立の罠にはまってしまったら、そこからどうやって抜け出すのか、だ。

3章

対立の火種

ケンタッキー州とウエストバージニア州を隔てるビッグ・サンディー川の支流タグ・フォーク川沿いで、ハットフィールド家とマッコイ家は代々何事もなく平和に暮らしていた。双方がそれぞれに丸太小屋を建て、土地を耕し、狩猟で肉を手にしていた。両家ともに、南北戦争では南部連合のために参戦。結婚は一族の者同士で。両家の間に敵対意識があったことを裏づける明確な証拠は、半世紀以上にわたって存在していなかった。

ところが、1878年のある日、フロイド・ハットフィールドの農地を訪れたランドルフ・マッコイは、そこに自分の豚がいると言い出した。ハットフィールドが自分の豚を盗んだに違いないと決めてかかった。マッコイは当局に苦情を申し立て、裁判が開かれることになった。

裁判官は、ハットフィールドとマッコイ両家の人間を等しく6名ずつ陪審員に任命した。しかしやがて意外なことが起こる。マッコイ家の親族のひとりがマッコイに不利な証言をしたのだ。その結果、マッコイは裁判に負け、豚も取り戻せなかった。

マッコイにとってこの負けは相当堪えたに違いなかったが、彼は結果を受け入れた。自分を裏切った親族に復讐することもなければ、夜中、ライフル片手に豚を強奪しに行くこともなかった。騒動は解決したようだった。無事一件落着。

ところが裁判からちょうど1年半後、マッコイの甥ふたりが、裁判でマッコイに不利な証言をした証人と大立ち回りを演じた。そして証人を撲殺。ハットフィールド家とマッコイ家の争いに火がついた瞬間——些細な言い争いが手に負えない対立に変わった瞬間だった。

それから10年にわたって抗争が続いた。残忍極まりない刺殺事件が1件に、自警団による一連の発砲事件、集団での襲撃、そして最高裁判所までをも巻き込んだ事件。一方の家は焼かれて跡形もなくなり、絞首刑に処せられた男がひとり。女性たちも暴力を振るわれた。結局、この地域で繰り広げられた対立に、全部で80人ほどの人が引きずり込まれたのだった。

犠牲者がまた次の犠牲者を生む底なし沼。この対立で命を奪われた人は、少なくとも十数人。両家の争いは、血で血を洗う抗争の典型として悪名を轟かせることとなった。

「闘争心がなくなった」

本書最初の謎はゲイリー・フリードマンの物語だった。わたしたちはいかにして有害な対立——不眠症に陥り、孫も目に入らなくなるような対立に引きずり込まれるのか？　対立のせいで生活が荒んでいっているのに、なぜその悪循環を止められないのか？　対立のことを他者よりもよく知っているはずの人間でさえそれができないのはどうしてなのだろう？

対立には、目に見えない力が働いていることがわかった。オールドガードとニューガードといった二極化されたカテゴリーによって、複雑なものは見えなくなり、わたしたち対彼らという考えへと駆り立てられていく。拒絶や排除によってもたらされる社会的痛みは攻撃性を引き起こし、それが往々にしてさらなる社会的痛みへとつながっていく。そして、認知バイアス（直感やこれまでの経験に基づく先入観によって、物事を非合理的に判断してしまう心理現象）のせいで対立が続き、大事な細部が見えなくなってしまうことはすでに見てきた通りだ。

そういった感情の渦にのみ込まれてしまうと、対立の背景、つまり自分たちが戦っている本当の理由からどんどん遠ざかっていく。その結果、電気鍋の所有権を巡る争いに汲々としているうちに、いつの間にかひっそりと、より深刻な対立が燃え広がっていく。

対立は、山火事と同じで均一に広がってはいかない。立ち消えになるものもあれば、数十年も休止したままのものもある。何が違うのだろう？　確証バイアスは強力だが、それだけで争いにつながるわけではない。突然発生し、伝染病のように広がって、何年も地域社会全体を巻き込むような対立があるのはなぜなのだろう？　かと思えば、ひとところで燻ったままの対立もあるのはどうしてなのか？

ハットフィールドとマッコイの話も、最初は個人対個人の対立だった。少人数の対立から始まったゲイリー対オールドガードのそれとよく似ている。どちらの場合も、巻き込まれた隣人たちが、次第にそれぞれにさまざまな味方を引き入れ、互いをカテゴライズし、自分たちで二項対立の物語をつくりあげていった。

ハットフィールドとマッコイ両家にも、暴力以外の選択肢は存在した。どちらも白人で自由があり、移住場所もじゅうぶんにあった。まっとうな法制度も。当時タグ・フォーク川が流れるタグ渓谷では血の復讐などめったになかった。それなのに、何が起こったのか?

これから述べていくのは、対立が起こるとき、それがどうやって急拡大していくのかだ。対立の火種となりうる4つの要因を紹介しよう。いずれも対立を煽るものとして、どんな対立においても注意すべきものだ。

・集団としてのアイデンティティ
・対立の扇動者
・屈辱
・不正行為

この4つの火種は、対立を一気に加速させる。対立にさらなる意味をもたらし、以前にもまして重要なものであるかのように思わせる。そのため、あらゆる対立がますます断ち難くなる。

だが、対立を断つのは不可能ではない。

1891年、そもそも豚を盗んだとしてランドルフ・マッコイから告発されたフロイド・ハットフィールドのまたいとこにあたる「キャップ」・ハットフィールドが、地元ウェストバージニアにある地方新聞の編集者に手紙を送った。その中でキャップは、両家の抗争の終結を宣言した。「いつまでも昔の抗争に振り回されたくない。わたしのみならず誰もが『ハットフィールドとマッコイ』の名にうんざりしているはずだ」と書いている。「わたしにはもう闘争心がなくなった。平和が訪れることを心から歓迎する」そして本当に両家の抗争には終止符が打たれたのだった。12年に及んだ抗争が終わり、その後は1世紀以上も平和が続いている。

暴力的な対立でさえ、その勢いは弱まり、許容できるようになり、ときには役に立つことすらある。**結局のところ、ほとんどの対立は善をもたらす力なのだ。**対立のおかげで、わたしたちは自分を守りつつ、率直に自分の意見が言えるようになる。そして、相手を尊重できるようになる。

そのためには、意図的に対立の火種の力を失わせるか、徐々に弱めていくか、他のものと換えなければならない。それには時間を巻き戻す必要がある。どうやって暴力的な対立に巻き込まれたかを理解しなければ、そこから抜け出す術を理解することはできない。

問題はいつだって、見た目以上に根深い

カーティス・トーラーとわたしは4年前からの知り合いだ。トーラーはいつも野球帽をかぶっている。しかもいつも新品おろし立てのように見える。筋骨逞しい引き締まった体は、まるで細心の注意を払って造形されたかのようだ。

何度会っても、最初はきまって距離を置かれる。腕は胸元で組んだままだ。にこりともしない。そのたびに、もうわたしと話をするのが嫌になったのかと不安になる。だがそれも当然だろう。すでに何時間も貴重な時間を割いてもらって、対立に関する取材をさせてもらっていたからだ。だがやがてカーティスは物語を語り始める。生き生きとしていて面白く、忘れ難い物語を。そしてわたしたちはその場で、3時間も4時間も話をするのだった。

シカゴの巨大なギャング集団。かつてカーティスは、カーティスの年齢と同じくらい長きにわたって復讐を続けてきたその集団を20年間率いてきた。撃たれたのは6回、服役は2回。

しかしカーティスが目下歩んでいる第二の人生は、最初の人生を鏡に映して反転させたような

ものだ。カーティス自身は変わっていないものの、それ以外はすべてが逆になっている。今働いているのはシカゴの組織だが、その組織が対象としているのはほとんどが若者、それも撃たれたり撃ったりする危険性のある若者だ。カーティスはそんな若者たちの話に耳を傾け、相談に乗り、誰も行かなくても若者たちのもとへ赴く。

カーティスは俳優でもある。シカゴのサウスサイドに生きる人たちを描いた「ショウタイム」というテレビ局制作のドラマ『ザ・チー』で、かつての自身を彷彿させる役を演じている。上質なドラマだが、カーティスにとってはお遊びのようなものかもしれない。「いつも脚本家に言ってるんだ、『暴力が足りない!』って」そう言ってカーティスは笑った。「ここはシカゴだ! 現実はあんなもんじゃない」

この後でお話しするカーティスの場合も含めて、すべての対立には背景がある。カーティスはこれまでに膨大な時間をかけて、自分が対立に及んだ背景を探してきた。

「自分が、生まれたときからヤバいやつだったなんて思いたくなかった」カーティスはわたしに話してくれた。「だから知りたかったんだ、どうしてあんなふうになっちまったのかって」

不健全な対立を阻止するためには、不健全な対立の何たるかを理解しなければならない。カーティスは自分が目にするすべてのギャングの対立で、そこに至る背景、あるいはカーティスが言うところの「根本の原因」を突き止めようとしている。

例を挙げよう。もう何年にもわたる、血で血を洗うギャングの抗争があった。わたしが取材していた当時も依然として続いていた抗争だ。相対するギャングのメンバーは全員がかつては友人だった。近所でいっしょに育ち、同じ小学校に行き、同じ高校に通った仲だ。

カーティスはまず、どうして対立が始まったのかを質問していった。多くの人から話を聞いた。中には高校の校長もいた。すると、やがて「根本の原因」が見えてくる。それは、1個の腕時計を巡る話だったのだ！　そう言って、カーティスは笑った。「信じられるか？　どうしようもなくないか？」とでも言っているかのように。誰かがバスケットボールの試合中、サイドラインの外側に腕時計を置いておいたところ、試合が終わったときにそれがなくなっていた。この腕時計が何年も続く暴力行為の「根本の原因」だった。

笑うのをやめたカーティスはまたもとの低い声に戻った。そして、腕時計はただの腕時計じゃなかった、と言った。「問題はいつだって、見た目以上に根深いんだ」

対立のもとになった物語は、往々にしてすっかり忘れ去られてしまうことにカーティスは気づいた。ときに抗争は世代を超えて引き継がれることがある。すると今生きている人間は、そもそもなぜその抗争が始まったのかもわからない。

「シカゴじゃたいていのことがごく些細なことをきっかけに始まるんだ」

左向きの帽子

シカゴのサウスサイドで育ったカーティスは、ダンスが大好きだった。ポップ&ロックというヒップホップダンスの一種で、ストロボライトもないのに、その下で踊っているように見えた。激しく動いては止まり、カクカク動いては止まりと、変幻自在だった。

カーティスが踊り出すと、人々は足を止め、笑顔になった。その意味で彼は、いつもパーティの主役だった母親のリタによく似ていた。モデルでダンサーだった母親が、カーティスにとって初めてのダンスの相手だった。

11歳になったカーティスはもう、アニメーションからスローモーション、スライディングに至るまで、すべてのダンステクニックを身につけていた。練習を重ね、全身の筋肉を操る術も習得。踊っているカーティスは、まるで音楽のビートに合わせて動いたり止まったりする映像を見ているかのようだった。カーティスは、見ている人が言葉を失ったり、自分たちにはとてもできないと思ったりすることをやるのが大好きだった。その後も、大きくなるにつれて体も一段と逞しくなり、さらなる技を体得していく。親友のジェシーと公園に行っては、低い壁に駆け登ってバク宙の練習をしていた。どこか遠くのラジカセから聞こえてくるベースラインのリズムに合わせて、何度も何度も壁を蹴る。ふたりの少年は際限なく空中で回転し続けた。

『モータウン25周年コンサート』でマイケル・ジャクソンが初めてムーンウォークを披露した1983年5月の春、カーティスはその番組をリアルタイムで見ていた。もともとマイケルが大好きではあったが、あのムーンウォークはそんな言葉では表しきれなかった。スパンコールをちりばめたシルクの衣装をまとったマイケルが、「ビリー・ジーン」の曲に合わせてステージの上を後ろ向きに滑っていく。カーティスは瞬きも忘れて画面に見入った。涙が頬を伝う。

その夜、カーティスは早速ムーンウォークの練習を始めた。祖母が教会に行くときに使う白い手袋をはめ、廊下にあった姿見をどかして、ひたすら後ろ向きに歩く。あまりの熱の入れように母親も、マイケルが披露したムーンウォークの場面を流してくれそうな深夜のニュースを見るまで起きていていいと言ったほどだった。

カーティスはバスケットボールもやっていた。さほど得意ではなかったが、シカゴでバスケといえばもはや宗教のようになっていて、誰もがやらないわけにはいかなかった。しかも、カーティスの家から1ブロックも離れていないところにあったフォスター・パークは1983年当時、まさにバスケの聖地となっていた。

ある日、カーティスはそのフォスター・パークでかつてない光景を目にする。ひとりのプレーヤーが他を圧倒していたのだ。身長2メートル。そんなに背の高い人間を見たのは初めてだった。だがカーティスが目を奪われたのは身長ではなく、その優雅な身のこなしだった。コートの中を走る姿はまるで流れるよう。重力を無視した、滑るような動き。立ちはだかる相手プレーヤーたちの壁を飛び越えていく。

彼もまた、マイケル・ジャクソンのように見る人の言葉を失わせた。カーティスの目の前で決めたジャンプシュートは、奇跡が起こった、と咄嗟に思わせる見事なシュートだった。

カーティスは、NBAの選手がたまにフォスター・パークでストリートバスケをしていると耳にしたことがあった。だから、あいつはプロに違いない、と思った。

「あいつ、誰だ?」カーティスは隣に立っていた少女にたずねた。

「ベンジーよ」

女の子なら誰でもベンジー・ウィルソンの名前を知っているようだった。だがベンジーはプロではなかった。そのときはまだ、楽しげに輝く瞳と穏やかな笑顔のハンサムな高校生だった。

それからもうひとつ。あの日、コートにいたベンジーは野球帽を左向きにかぶっていた。左向きの帽子、それはピープル・ネーションの一員である印だ。ピープル・ネーションはシカゴのギャング同盟のひとつで、その同盟には、ブラック・P・ストーンズという、シカゴのサウス・ブラックストーン・アベニューにちなんで命名されたストリートギャングが所属していた。

これはすごいことだった。この少し前にカーティスもストーンズの一員になっていたからだ。つまり、俺とベンジーはつながりができていたんだ。カーティスの顔に笑みが広がる。バスケをするベンジーを見ていたときの畏敬の念が、何か別のものに変わり、誇らしさのようなものが胸を満たす。カーティスは、自分がこの華やかな若者と仲間になったような思いを抱いたのだった。

自分を投影する

わたしたちは誰もがさまざまな集団に属している。本人が意識して属している集団もあれば、まったく意識しないまま属している集団も。もし今日、自分が属する集団が攻撃されたとして、あなたなら、意識して属している集団とそうではない集団のどちらを守るだろう？　どちらの集団に属する人の痛みを、自分の痛みのように感じるだろう？

この話を聞いて、真っ先に思い浮かぶのは家族のことかもしれない。では隣人は？　隣人といってもさまざまな人がいるので、答えはその隣人によって違うのではないだろうか。自分によく似た人なら？　自分と同じような投票をする人は？　同じ出身地の人だったらどうだろう？

仲間意識というものは驚くほど強い。仲間が部外者に攻撃されれば、きっと仲間を守るだろう。だが、それ以外のときは？　仲間とそうでもない仲間がいるかもしれない。

おかしな話だが、わたしが、自分はアメリカ人だと最も強く感じるのは、アメリカを離れているときだ。他国にいると、異国人として見られ、わたしも自分が溶け込めていないと感じ、愛国心はこの上なく強くなる。気づけばアメリカのよさを他者に必死に説明しようとしている。突如として、3億2900万人ものアメリカ人を一括りにして説明できると思ってしまう。自国の問題点をすぐに認めることはできるものの、それを他国の人からあれこれ言われるとむっとする。あの人たちにどうしてそんなことが言えるんだろう？　すぐさま、その人たちの国の欠点をあげつらうことを思いつき、つい反論しそうになる。

冷静に考えれば、これはほとんどが錯覚だ。アメリカ人の同胞はものすごい数がいるが、その大多数の人と、わたしは会うこともなければ、親しくつき合うこともなく、その人たちのことを耳にすることさえないのだから。だがそれでも、こうした仲間意識というのはとても強力で、自在にオンオフを切り替えることができる感情だ。

人類史の大半において、国民国家（文化や歴史や言語を共有する国民や単一民族によって構成される独立国家）や国民意識といったものは存在していなかった。誰しも、何百キロ、何千キロと離れたところにいる、会ったこともない人との間に共通点などあるわけがないと思っていた。だが国民意識を持つようになって以来、その存在を信じて疑わなくなった。そしてそのためとあらば、他者の命を奪い、自らの命を差し出すことすら厭わなくなった。

わたしも、帰国するとたんにアイディンティティが切り替わる。それも無意識のうちに。そのときどきで、作家にもなれば、隣人や親にもなる。そして他のアメリカ人は、似ているというよりむしろ、それぞれに異なる個々人の緩やかな集団のように見えてくる。

集団としてのアイデンティティは複雑で、移ろいやすく、それでいて強い力を有している。カーティスの物語で最初の対立の火種となったのもそれだ。同じ集団でも、ギャング仲間といった強力なアイデンティティを有する場合、他の場合よりもはるかに対立を激化させる可能性が高い。そして対立そのものよりも大きな力を及ぼす。派閥でもギャングでも陸軍大隊でも、集団は個人に追体験をさせる。しかもそれは余震よろしく周囲に痛みと誇りを広げていく。集団は対立を肥大化させ、普通の対立の罠を監獄に変えうる。

ある意味で、集団は対立そのものとも言える。ほとんどの場合、その力は善のためのものだ。そこに属する人に、組織と安全と目的を与えてくれる。人が偉大なことを成し遂げられるようにしてくれる。集団がなければ、大聖堂もピラミッドもワールドカップも交響曲も天然痘の根絶もなかっただろう。

では人間の物語の核を成す集団の対立を、いったい何が集団ならではの暴力行為へと一気に追いやるのだろう？　コミュニティ全体を、ときには国全体を、何世代にもわたってそこから抜け出せなくさせるのだろう？


章の冒頭でお伝えしたハットフィールドとマッコイのきっかけは、家畜を巡るちょっとした口論だった。その手の口論など、当時（1800年代後半）はさほど珍しいことではなかった。

対立を生んだのは、その件を担当した裁判官が、両家の人間を同じ数だけ陪審員に任命したことだった。裁判が、より強い仲間意識を表明する場と化し、本格的な集団の対立をもたらした。

陪審員たちはそれぞれ、さまざまな集団としてのアイデンティティを有していたに違いない。中には、相手方と同じ集団（男性、農民、退役軍人）に属していることもあった。原告のマッコイと被告のハットフィールドも、集団としてのアイデンティティをいくつもともにしていた。つまり名目上、両者にさほどの違いはなかったことになる。

ところが裁判官の陪審員任命が強烈な家族意識を煽ることになってしまった。そして露骨に危険な二項対立が生じた。やがて審議の最中にマッコイの身内がひとり、マッコイに不利な証言をしたことで、下された判決にはそれ以上の意味が含まれてしまった。マッコイは単に敗訴しただけではなく、公然と裏切られたのだ。こういった裏切りは、社会的痛みを引き起こす。ゲイリーが隣人たちから拒絶されたときに経験した痛みとよく似ている。

それでも、マッコイは判決を受け入れた。おかげで1年半は大きな事件もなく過ぎた。だが、集団をコントロールするのは難しい。集団としてのアイデンティティは強力な対立の火種となる。タチの悪い親類がひとりかふたりいるだけで、目を覆うような残酷な行為がもたらされてしまう。

親類が証人を撲殺すると、対立は幾何級数的に大きくなっていった。他の家族や仲間が傷つけられたり恥をかかされたりするたびに、その家の他の面々も同じ痛みを経験した。

わたしたちは、他者の痛みを直感的に感じる。一人称の痛みと、大勢からなる集団の痛みとの間に明確な違いは存在しない。大切な人が軽度の電気ショックを受けると、それを目の当たりにした人は脳の痛みを感じる部位が活性化することが実験でわかっている。

誇らしい気持ちや喜びも同様だ。応援するバスケットボールチームが勝ったあとのファンの態度は、試合前とは変わる。負けたチームのファンに対して優越感を覚える。勝ったチームのファンは、負けたチームのファンとパズルやゲームをしても、自分たちが勝つだろうと思い込む。わたしたちは他者に自分を投影する。自分はいっさいかかわっていない勝利に乗っかって、自分の能力を過大評価するのである。

ベンジーが弧を描いて完璧なシュートを決めるのを見たカーティスは、まるで自分がそれを決めたかのように、誇らしさで体が震えるのを感じた。同じように、ハットフィールドとマッコイの確執でも、新たに屈辱を味わったり勝利に酔いしれたりすると、そのつど両家の人間がそれぞれに同じ思いを感じた。しかもそれが80人にも及んだのだった。つまり、報復のたびに80人の脳が同じ反応を示したわけだ。こうやって集団は対立にのみ込まれていく。

「お前、ラティーノじゃねえじゃん！」

カーティスは当初、間違って、入るべきではないギャングに入ってしまった。

当時彼は9歳で、いじめられていた。その理由は、黒人にしては肌の色が薄く、そして裕福な家庭だったからだ。カーティスは3人兄弟の長男で、母親は16歳のときにひとりでカーティスを産んだため、守ってくれたり、アドバイスをしてくれたりする兄も父親もいなかった。周りの子どもたちからは、肌の色が薄かったためにラティーノ（ラテン系の男性）みたいだと言われ続けた。カーティス自身は、ラティーノがどういう意味なのか、きちんとわかってはいなかった。だがラティーノはラテン・キングスに入る、ということだけは知っていたので、自分の居場所はそこだと思って入ったのだった。

仲間入りの儀式はある日の放課後におこなわれた。ラテン・キングスのメンバーが、カーティスに手錠をかけて小さな木に拘束し、殴りつけた。ほとんどの拳は体に当たったが、一発、口元に当たった。その後、カーティス同様ラテン・キングスに入ろうとしていた友だちのスティーブと戦うよう命じられた。それからさらに、ふたりはまた別の相手と戦わなければならなかった。そうしてようやく仲間になれた。カーティスは自分がひとかどの人物になれたかのように誇らしくてたまらなかった。

が、そんな思いはすぐに消えた。「ラテン・キングス？　ばっかじゃねえの！」と親戚の子どもたちに言われたからだ。ゲラゲラ笑いながら。「お前、ラティーノじゃねえじゃん！」

とてつもなく恥ずかしかった。ほしかったのは居場所なのに、与えられたのは屈辱。結局ラテン・キングスはカーティスの求めていた場所ではなかった。その後、別の選択肢を探し、ほどなくして見つけたのがヴァイス・ローズ。親戚が所属しているとのことだった。知っていたのはそれだけだったが。たぶんここがぼくのいるべき場所なんだ、とカーティスは思った。

ある日、ヴァイス・ローズのメンバーになったカーティスは、ウエスト・サイドにあるＹＭＣＡでおこなわれる劇の練習へと自転車を駆っていた。当時10歳くらいだった彼は、海賊の役を演じるため、海賊帽をかぶって街中を走っていった。黒地に金が入った帽子。ヴァイス・ローズの色だ。派手ないでたちで、これ見よがしに走っていたカーティスの姿は、嫌でも目についた。そしてブラック・P・ストーンズという別のギャングに言いがかりをつけられ、ボコボコにされた挙げ句、今までで一番のお気に入りだった自転車を奪われた。シカゴの路上で襲いかかられたのはこれが初めてだった。

カーティスはこれを教訓とした。自分がマークされていることに気づいたのだ。合図が送られ、受け取られる。そして囲まれる。個人でどうこうできることではなかった。

1年後、家族がフォスター・パークに引っ越すと、カーティスはためらうことなく自らストーンズに入った。近所の他の子どもたちと同じになりたかった。居場所を求めていた。だから新しい集団が必要だった。1年前にストーンズにボコボコにされたことなどどうでもよかった。

これこそが集団の厄介なところだ。**対立を煽ることもできるが、鎮めることもできる。**集団は個人に義務をもたらす。その中にはもちろん、他者に危害を加えるという義務もある。かと思えば、普段は危害を加えない、平和であることを義務としている集団もある。人が暴力的な対立にかかわったり、そこから離れたりするとき、その背後にはほぼいつも集団の力が働いている。

すべては集団の規範としきたり次第。対立への正しい対処法は？　どんな行為だと侮辱されたことになる？　どういうときは甘んじて屈辱を受け入れるのか？　個人の脳が判断するはずの痛みや脅威の意味が、集団のリーダーによって左右される面がある。

対立の扇動者

多くの姉妹同様、トリシアとジュリーのニクソン姉妹もとても仲がよかった。互いの結婚式で花嫁の付き添い人を務めている。父親がウォーターゲート事件を機に、アメリカ史上初の辞任した大統領となったあとも、姉妹の仲は変わらなかった。「何千枚もある写真のどれを見ても、あのふたりは、父親に寄り添ったり、姉妹で仲よく並んだりして、いっしょに笑ったり、手を振ったり、泣いたりしていた」とジャーナリストのマーガレット・カールソンは書いている。

ところが1997年、父親が死んで3年後、ウォーターゲート事件から25年後に、そんな姉妹が不健全な対立に陥った。父親の名を冠した図書館の運営の仕方——主として管理すべきなのは家族か外部の人間か——を巡って、どうしても歩み寄ることができなかったのだ。

兄弟姉妹の仲違いなどよくある話だ。女優ジョーン・フォンテインとその姉で同じく女優のオリヴィア・デ・ハヴィランドは、母親の葬儀のあと、いっさい口を利かなくなった。そうして仲違いをしたまま38年後、フォンテインは死んだ。ドイツでは、アドルフとルドルフのダスラー兄弟がともにスポーツウェアの会社を立ち上げたが、やがて感情のもつれから解散して別々の道を歩むこととなり、その結果生まれたアディダス社とプーマ社は、現在でも競合している。

わたしたちが兄弟姉妹について話すときには、お互いを思いやる理想的な関係を想像するが、そういう関係はむしろ珍しいようだ。アメリカの成人で、兄弟と仲よく支え合っていると答えたのは、全体のわずか3分の1ほど。残りの3分の1は、いがみ合っているか、対抗意識むき出し。そして最後の3分の1は、概して無関心か疎遠かだ。

兄弟姉妹は、ほとんどの人が最も長くつき合う相手だ。両親とは50年くらいがせいぜいだが、兄弟姉妹となると、70年から80年もともにいる可能性がある。誤解したり、不当な行為をしたり、怒りを抱いたりしていくにはじゅうぶんすぎる時間だ。

どんな兄弟の関係も対立から始まる。子どもは親の関心を引くために競い合うからだ。

親や友人や家族の存在が、対立における力関係を揺るがす可能性がある。ガス抜きをしてくれることもあれば、ときにはその逆のことも。疑念をばら撒き、噂を囁いて、被害者意識や敵意を煽ることで、集団としてのアイデンティティに次ぐ、ふたつ目の対立の火種になりうる。

ニクソン姉妹の確執の場合、家族と図書館の職員を姉妹がそれぞれ味方につけた。弁護士も巻き込んだ。図書館の館長は、緊張を煽ったとして非難された。「館長は、ニクソン嫌いの人々が誰もできなかったことをしたんです。あの一家を仲違いさせたんです」ある図書館理事の言葉だ。怒りに任せて書かれた手紙が流出した。訴訟は2件も起こされた。姉妹が納得しなかったため、図書館に遺贈されるはずの2000万ドルは宙に浮いたままだった。「姉妹の間には、埋め難い溝が広がっていました」と、図書館の職員は言った。

昔ながらの不健全な対立だ。弁護士以外、全員が惨めな思いをしていた。「とても悲しいことだわ」いさかいが始まってから5年後、ジュリーは言った。「つらくてたまらないの。だって姉を心から愛しているんですもの」ジュリーは対立を終わらせたいと必死に願ったが、それは延々と続いた。姉妹のどちらかがこの世を去るまで続くかのように思われた。

しかし、その出口の見えない対立に割って入ってくれた人がいた。裁判官だ。そして姉妹に、対立の解決を命じた。「パーティが開かれます」と裁判官は告げた。「全員参加するように」

それは2002年の暑い夏の日だった。マイアミ中心部に位置するビスケーン湾に面した高級ホテル、インターコンチネンタルの一室で、姉妹は秘密裏に会った。その会議室のドアの前で警備にあたっていたのは、非番の警官ふたり。弁護士の一団とともに、裁判所が指名した調停者ひとりも、この場で交わされた内容をいっさい口外しないと宣誓したうえで姉妹と同席した。それでもしばらくすると、姉妹は彼らから離れて、ふたりだけで話をした。そして午前2時前になって、ようやく合意に達した。

5年にも及んだ対立が、24時間かからずに解消された。しかも最終的な合意書はわずか2ページという短さ。**対立の扇動者たちから距離を置いた**ことで、姉妹はやっと、偏見にとらわれずに話ができたらしい。そして対立は健全なものとなった。姉妹は会議室の外で心からのハグを交わした。「妹とは、50年以上ずっと互いを大切に思い合ってきたの」とトリシアは言った。「そしてそれはこれからも変わらないわ」

不健全な対立を防ぐひとつの方法は、**自分の周りにいる対立の扇動者を認識する**ことだ。新たな確執が起こり、それが歪んだ展開を示すたびに喜ぶのは誰か、しっかりと見抜くこと。あらゆる不満をすぐに片っ端から拾い上げ、誰も思いもしなかった間違いをあげつらうのは誰か？　そういう人間を、誰もが知っているだろう。そしてそういう人間とは、じゅうぶんな距離を置くことが肝心だ。

とはいえ、言うは易くおこなうは難し。対立の扇動者は往々にして、人々の生活に大きくかかわっている。連中はえてして優しく、口がうまくて、カリスマ性がある。トップクラスになると、自分を不可欠な存在にしてしまう。集団としてのアイデンティティの中核となり、彼らがいなければ、わたしたちの存在があやふやに思えてくる。

のめり込《ストーンラブ》む

ブラック・P・ストーンズは、シカゴに拠点を置くギャングの中でも特に強い勢力を有していた。その要因がリーダーだ。ストーンズは、1960年代に、いまや伝説となった若者ジェフ・フォートが仲間と共同で立ち上げた。フォートは国中で人種の不平等を訴え、そのカリスマ性を一風変わった形で行使した。地元の政治家に貧困を撲滅する方法をアドバイスし、ニクソン大統領の就任式にも招待された。

カーティスが成長するころには、地元でフォートの名前を知らない人間はいなかった。フォートが取り巻きを引き連れて小学校の校庭のそばを歩けば、一目その姿を見ようと子どもたちがフェンスに群がった。フォートは、イスラム教やブラック・パワー（1960年代後半から盛んになった黒人差別に対する抵抗運動）のすばらしさを説き、黒人の若者たちに居場所を与えた。ストーンズがサウス・ドレクセル・アベニューに購入したビルの中だ（フォートは1980年代までにエル・ルークンスという新たなギャングを設立しており、カーティスもそれに加入することになる。ただ、わかりにくくなるので、彼らが加入していた組織名をストーンズに統一する）。

そのビルは神殿と呼ばれ、ボルトで固定された錠が3カ所に配された鋼鉄の扉があった。ディスコでもあり、武器庫でもあり、毎週金曜日にはモスクになった。フォートが街を移動するときは、お抱え運転手が駆るキャデラックのリムジン。いつもボディーガードを従えていた。濃い色のサングラスをかけ、法廷でも外さなかった。神殿内に玉座――本物の玉座を持っていた。少なくとも、そういう噂だった。靴が必要な子どもたちには、手ずから新しい靴を配ってやった。カーティスのような少年にとって、フォートは力そのものだった。

フォートには最初から、シカゴの少年や男たちが何か自分たちよりも大きなものに属したいと思っていることがわかっていた。だからこそフォートは、対立の大きな火種となった。対立の心理を直観的に理解していたのだ。そこでストーンズのメンバー全員が着るTシャツをつくり、ストーンズが重きを置くべき大事な点をリストアップした。それが愛、真実、平和、自由、正義だ。さらに、ストーンズ流の握手の仕方、ストーンズ流の帽子のかぶり方にベルトのバックルのつけ方もあった。ストーンズとしてのあり方も。

歳若い男の子が加入を望んだ場合は、親の許可が必要だった。フォートはメンバーに、高校は卒業するよう、そしてドラッグや酒には手を出さないよう、口を酸っぱくして言い聞かせていたが、その一方でストーンズは、シカゴでも有数の大規模な麻薬組織を仕切っていた。1980年代初頭にはすでに、ストーンズの許しがなければ覚醒剤も鎮静剤もマリファナすらもサウスサイドで売ることはできず、売上の一部もわたさなければならなくなっていた。ストーンズの勢力は、ウィスコンシン州のミルウォーキーやその先のミネソタ州ミネアポリス、さらにはオハイオ州のコロンバスにまで拡大しているという噂だった。

そんなギャングにどうしても加わりたいと、カーティスは思っていた。そこで、中学生のときに母親のふりをして手紙を書き、ストーンズに加入した。友だちのジェシーとともに。カーティスがライバルのギャングに絡まれていれば、ジェシーがやってきて、相手を蹴散らしてくれた。カーティスも、ジェシーや他のストーンズのためとあらば必死に戦った。カーティスは、ようやく自分の仲間を見つけた思いだった。毎日、帽子を左向きにかぶっては、自分はもうひとりじゃないんだと感じていた。

本音と建前

そもそも集団が形成されたのは、誰かの問題を解決するためだった。つまりそのベースには、民族性や宗教、同族など、人々を結びつける要因があった。そんな集団の本質は、問題の本質が変われば当然変わってくる可能性がある。何十年もの間、比較的平穏に過ごせたとしても、やがて問題は起こる。土地や金銭、政治を巡る争いが、古くからの不満に新たな命を吹き込む。

集団には本音と建前が存在する。そして対立が激しくなればなるほど、本音ではなく建前が幅を利かせてくるようになる。

シリアでは、最近の内戦でおよそ50万もの命が奪われている。この内戦は、民族及び宗派間の致命的な対立と見なされている。だがそもそもの始まりは集団の分裂ではなく、壁の落書きだった。

2011年3月、ダルアーという国境沿いの静かな町で、ティーンエージャーの少年たちが高校の壁に「自由」そして「次はお前の番だ、ドクター」という言葉をスプレーで書いた。チュニジア、エジプト、リビアに広がった「アラブの春」という動乱の中、元眼科の専門医だった絶対権力者であるシリアの大統領バッシャール・アサドこそが次に倒される支配者だとのメッセージだった。

それに対してアサドは、治安部隊に少年たちを逮捕させた。しかもその家族には拘束場所を教えなかった。少年たちは何週間も鞭打たれ、拷問された。地元民はこれに抗議し、デモが勃発、治安部隊が群衆に発砲し、数名の市民が殺された。抗議デモは他の町にも波及。政権側はそれを、戦車や空軍力まで動員して容赦なく鎮圧した。

この突然の暴力を前に民衆は、忘れ去られて久しいアイデンティティを呼び起こし、自分たちを守るための集団を形成していくようになった。それが、物理的にも精神的にも生き延びるための方法だった。大量虐殺を避けるための羅針盤を必要とした民衆の多くが選んだのが、最も簡単に利用できる集団という形だったのである。

シリアの大部分を牛耳っているのが、イスラム教の一分派であり、アサド大統領も属しているアラウィー派のコミュニティだ。しかしアラウィー派はシリアの人口のわずか12%に過ぎない。対してスンニ派はシリアにおける最大宗派だが、政治的な権力はほとんどない。政府による蛮行の噂が広まると、スンニ派の中には、アラウィー派の支配者を自分たちの敵と見なし、戦うべきだと考える人間が出てきた。対してアラウィー派は、アサド政権が倒されれば、スンニ派による復讐殺人で民族浄化が起こるのではないかと不安を覚えた。その結果、数で劣るアラウィー派の一部の人間が自衛のための武装集団を形成し始め、それが、スンニ派の最も恐れていたことを立証する形となってしまった。

「誰だって、シリア人同士の間で何かが起こることを望んでなんかいません」スンニ派のモハメメドというシリア人男性がある記者に語った言葉だ。2011年、対立が始まってわずか3カ月後、まだ誰もそれを内戦とは称していないときだった。「でもこの政権は我々に、アラウィー派を憎むよう強要してるんです」

モハメドは、アサドや日和見主義の指導者たちによって集団による対立が操られ、広まっていると感じていた。モハメド自身も対立に引き込まれている気がしてならなかったが、それでもまだ、対立の何たるかを理解することはできた。昔から親しくしているアラウィー派のある友人が、モハメドの家族の安否を心配してメールを送ってきてくれた。モハメドは25年来の友人にありのままを告げた。地元で政府による弾圧がおこなわれ、妹ふたりが命を奪われた、と。

シリアでは、忘れ去られていたアイデンティティがあっという間に息を吹き返し、分断が深まっていった。最悪の負の連鎖だった。何世代にもわたって静かに眠っていた宗教や民族という消し炭が、対立の扇動者に煽られ、一気に燃え上がった。「民族紛争は起こるものではない」と、政治学者ゲイリー・ベースは書いた。「つくられるものだ」

率先して対立の火種をつくる面々は、対立に潜む機会をめざとく見つけては、それを自分たちに有利になるよう変えていく。アサド政権は、シリアの人々や世界の他の指導者たちに、自分たち与党よりも野党のほうがはるかに危険だと思わせなければならなかった。だからあえて政敵の中の急進派に手を貸すことにした。過激派の囚人を釈放し、デモ隊に武器を流しさえした。どうかしているとしか思えない。アサドのような独裁者が、自分を倒そうしている相手になぜ手を貸すのだろう？　それはアサドが不安の何たるかを理解していたからだった。不安が集団としてのアイデンティティを強くすることを知っていた。だから、自国民に対して自らが犯した罪を巡る対立ではなく、テロリストとの戦いを巡る対立をつくり出さなければならなかった。

本書を読んでくださっている多くの人にとって、シリアは遠く感じられるかもしれない。だが対立について学ぶにつれ、こうした事例をより身近に感じるようになるはずだ。世界中で率先して対立の火種をつくっている面々は、わたしたちのアイデンティティを巧みに利用している。

インドのナレンドラ・モディ、ポーランドのヤロスワフ・カチンスキ、アメリカのドナルド・トランプ、トルコのレジェップ・タイイップ・エルドアン。いずれも対立の火種を意のままに操ってきた面々だ。あえて敵対する相手のアイデンティティを煽り、敵に周囲から非難の目が向けられ、仲間割れするよう仕向け、そうやって自分たちの人気や力を高めていった。

人間の根底には、自分のアイデンティティに忠実でありたいという思いがあるので、それに抗うのは至難の業だ。だが不可能ではない。まず大事なのは、油断しないこと。そして、自分たちのアイデンティティが新たに刺激されている気がしたら、じゅうぶんに注意を払い、「これは誰にとってプラスになるのだろう?」と問いかけてみることだ。

上に立つ人間は、わたしたちの最悪の衝動を利用できるのと同時に、わたしたちの最高の自己を呼び起こすこともできる。人は誰しもさまざまな面を持っている。そしてそれぞれの面を、時に応じて呼び出したり、抑えたりすることができる。

希望の証し

再びカーティスの話に戻ろう。

フォスター・パークのバスケットボールコートで初めてベンジーのプレーを目の当たりにしたあとも、カーティスは何度かそれを目にする機会があった。コートに出没するティーンエージャーのひょろ長い体に気づくたびに、カーティスは「ビッグ・ベンだ!」と言っていた。サイドラインに立って、ベンジーがフリースローを打つのをただ見ているときもあった。ベンジーの手から離れたボールを目で追っていると、まるで磁力に引っ張られているかのようにリングに吸い込まれていく。うっとりする眺めだった。

カーティスがそうやってうっとり見ていても、ベンジーは年下のその少年を追い払ったりはしなかった。ベンジーは、まるで仕事でもしているかのように、くぼんだ目でゴールを見据えたまま、ひたすら何本もシュートを打っていた。

1984年、ベンジーは自身が属するシメオン・キャリア・アカデミー(職業高等学校)のチームを州大会優勝へと導いた。チームを祝福するために、シカゴ初の黒人市長ハロルド・ワシントンがヴィンセンス・アベニューにある学校を訪れた。その年の3月、『シカゴ・トリビューン』紙にはベンジーの名前が20回以上登場。地元の有名人ベンジーの名前は、今まさに全米中に知れわたろうとしていた。同紙はさらに、第一面でシメオン高校を取り上げ、見出しで「勝者の学校」と称している。

これはカーティスにとって、とても意味のあることだった。

当時、カーティスの周囲の状況は一様に変わりつつあったからだ。レッドライニング、つまり、一定の地域に住む黒人だけを対象に銀行が融資を拒む行為は非合法とされていたが、表沙汰になることなく続けられていた。カーティスの隣人は大半が黒人の中流層で、シカゴ市の平均かそれ以上の収入を得てはいたものの、家の修繕や新居購入のための融資がなかなか受けられなかった。そのため、近隣にある121戸の家屋も、半分以上が空き家だった。

当時のシカゴにはまだクラック(コカインを精製した高純度のドラッグ)は広まっていなかったが、ほとんどの子どもが、ヘロインや錠剤に溺れた親戚のおじやおばを知っていた。かつて賑わっていた79丁目の商業地区は、ドラッグが取引され、売春がおこなわれ、酒屋が集まる場所に変わりつつあった。

だがそこにはベンジー・ウィルソンがいた。ベンジーがコートに立てば、とたんに周囲は明るくなった。ベンジーはフォスター・パークの希望の証しだった。その地区周辺が過渡期にあったことで、サウスサイドの子どもたちはみんなベンジーを自分たちの仲間だと思っていた。ストーンズの面々は特にその思いが強かった。12歳だったカーティスは、休み時間にコートに駆けていくと、ベンジー・ウィルソンになった気分でしゃにむにシュートを打っていた。

1984年9月の新年度、『スポーティングニュース』誌がベンジーを全米ナンバーワンの高校バスケットボール選手に選んだ。ベンジー率いるシメオン高校のチームは、再び州大会優勝を目指して順当に勝ち進んでいた。ベンジーは、自分の名前が知られるようになればなるほど、練習に精を出していたようだ。前年度、フォスター・パークで一日に300本のシュートを打っていたとしたら、今年度は400本打つぐらいの勢いだった。

そしてベンジーは、11月までに進学先の大学候補を3つに絞っていた。イリノイ大学か、デポール大学か、インディアナ大学か。デポール大学を訪れた際には、バスケットゴールから5・5メートルほど離れたところから20本のシュートを打った。外したのはわずかに3本。デポール大学のバスケットボールチームは全米2位の評価を受けていたが、チームの面々は誰ひとりとしてベンジーの足元にも及ばなかった。

そしてその秋、シカゴ・ブルズでプレーするためにマイケル・ジョーダンがシカゴへやってきた。マイケルがブルズ一の選手なのはすぐに明らかになった。カーティスは地元チームの活躍が楽しみで仕方なかった。いつかベンジーもブルズの選手としてプレーすることを願った。ベンジーはサウスサイド出身でストーンズのメンバーだったから。

11月の感謝祭を目前に控えたある日、カーティスはいつものようにソファに寝そべり、祖父と夜のニュースを見ていると、あるニュースが流れてきた。カーティスはさっと起き上がり、真剣に耳を傾けた。その日の早い時間、まだ日も高いうちに、高校バスケットボールのスター、ベンジー・ウィルソンが2発撃たれたのだ。場所はヴィンセンス・アベニュー。ベンジーの高校の近くで、昼休みにガールフレンドと歩いていたときの出来事だったという。

「……あの子が撃たれたのか?」祖父は静かに言った。

一方、カーティスは黙ったままだった。必死になって、今聞こえてきていることを理解しようとしていた。銃弾はベンジーの肝臓と大動脈を貫通したという。まさにこの瞬間、医師たちによって手術がおこなわれていた。子どもたちが病院で祈りを捧げている。予断を許さない状態とのことだった。だがベンジーはまだ17歳と若く、体力もある。どうかベンジーが前と同じようにプレーできますように、とカーティスは祈った。ベンジーが出場するそのシーズン最初の試合が、翌晩おこなわれることになっていた。

ニュース番組が終わると、カーティスはそのまま祖父といっしょに次に流れてきた試合を見た。だが頭の中は今耳にしたニュースのことでいっぱいだった。ベンジー・ウィルソンが撃たれたなんて。それも、彼が何度となく歩いていたあのヴィンセンス・アベニューで。ベンジー・ウィルソンが⁉ 信じられなかった。ベンジーは誰からも好かれていた。それなのに、なぜ？

朝6時、ベンジーは息を引き取った。
カーティスは翌日、フォスター・パークでその話を聞いた。胸から空気が抜けていった。かわりに胸を痛みが埋めた。酸のようにじわじわと内側から広がっていき、全身を侵食していった。
まだ12歳のカーティスでも、これまでに多くの人の死を経験してきた。高齢者ばかりではなく、麻薬取引にまつわる暴力に巻き込まれて、若い人も死んでいた。だがヒーローは誰も命を落としていなかった。こんなのはおかしい。頭の中でいろいろな考えがぐるぐる回り出していた。

どうしてベンジーでなきゃいけなかったんだ？

他に誰がいるんだよ？　ベンジーのかわりなんて誰もいないじゃないか。

「知ってるか？　殺ったのはビリーとオマルだってよ」近くにいた子どもの声が聞こえた。

胸に新たな一発をお見舞いされた気分だった。

ビリーとオマルだって？　そのふたりのことならカーティスも知っていた。近所に住んでいた。どちらもごく普通の子どもだった。ヒーローにはほど遠い存在。

新聞によると、16歳のビリー・ムーアは至近距離から22口径のピストルを撃ったという。その際そばにいたのが友人のオマル・ディクソンだった。『シカゴ・トリビューン』紙には、「無差別の銃撃だった」という刑事の言葉が載っていた。だがカーティスは、無差別だったなどとはまるで思っていなかった。ある意味、無意識のうちにそれを受け入れることを拒んでいた。

そうだ、ビリーは間違いなく自分が銃撃する相手がベンジーだってわかってた。この辺りで一番背が高くて有名人だったベンジーに気づかないわけがない。ビリーは絶対ベンジーに嫉妬してたんだ、そうに決まってる。
けど、次はどうしたらいいんだ？
噂がフォスター・パーク中にじわじわと広まっていった。ビリーはベンジーのあとをつけていたんだ、という声もあった。ベンジーの帽子が左向きだったから。

ベンジーの帽子が左向きだったから。

「あいつら、どこにいるんだ？」カーティスは必死に聞いて回った。ビリーとオマルの家なら知っていた。自分が感じている痛みを誰かに感じさせたかった。あいつらはぼくから仲間を取り上げた。街中の希望を奪ったんだ。カーティスは怒りを覚えていた。痛みを押しやるほどの怒りを。

感謝祭の2日後、葬儀が執りおこなわれた。棺の中のベンジーは、青地に金色の文字でシメオンと書かれたバスケットボールチームのユニフォームを着ていた。棺のかたわらに添えられたのは、バスケットボールを模したフラワーアレンジメント。ベンジーの背番号25も飾ってあった。1万人が参列し、路上に人があふれた。葬儀は3時間にも及び、そこで披露されたスピーチは、トラックに据えつけられたスピーカーを介して、ベンジーの死を悼むすべての人々に届けられた。

ワシントン市長は声をかすれさせながら、ギャングによる暴力撲滅のための新たな取り組みをおこなうと約束した。ジェシー・ジャクソン牧師（1984年と1988年にアフリカ系アメリカ人として初の大統領候補に指名された人物）は、無意味な行為を嘆いた。「スーパースターが天に召されました。武器も持たない彼は、情け容赦なく、撃ち殺されたのです」

だがカーティスは葬儀に参列しなかった。なんとしてもかたをつけねば！　そしてその週末、祖父の357マグナムを盗み、その後何年にもわたるビリーとオマルの追跡を始めたのだった。

感情の核爆弾

対立が爆発的に激化する可能性があるのは、社会的痛みが耐えられないものになったときだ。痛みが排除よりもひどい状況になるときや、屈辱になるときだ。

屈辱は**「感情の核爆弾」**だと、心理学者にして医師のエヴェリン・リンドナーは書いている。だからこそそれは、集団としてのアイデンティティと対立の扇動者に続く、第3の火種となる。屈辱は、わたしたちの存続を脅かす。自分は尊重されている、自分には価値があるという感覚を危険にさらす。それは「個人や集団を強制的に衰弱させる」もので、「誇りや名誉や尊厳を傷つけたり剥ぎ取ったりして、服従させていく過程」だとリンドナーは記している。

人は尊重されなければならない。それは生きるための基本要件だ。そして、**わたしたちの「尊重されたい」という思いは、ありとあらゆる集団の対立の根底にある。**カーティスのように、自分が属する集団の尊敬する仲間が無作為に命を奪われるような状況に陥れば、自分たちも尊重されていないという結論を突きつけられたように感じる。

ベンジーの死を聞いたとき、カーティスがまず思ったのが自分の居場所だったことに注目してほしい。「他に誰がいるんだよ？ ベンジーのかわりなんて誰もいないじゃないか」屈辱は絶望をもたらす。ネルソン・マンデラ（長い獄中生活ののち、人種隔離政策の終焉に貢献し、南アフリカ共和国初の黒人大統領となった）がかつて言っている。「最も危険なのは、屈辱を受けた人間である。たとえその屈辱が正当なものであったとしてもだ」

ソマリアやルワンダの内戦にかかわった200人を超える人たちへの取材を介してリンドナーが気づいたのは、屈辱がその迫害、さらに弾圧の物語に浸透していることだ。この手の物語は往々にして同じような人物によって語られてきた。屈辱が屈辱を呼び、そのサイクルが延々と続く。さらにリンドナーは、屈辱が強迫観念になりうることも突き止めた。「中毒や依存症と同じくらい無視できない強烈な」強迫観念だ。

屈辱は強い力を持つ。だからこそ、屈辱がこれほどしばしば無視されることに驚きを禁じえない。歴史書でも、政治的な対立を伝えるニュース報道でも、屈辱について読んだり聞いたりすることはまずないだろう。『ニューヨーク・タイムズ』紙のコラムニスト、トーマス・フリードマンは、世界中を飛び回る中で、屈辱が見落とされていることに気づいた。「国際情勢を扱う中で学んだことがあるとすれば、国際関係において唯一、最も正当に評価されていない力は屈辱である、ということだ」と書いている。ほとんどのジャーナリストは、それよりも戦闘戦略だったり、土地や石油や権力を追い求めたりするほうに多くの関心を向ける。だが屈辱を無視するのは、あらゆる種類の対立を引き起こす強力な背景を見過ごすことだ。屈辱は、首相や将軍を打ちのめすが、それと同じくらいゲリラ兵やギャングのメンバーをも打ちのめす。

刑務所の精神科医を務めていたジェームズ・ギリガンは、重罪を犯した多くの服役囚に面談をおこなってきた。その過程で気づいたのは、屈辱は暴力と結びついている、ということだった。「恥をかかされたり屈辱を受けたり、軽蔑される、嘲笑されるといった経験をしたりすると、必ず重大な暴力行為が引き起こされる」とギリガンは書いている。「いずれの暴力行為も、そういったメンツを守ったり、その埋め合わせをしたりしようとしてのことである」

このサイクルからけっして抜けられない人もいる。リンドナーは記している。「屈辱なしには生きていけない人がいる。彼らは、屈辱という感情の中毒になっている。わざと屈辱的な感情を引き起こし、自分が屈辱的な思いを被ったことに対して『復讐』するために、屈辱的な行為をする」そういう人間には気をつけるよう、リンドナーは警告している。そんな人間が絶大な権力を手にし、国内に溜まりに溜まった屈辱を悪用すれば、その先には戦争と大量虐殺が待っているかもしれない。

だが、そもそも屈辱とはどんなものなのだろう？　実に漠然とした質問だ。第二次世界大戦中、強制収容所の看守は囚人たちに、皺ひとつなく完璧にできるまで、何度もベッドを整え直させた、とホロコーストの生存者が心理学者ニコ・フライダに語っている。男性のホロコースト生存者たちはこの経験に屈辱を覚えたそうだ。だが、女性の生存者たちは屈辱など感じなかった。男女で感じ方が違い、女性はむしろ他のことで尊厳を傷つけられていると思っていた。いずれにせよ、看守が囚人に嫌がらせをしていたことに変わりはない。ただしそれを、屈辱と感じるかどうかは、その人のアイデンティティや世界観によって異なる。人であることの意味や、その人にとっての重要なこととそうではないことなどによる。

結局のところ、屈辱というのは客観的に判断できることではない。それは感情であり、わたしたちの感情をどう解釈するかは、わたしたちの文化や価値観が左右する。だからといって、屈辱などありもしないと言っているわけではない。実際に心は痛むし、その痛みたるや耐え難いものだ。だが現代科学における最も驚くべき新事実のひとつが、**感情と思考は切り離すことができない、ということだ。そのふたつはしっかりと結びついている。**

脳はさまざまな出来事に対して素早く評価を下し、それをわたしたちの世界観に当てはめていく。その結果、わたしたちは屈辱を感じる。相手から貶められていると感じるには、その前提として、自分が高みに立っていることを意識していなければならない。些細な例で恐縮だが、わたしはこれまでに一度しかゴルフをしたことがない。そもそも興味がないからだ。まったく。それでも、全力でクラブを振ってものの見事に空振りをすると（少なくとも一度はやっている）、いささかバツが悪い。自分で自分を笑ってしまう。だが屈辱は感じない。ゴルフがうまい、というのはわたしのアイデンティティにはないからだ。しかしタイガー・ウッズがそんなことをしようものなら、彼は屈辱を感じるだろう。その瞬間をカメラにとらえられていたりしたときには特に。

つまり、公共の場で受ける辱めは、これ以上ない屈辱と感じられる。2004年、北アイルランドでおこなわれた、いわゆる北アイルランド問題解決のためのイギリスと北アイルランドとの和平交渉（イギリスのアイルランド統治法によって北アイルランドがアイルランドから分離され、その後その帰属を巡ってプロテスタントとカトリックの間で起こった対立を機に暴力が蔓延。それを解決するための交渉）中に、ＩＲ

A（北アイルランド共和軍）は武器を廃棄することに同意した。イギリス側は、証拠写真を撮るよう求めた。単に透明性を高めるためだから、と。だがＩＲＡの指導者たちはこれを拒んだ。写真の要求は明らかに行きすぎだった。和平交渉は停滞した。「誰かにとっての透明性が、別の誰かにとっては屈辱となる」とは、ＩＲＡの政治組織シン・フェイン党の党首ジェリー・アダムズの言葉だ。

屈辱が対立の核爆弾であり、かつ主観的なものであるなら、それを操作することも可能だし、意図的に煽ることもできる。実に斬新な考えだ。昨今は、おそらくこれまでになく多くの人が、感情はさまざまな出来事をきっかけに引き起こされる反射的なものだと考えている。アメリカの多くの大学キャンパス内における安全空間という概念――人々は、感情を爆発させうるきっかけから守られなければならないという考え――もそこからきている。

にもかかわらず、これまでの1世紀に及ぶ研究でも、感情を引き起こす普遍的で具体的な経路を明確にすることはできなかった。たとえば、怒りであると明確に識別することのできる、首尾一貫した客観的な尺度すらない。感情的な経験は、その理解の仕方や表現のされ方も、そのタイミングも、文化によって大きく異なる。言い換えれば、感情は社会の影響を受けるものであり、わたしたちはそれを生み出す手助けをしている。

屈辱は、わたしたちの心や経験からもたらされるものの一部だ。国民のアイデンティティがリアルであるように、感情もまたリアルだが、感情は客観的な事実ではない。

何があろうと、カーティスはベンジーが死んだ日に痛みを経験していただろう。だがここで、パラレルワールドを考えてみよう。カーティスがその喪失をどのように解釈したかを考えてみたい。

まず、ベンジーはカーティスの名前も知らなかったことを覚えておいてほしい。ふたりは友人でもなかった。ベンジーが死んだからといって、カーティスの日常が変わらなければいけないわけでもなかった。ベンジーが命を奪われたことで、カーティスが深い悲しみや、ひょっとしたら不安を覚えるという流れなら想像できるかもしれない。とはいえ、そこに屈辱はない。

しかし当時、カーティスが生きていた唯一の現実の中で彼は瞬時に、ベンジーの死を自分自身の最も深い部分、つまり自分が大事だという感覚を脅かすものとして認識した。ベンジーを思って感情があふれてくるのがわかった。しかもそれはカーティスひとりだけではなかった。それは、バスケットボールをしていたベンジーを見てカーティスや友人たちが同じように感じていた誇らしさの裏返しだった。これを**集団としての屈辱**という。自分たちのヒーローがその人間性を剥奪されたときに、ヒーローになりかわって経験するものだ。はるか高みにいたヒーローが暴力によって無理やり貶められ、しかもそれが公の場でおこなわれたのだ。

ベンジーの死をカーティスはどう受け止めたのか。それを決めたのは多くの力とこれまでの経験だった。だが、カーティスの人生において大きな意味を成していることのひとつに、突然暴力を振るわれた経験があった。また、彼は7歳くらいからずっと、すぐそばで繰り広げられる残忍な行為を目にしてもきた。暴力は、ギャングの仲間に対してはもちろん、最も大事な集団、つまり彼自身の家族に対しても振るわれた。母親が、取っ替え引っ替えする恋人たちに殴られるのを何度も見てきた。カーティス自身もそんな連中のひとりから体を触られたことがあった。

そのためカーティスは、早いうちから心に決めていたことがひとつある。自分は絶対に母親と同じような目には遭わない、ということだった。むざむざ「獲物」になるつもりはなかった。そういった脅威から身を守るためにも、つねに警戒していなければならなかったのだが、危険を見越して行動するのは容易ではなく、頭をフル回転させて、ごく些細なことから手がかりや兆候を探さなければならなかった。自分に向けられた誰かの視線だったり、帽子の傾け方だったりが手がかりになることもあった。一歩家の外に出れば脅威だらけで、カーティスはつねに警戒していなければならなかった。

そんなことをしていれば誰でも慢性的なストレスに苦しみ、トラウマになるだろう。そして、かつてのトラウマを連想させるようなことを前にすると、脳はそれを脅威と認識する。たとえ本当は脅威ではなくても、だ。その結果、対立は極めて避け難いものとなる。

ベンジーの死に対するカーティスの受け止め方を左右したことは他にもあった。**集団の価値観**だ。

人間の世界観は、その人が属している集団によって構築される。その集団としての枠を介して何が起こっているかを理解するようになる。また集団を率いる人間は、特定の感情を優先する。

だから、感情を表す言葉は言語によって存在したりしなかったりする。たとえばフィンランド語のsisu。シスと発音するこの語は、大きな困難に立ち向かう際のすごさ、内なる強さ、という意味だ。大事な言葉で、凍土でのジャガイモの栽培から今日の世界における最高の教育システムの構築に至るまで、フィンランドでは何かを成し遂げる場合には必ずこの言葉が用いられる。だが英語にはsisuに該当する言葉はない。

1960年代、人類学者ジーン・ブリッグスは、ウトゥクという北極圏に暮らすイヌイットの部族とともに生活をする中で、彼らが極力怒りを避けていることに気づいた。怒ることは文化的に許されていなかった。幼い子どもは怒って癇癪を起こすこともあったが、6歳を過ぎるころからはihumaを示すことを求められた。ihumaとは、怒りをあらわにするかわりに、穏やかさや笑顔を示す強い自制心のようなものだ。もちろん、それでもあからさまに怒ることはあったが、数えるほどしかなかった。

そんなウトゥクの文化の対極にあるのが多くのギャングの文化だ。ギャングにとっては、怒りをあらわにすることが強さを示すこと。たとえ少しでも睨まれたり、腰抜け呼ばわりされたり、突き飛ばされたりすれば、それは即、脅威となりうる。そのギャングの身体的な安全のみならず、男らしさや、存在意義までもが脅かされる。そして他の感情は押しやられる。ウトゥクが怒りを押しやるように。たとえば、面と向かって馬鹿にされたときなどは特に、そこに不安が入り込む余地などいっさいなくなる。それに対して何もしないのは、屈辱でしかない。そのため、屈辱こそがギャングとしての枠となりうる。そしてその枠を介して瞬時に、世の中の混沌とした状況や不当な仕打ちを受け止める。

カーティスは、幼いころから文字通り脅威に囲まれてきた。自分が脅威と感じただけのものも、本当の脅威も含めて。自分が軽んじられているという現実を嫌というほど見せつけられてきた。だからギャングの力を後ろ盾にした。そして、自分がこけにされたり、怖い思いをさせられたりしたものに対しては、それが何であれ、圧倒的な力で報復することを学んだ。

ビリーとオマルは銃撃後すぐに逮捕され、勾留された。これに対してジェシー・ジャクソン牧師をはじめとする指導者たちは、少年たちの訴追を早めるよう求めた。「ベンジャミン・ウィルソンが遺体安置所で感謝祭を過ごすなら、殺人犯はクリスマスを刑務所で過ごさなければならない」とジャクソン師は言った。

だが刑務所は、カーティスにとって正義からはほど遠い存在だった。だから自分でこの痛みを止める方法を見つけなければならなかった。ビリーとオマルが、ストーンズのライバルであるギャングスター・ディサイプルズのメンバーなのは、カーティスも知っていた。ベンジーの死は無差別殺人ではなく、ベンジーが個人的に狙われたもの。ベンジーがあのふたりに命を奪われたのは、ベンジーの帽子が左向きだったからだという噂をカーティスは耳にしていた。

兄のように思っていたストーンズのメンバーが、ギャングスター・ディサイプルズによって亡き者にされた！　ビリーとオマルには手を出せないとしても、ギャングスター・ディサイプルズの誰かでじゅうぶんだ。あそこにはかなりの数のメンバーがいる。

「ディサイプルズのことは、着てる服の色も帽子のかぶり方も俺たちとはまったく違うってことしか知らなかった」とカーティスは言った。「そのうちに、ストーンズがディサイプルズにどんなことをされてきたかって話が噂になり出したんだ」

ストーンズはそうやって、ディサイプルズに対する憎しみを募らせていった。ディサイプルズは頭が空っぽで人間のクズだ、とストーンズの中では話していた。ディサイプルズを「薄汚い連中」と呼んだ。連中はストーンズよりはるかに劣った人間、というわけだ。「俺たちのほうが上だって、頭に刻み込まれたんだ」とカーティス。「俺たちのほうが優れてるっていう優越感がいつもあった。そんな考えがあればいつだって、実際に優れてようが劣ってようが関係なく、抗争の余地はついて回るんだ」

ディサイプルズが銃を使っていたなら、カーティスにも銃が必要だった。自分の身を守らなければならなかったし、復讐の機会も探さなければならなかった。そのうちにカーティスは、犯人のひとり、ビリーの家のあるブロックに住むディサイプルズのメンバー、ほんの数週間前、いっしょにムーンウォークの練習をしていた少年たちに向けて、次から次へと引き金を引いていた。自分のしていることに疑問を感じた記憶はないという。疑問を抱く余裕もなかった。

だが、もしベンジーがディサイプルズではなく、ストーンズの手で命を絶たれていたらどうだっただろう？　その筋書きは簡単に想像できた。街中では、そういったことが実際に起こっていたからだ。ただ、それに対してカーティスがどんな反応をしたかを想像するのは難しかった。「ショックは受けただろう。けど、そのほうが受け入れるのは簡単だったんじゃないかな、きっと」遠くを見つめながらカーティスは言った。「怒りはもっと内側に向いてたと思う。心の中でひどく傷ついていただろう。その傷を自分ひとりで抱え込んで、片隅にうずくまって泣いてたかも。けど、どうかな」

当時、カーティスの親友ジェシーは、ベンジーの死に対して、いささか異なる反応を示していた。ディサイプルズとの抗争に参加はしたが、ときどきであって、いつもではなかった。ジェシーにはいろいろと思うところがあった。

「まあ、ギャングのくだらない抗争もそれはそれでいいけどさ、ぼくには他にやりたいことがあるんだ」と、ジェシーは言っていた。我が道を行くタイプのジェシーは、フォスター・パーク近くにあるドラッグストアの駐車場でホットドッグを売り始めた。しかもこの商売は儲かった。だがベンジーが命を奪われてから間もなく、その駐車場でジェシーの遺体が発見された。無数の釘が刺さった木片で撲殺されていた。

カーティスの中で何かが変わったのは、蓋の開いた棺に横たわるジェシーを前にしたときだった。頭部の損傷が激しかったためにかつらをつけられていたジェシーは別人のように見えた。ジェシーの命がこうも軽く扱われたという事実から目を背けることは到底できなかった。それはつまり、カーティスの命も軽く扱われたのと同じだった。

またしてもカーティスは突然、耐えられないほどの喪失感に見舞われた。そしてまたしても、うんざりするような理由を聞かされた。あのドラッグストアはディサイプルズの縄張りだった。

ジェシーがストーンズのメンバーなのは誰もが知るところだった。つまりジェシーは、ストーンズだったから命を奪われたのだ！　ベンジーが命を奪われたのと同じだった。

カーティスは戦った。そうするしかないと思ったから。いつなんどき殺されるかわからなかった。それも大した理由もないまま。情け容赦なく。自分が所属している集団のために。そうやって納得のいかないことが重なっていくにつれて、カーティスにとってはギャングの対立がますますやむをえないものになっていった。ギャング同士の抗争は目的と秩序をもたらした。何もなかったところに論理的な一貫性が与えられた。たとえそうではなかったとしても、物事が起こるときには必ず何かしらの理由があった。

わたしたちは誰しも、世の中を理解するための物語を求めがちだ。だから陰謀論がいつまでたってもなくならない。だから多くの人が、9・11はアメリカ政府の陰謀に違いないと信じた。コネチカット州ニュータウンの小学校で発生した銃乱射事件で、子ども20人が犠牲になった事実もでっちあげだと思い込んだ。新型コロナウイルス感染症（COVID-19）もしかり。

こうした虚偽には歪んだ救いがある。陰謀論のおかげで、結局のところ人生はもろくもなければ混沌としてもいないと安心できる。実は、権力を握ってる連中が意図的に状況を操作してるんだ。そんなことはやめさせなきゃならない、と。

ジェシーの死を機に、カーティスはただのストーンズのメンバーからひとかどのギャングになった。武器を運ぶ立場から、使う立場になった。納得のいかないことが積もりに積もっていき、それらはすべてディサイプルズに原因があるように思えた。たとえそうではなかったとしても、そうとしか思えなかった。

テリング（見分け方）

「戦争にまつわる魅力は決して失われることがない。破壊と人殺戮が伴うが、生涯かけても手に入らなかったものを、簡単に投げ与えてくれるからだ。それは生きる目的、意味、生きる理由である」

——クリス・ヘッジズ著『戦争の甘い誘惑』

集団同士の対立には、人々が言っている以上のものがある。それを煽るのは、物事を過度に単純化してしまう感情と偏見だ。その意味では、ゲイリーの場合のような個人対個人の対立に似ている。ただし、集団同士の対立のほうがはるかに長引く可能性がある。理由はふたつだ。対立が集団内で共有・拡散されること、そしてその対立が加速度的にエスカレートすることだ。

まず、集団内ではその対立が共有され、拡散される。マーク・トウェインの書いた『ハックルベリー・フィンの冒険』で、バックという登場人物が、30年にわたって自分の家族を悩ませてきた抗争について語っている。

「うーん、宿命っていうのはこんな感じかな。まず、ある男が別の男と喧嘩をしていて、相手を殺しちゃったとするでしょ。そしたら、殺されたほうの兄弟が、仕返しに最初の男を殺すんだよ。そうやって両方の兄弟が順番に殺し合って、いとこまで割りこんでくる。しまいにはお互いの親類まで全員が死ぬまでこの宿命はつづくんだよ。でも、そんなに急な話じゃなくて、すごく長い時間がかかるんだけどね」

感情はどんなウイルスよりも感染力が強い。実際に人と触れ合わなくても、さまざまな物語を介して感情の影響を受けることもある。そして、人々が対立において経験するあらゆる感情の中でもことのほかタチが悪いのが憎しみだ。屈辱が感情の核爆弾なら、憎しみは死の灰ともいえる。憎しみのせいで、敵の本質は絶対に変わらないと決めてかかってしまうからだ。敵が永遠に邪悪な存在のままなら、対立を解決するための創造的な道を考える理由がない。そんなことをしても、敵はけっして変わらないからだ。その意味で、憎しみと怒りは違う。怒りにはよりよい未来の可能性がある。怒りの根底に隠されているのは、他者の行動を正すという目的だ。対して憎しみの論理がもたらすのは、相手を全滅させるという結果だ。

憎しみは対立を長引かせ、エスカレートさせる。人々を大量虐殺へと駆り立てることもある。ある女性は、パレスチナ人に対する憎しみについて、イスラエルの研究者エラン・ハルペリンに次のように語っている。

「あいつらは絶対に変わらないわ。生まれたときからいい加減で、いい加減なまま死んでいくの。墓に入って40年たったって、パレスチナに住んでたアラブ人は信用しちゃダメよ」

屈辱と憎しみは時間とともに蓄積されていき、そのうちに対立を回避することなど不可能な気がしてくる。そして、対立を後押しする人間が多くなればなるほど、対立を解消したほうが自分たちのためになるとしても、撤退することは難しくなる。また、誰であれ対立という混乱から身を引くのは、自分が所属している集団を裏切らざるをえないということでもある。集団には、熱心な支持者もいれば援軍もいる。だからこそ集団同士の対立はいつまでも続く。

これが、集団同士の対立を解消しにくくしているもうひとつの理由だ。本来憎しみをぶつけるべき加害者を見つけられなければ、その加害者の子どもや友人を見つければいい。あるいは、同じブロックの住人でも。標的は無限に存在する。

次に集団内で見られるのが、**万事に拍車をかける**ことだ。集団内では、いろいろな手順を飛ばすことができる。だからこそ対立は加速度的にエスカレートする。集団には、相手が仲間か敵かを見分けるための手っ取り早い方法がある。なければ、自分たちで方法を考え出してでも用いる。1980年代のシカゴでディサイプルズが履いていたのが、コンバースのチャックテイラーだった。ただしコンバースのロゴである五芒星《ごぼうせい》のマークは剥ぎ取った。ストーンズの象徴であるピラミッドを思わせたからだ。ディサイプルズが身につけていたシンボルカラーは青と黒。対してストーンズは黒と赤だった。帽子とベルトのバックルの向きも決まっていて、ディサイプルズは右向き、ストーンズは左向き。腕の組み方からだけでも互いを判別できていた。右腕が上ならストーンズで、左腕が上ならディサイプルズだ。

ストーンズはポロシャツにペニー・ローファーを履いていた。メンバーはプレッピー——祖父母の代から仕事をしていて、芝生の庭つきの自宅を所有している、いわゆる上流階級の子どもだった。一方のディサイプルズは、低所得者向け住宅に暮らす者が多かった。というか、少なくともカーティスの目にはそう映った。そこには、ささやかではあったが、まぎれもない階級格差が存在していた。もちろん、ストーンズの中にもディサイプルズのメンバー同様貧しい者はいたが、誰もそうは考えなかった。ほとんどの集団同士の対立と同じで、現実の格差と想像上の格差があった。そしてどちらの格差も、対立が続く要因でしかなかった。

だが実は、こうした差異は理不尽極まりないものだった。もしも当時カーティスが5ブロック向こうに住んでいたら、ディサイプルズに加入して、帽子を右向きにかぶっていただろう。ただカーティス自身は、そんなことなど想像すらできなかった。それほどに、ストーンズには心からの忠誠を捧げ、ディサイプルズには憎しみを抱いていた。だが、宗教であれ政治であれ犯罪であれ、集団同士の対立に巻き込まれた人のほとんどがそうであるように、カーティスの運命もまた、生まれた場所と家族という、密接に結びついていて、自分ではどうすることもできないものによって大きく揺り動かされたのだった。

北アイルランドでは、紛争として知られる厄介ごと(いわゆる北アイルランド問題)のせいで、3600もの人命が失われた。そこでは、ストーンズとディサイプルズよろしく、カトリックとプロテスタントも互いを見分ける術を考えなければならなかった。プロテスタントの大半はイギリスへの帰属維持を望んでいたため、統一派(ユニオニスト)を支持した。対してほとんどのカトリック教徒が支持したのが、イギリスからの独立を訴えるアイルランド共和国だ。つまり民族派(ナショナリスト)に同調した。

だが、統一派も民族派も、一見するとあらゆる点が同じだった。同じ祝日を祝い、同じ神に祈りを捧げた。とはいえ、かつてのアメリカでのプロテスタントとカトリックの対立のように、陽の光のもとでは簡単に命を狙われた。だから、相手の名前や身につけているスポーツジャージから その素性を推測し、どうにかして互いを見分けていた。プロテスタントは概して、サッカーやラグビーといったイギリスのスポーツを好み、カトリックは、ホッケーの元祖といわれるハーリングのようなゲール人やアイルランド人に伝わる伝統的なスポーツをする傾向にあった。ウィリアムやヴィクトリアといった名前はプロテスタント、シェーマスやシヴォーンならカトリックだろうと推測した。

また、人々は居住地域にも異様なまでに注意を払った。ここはカトリックの住むブロック、向こうはプロテスタントの住むブロック、というのは誰もが知ることだった。ただし、現実の違いと想像上の違いの境は曖昧だ。それでも多くの人が言った、目と目の間隔だの、髪の色だの、果てはどれくらいアクセサリーを身につけているかだのを見れば、その人がカトリックかプロテスタントかわかる、と。そしてこうした見分け方は、**「テリング」**として知られるようになっていった。

1980年代のシカゴのフォスター・パークには、ギャングスター・ディサイプルズの加入者の多くが家族と暮らしているブロックが2カ所あった。そこにカーティスは、ベンジーとジェシーが命を奪われたあとの怒りを向けた。そしてそのふたつのブロックは戦場と化した。

さほど暴力的ではなくても、集団同士の対立においては「テリング」が用いられる。アメリカでは、民主党員の大半は中流階級の白人で、異性愛者だ。ほとんどの共和党員もしかり。では、両者の違いは何か？　昨今のアメリカ人が互いの推す党派を推測する拠り所としているのが、食べものや飲みもの、運転するものだ。スターバックスや、チポトレ・メキシカン・グリル（日本未上陸）に行くならおそらく民主党員。ダンキンドーナツやチックフィレイ（日本未上陸の鶏肉料理に特化したレストラン・チェーン）ならたぶん共和党員。なんとも当てにならない情報だが、調査対象となったアメリカ人たちは、程度の差こそあれ、そんな情報をもとに、その相手と暮らしたり働いたりつき合ったりしたいかどうかを決めるという。

ギャングの対立や他の大半の争いと同じく、政治的な好き嫌いも、わたしたちが思っている以上に安易だ。大多数のアメリカ人が、自分の政治的信念を「選んで」はいない。みんな、それぞれの両親の政治的信念に追随しただけだ。別に、あらゆる選択肢について何年にもわたって研究し、それに基づいて政治に対する合理的な選択をしているわけではない。あらゆる宗教を研究した結果、どれかひとつを選ぶ（もしくはどれも選ばないことを選ぶ）わけではないのと同じだ。往々にして偶然の産物なのだが、当の本人はそんなふうには感じていない。

北アイルランドとアメリカを比較したり、ギャングの抗争と政治の二極化を比較したりするのは馬鹿げていると思うかもしれない。だが、集団が表面的な情報に何かしらの意味を付与すると、無視できないことが起こる。**敵を戯画化するのだ。**風刺画の悪役を笑い飛ばしたり貶めたりしてもさほど心は痛まない。対立していれば、戯画化された相手を見下すし、平時であればそういう相手とは政治について議論などしないだろう。そういったことすべてが影響して、互いの真の姿を知ることがなくなり、いつまでも対立が続いていく。

もし明日、アメリカのある街で民主党員と共和党員の間で暴力が勃発するようなことがあれば、コーヒーカップだのサンドイッチの包み紙だのといった些細な手がかりが生きるか死ぬかの大問題に発展しかねない。左向きの帽子のせいで命を奪われたように。

復讐する

ベンジーとジェシーが死んでから、カーティスはほとんど踊らなくなった。すっかり人が変わってしまい、自分らしさがどんどんなくなっていった。ストーンズのメンバーであることが彼のアイデンティティの大半を占めていて、それ以外のアイデンティティは封じ込めてしまっていた。「タフでいながら踊るなんて無理だった。両極端みたいなことだったから」

加えて1980年代半ばになると、それまでのポップスやロックにかわって、新たにハウス・

ミュージックが一大ブームを巻き起こしていた。既成の音源をＤＪが電子的にサンプリング、編集してつくる新しいダンス・ミュージックで、シカゴにあるアンダーグラウンドなクラブで生まれた。街で最も有名だったハウスＤＪたちもナイトクラブの客層もゲイで、カーティスにとってはまるで馴染みのない世界だった。

強気一辺倒で猪突猛進するのが男の中の男。そうカーティスはギャングの中で学んでいった。ギャングの中には、屈辱的な行為と見なされるものの基準があったが、その基準は驚くほど低かった。無礼なことをされたら、けっして許してはならない。さもないとずっと軽蔑されたままだからだ。子どもたちにダンスをからかわれたカーティスは、フォスター・パークでポップ＆ロックを踊るのをやめた。そのうちに、もうどこでも踊らなくなった。やがて胸に、ストーンズのシンボルであるピラミッドのタトゥーを入れた。ギャングの定めた男らしさにそぐわないものからは、何であれことごとく手を引いた。

8年生のとき、ある女の子が自分のことを「ゲイ」と言っているのを耳にしたカーティスは、その子を探した。そして教室で見つけると、みんなの見ている前で思い切りその子の顔を引っ叩いた。おかげで停学処分になったが、他に選択の余地はなかったと思っていた。友人たちはカーティスを、映画『インクレディブル・ハルク』の主人公ハルクみたいだと評した。普段は優しくておとなしいのに、キレたら情け容赦なく人を傷つけるからだった。

屈辱の痛みから逃れる方法、それが復讐だ。理屈にかなってはいる。少なくとも短期的には。復讐は、結局のところさらに多くのものを失うことにつながるだろうが、わずかの間であれば効果はある。事態のバランスを取り戻せる可能性を秘めている。

失業率40%、腐敗した政治家、当てにならない警察、崩壊した学校といった、周囲に蔓延する、人生を悲劇へとゆっくりと蝕んでいくありとあらゆる無意味なことに埋没することなく、カーティスは背伸びに背伸びを重ねて、バリバリのストーンズになった。

暴力的な対立は人々に、負けたくないという思いを強くさせる。その思いが強くなればなるほど、負けないことこそが肝心なことになっていく。そしてその過程を煽るのが対立の火種だ。対立の扇動者は、対立に意味を見出させようとする。しかもそれは簡単に見出せる。些細な出来事をすべて「屈辱」という枠に当てはめれば、感情の核爆弾はすぐに爆発する。

2001年9月11日、アメリカがテロリストの攻撃にさらされた、9・11アメリカ同時多発テロ事件のあと、首謀者とされるウサマ・ビン・ラーデンは次のような声明を発表した。「アメリカが目下味わっている以上のことを、我々は何十年にもわたって味わってきた。我ら〔イスラム世界の〕民族は、80年以上もの長き間、この屈辱と恥辱に苦しめられてきた。息子たちは殺され、血が流され、聖域は破壊された。だが誰も聞く耳を持たず、関心も払わない」

東欧における共産主義の崩壊と、天安門広場へ続く道路でおこなわれた、民主化を求めるデモ参加者への流血を伴う武力鎮圧のあと、中国当局は国民、それも特に若者からの支持回復への道を模索しなければならなかった。そこで1991年、教育キャンペーンを開始する。1800年代半ばまでさかのぼり、日本と西洋の帝国主義によって中国人全員が被害に遭った、ということを強調するのが目的だった。キャンペーンでは、政府が資金提供して、自分たちが被害に遭った事実を人々の記憶に留めおくための碑を建立。また、すべての教師、兵士、各省の職員には、愛国心教育の授業を定期的に受けるよう命じた。2004年には、愛国心を育むための映画や本や歌、300点を推奨、その中には『Never Forget Our National Humiliation（我が国の受けし屈辱忘るべからず）』という題名の本もあった。

対立の扇動者たちはえてして、有無を言わせぬ話術や圧倒的な言葉を駆使して、人々を対立から離れられなくさせ、自由を奪っていく。身近な例を挙げるなら、これはミューアビーチでゲイリーの相談役ターニャが用いた手法だ。ターニャは、労働組合で用いているのと同じ大袈裟な言葉で、オールドガードとの戦いを表現した。「わたしに言わせれば」と、ターニャはミューアビーチ近くで夕食をともにしながら話してくれた。「勝つか負けるかしかないの、戦争なのよ」

ターニャはわたしとの会話の中で3回も、オールドガードをトランプに、そしてニューガードをオバマになぞらえた。また、身の回りにいる「善人」と「悪人」についても語った。当時、ゲイリーが理事会での力を失ってから丸2年がたっていたが、ターニャは仕切り直す気満々のようだった。「チームをつくって、オールドガードを理事会から追い出すべきだって気持ちがどこかにあるのよ」とターニャは言った。「わたしたちにはそれができるんだって証明するためにね」

こうしてターニャの言葉を書いている今は、あの言葉がまるで皮肉のように聞こえる。たかだか町の理事会の選挙のことで、他の誰がこんなふうに話すだろう？　だが面と向かって話すターニャには、なんとも言えない説得力があった。ターニャは自信に満ちあふれていた。まるでターニャを内側から輝かせているエネルギーのような強烈な自信。異論を挟む余地などなかった。

そんなターニャを前にしていると、かつてわたしを引き寄せ、我々は戦争をしているんだと迫ってきた人のことが思い出された。国土安全保障長官マイケル・チャートフだ。当時、わたしは『タイム』誌の記者で国土安全保障省の担当だった。取材場所はワシントンD．C．を走る運転手つきの黒塗りの車の中。チャートフには、わたしが聞きたい質問に答える気などなさそうだった。9・11から5年以上たっていたが、テロについてどうしても言いたいことがあるようで、「これは戦争だ」と、わたしが聞いていないにもかかわらず一方的に話し続けた。

わたしはマンハッタンで9・11の取材をしたことがあった。当時夫と住んでいたのがマンハッタンだった。弧を描いて飛んでいく戦闘機の音、瓦礫と化した建物から住宅地のほうへ歩いてくる、粉塵にまみれた無数のアメリカ人の姿、その後何週間も空気中に漂っていた強烈な異臭を覚えている。わたしは、このテロ攻撃をはじめとするさまざまな事件について、被害に遭った人や生き永らえることのできた人たちから話を聞くなどして、何年もかけて取材をした。彼らの証言をもとに本も書いた。だから、わたしにとってのテロは、けっして非現実的な話ではなかった。その危険は身をもって理解していた。

多くのテロ専門家は、(戦時下の国民国家になぞらえて) その活動の仕方を考慮し、テロリストは犯罪ネットワークと同じように扱うべきだ、と言っている。ところがあの日、黒塗りの車の中でわたしがそう告げると、チャートフは即座に異を唱えた。いわく、テロは犯罪とは別物であり、「実存的脅威」だという。そんなふうに考えることが、チャートフにとっても、国土安全保障省にとっても、おそらくは予算獲得にとっても、非常に大事なことのようだった。

もちろんこうした発言は、ターニャよりチャートフから発されるほうがはるかにうなずけた。だがわたしは、誰かが戦争 (言わずもがなだが、本当の戦争が実際に起こっていない場合の話だ) という言葉を口にしたときには、そのまま鵜呑みにせずに、「これで得をするのは誰か?」と改めて自問することを学んでいた。大袈裟な言葉は、対立の扇動者がわたしたちの感情を操るために使う手段のひとつだ。大袈裟な言葉を使われると、急に目の前がぱっと明るくなったような感じがする。個々の大事なことはどこかに押し流され、どれだけ経費がかかっても、どんな犠牲を払ってもいいから戦おうという気にさせられる。

2015年、パリでイスラム過激派組織ISISによる一連のテロ（パリ同時多発テロ事件）により100人以上の命が奪われてから3週間後、心理学者ダニエル・ロヴェンポールとその同僚は、大勢のパリ市民に記事——将来的なテロ攻撃を阻止するためのフランス政府案——を読んでもらった。ただし、同じ対策案に対して、ひとつの記事では「計画的」で「慎重」なものと表現し、もうひとつの記事では「思っていた以上に効果絶大」な「全面戦争」といった、もっと大仰な表現を使った。テロリストとの対立には意味がある、そう答えたのは、控えめな内容の記事を読んだパリ市民より、劇的な表現を用いた記事を読んだパリ市民のほうが多かった。また、「最近のテロ行為のおかげで、人生の目的意識をより強く持つようになった」といった意見に賛同したのも、後者のほうが多かった。

復讐遂行は、高揚感や使命感をもたらし、同じ集団内の結束を高めうる。そのことをわかっているのが対立の扇動者だ。彼らは対立をまるで宗教のように話す。対立こそが世間でのわたしたちの居場所を理解するための方法であり、絶対に消してはならない神聖な炎であるかのように。

復讐は屈辱の痛みを和らげることができるが、つらい代償も求められる。ひたすら専念しなければならず、最終的には逃げ場がなくなる。カーティスはどこへ行っても、絶えず通りの至るところに目を走らせては、誰が近づいてくるか、不意にスピードを落とした車はないかと、気にするようになった。部屋を出るときは最後のひとりになるまで待つようにした。誰にもけっして背中を向けないようにするためだ。学校から帰る道もいろいろと変えた。

最終的にディサイプルズのメンバーはそれぞれ、家族とともにフォスター・パークから引っ越さざるをえなくなった。周囲の目がどんどん厳しくなっていったからだ。それでも中には、カーティスが近づけないブロックもあった。さらにカーティスは12歳のころ、二度にわたって撃たれている。一度目は足、二度目は脇腹だ。撃った相手？　もちろんディサイプルズだった。

殺人都市シカゴ

冷戦終結後、あらゆる戦争が激減した。また、戦争が起こっても、命を奪われる人の数は、過去の戦争に比べて減少傾向にある。

どうしてなのだろう？　人間が戦争を回避し、平和を維持することが以前よりもうまくなったから、というのもある。和平交渉を容易にしたり、その後の協定遵守に目を光らせたりするために、今まで以上に、国連をはじめとする第三者機関の力を頼るようになってきた。不完全ではあるものの、こうした機関が立ち上げられてきたのは、わたしたちの敵対的な本能ではなく、協力的な本能が働いたからだ。選挙活動を禁じられているバハイ教の選挙と同じで、不健全な対立を避けるためのさまざまな防護柵が組み込まれている。

ただしこうした組織はしばしば機能停止に陥る。種としての人類は、こういった協力し合う共生的な集団をつくるという点においてはまだ初期段階にあり、その道のりは遠い。しかしながら、時間の経過とともに、戦争や暴力による死が概して少なくなってきていることは否定できない。ありがたいことだ。

今日、暴力による死の10件に8件は紛争地帯と見なされた場所以外の地で発生している。たとえばシカゴだ。また2015年には、「内戦の真っただ中にある」シリアで亡くなった人よりもはるかに多くの人が、「戦場ではない」ブラジルで命を奪われている。この手のむごたらしい暴力を彷彿させるものは、多くの場所で見られる。シカゴで育ったカーティスが目にしてきたのは、ギャングの抗争や日々の残虐な行為だ。民兵組織による殺人や組織犯罪という形で見られる場所もある。

どこかで戦争を未然に防ぐことができるようになったとして、そんな戦争も暴力もない状況を世界中に広げていくには、まだまだ困難が予想される。たとえば、2018年のシカゴで暴力が多発したのはどうしてだろう？　そう、ロサンゼルスやニューヨーク市よりも多かった。そのシカゴからわずか500キロしか離れていないミズーリ州セントルイスで、シカゴのほぼ3倍も物騒な事件が起こっていたのはなぜなのか？　2018年、セントルイスにおける殺人発生率はコロンビアのカリやメキシコのチワワ、グアテマラのグアテマラシティよりもはるかに高かった。

何世紀にもわたって学者たちは、まるで風土病のようにその地に特有の暴力が蔓延するのをなんとかして予測できないかと研究してきた。貧困や文化と関係があるのだろうか？　資源を巡る争いなのか？　それとも、ライバル集団の数が影響しているのか？

だが、民族や宗教を基盤とした集団の存在が、内乱を引き起こしやすくしているわけではないらしい。多様性に富んでいながら、驚くほど平和な地もある。たとえばアムステルダムでは、およそ180もの外国籍の人々が穏やかに暮らしている。住民のふたりにひとりが移民一世か二世だ。それでも、2018年にアムステルダムで命を奪われたのはわずか14人だった。14人！　それよりももう少し規模の小さい街、わたしが活動の拠点としているワシントンD．C．では、同じ年、その10倍を超える数の人が殺害されている。

では、銃の使用についてはどうだろう？　かなり関係があるのではないだろうか。高性能の武器がなければ、大量殺人は難しい。アメリカの人口は世界の人口の5％にも満たない。にもかかわらず、世界で民間人が所有している銃のほぼ半分を持っているのがアメリカ人だ。お察しの通りアメリカにおいては殺人発生率も先進諸国の平均を50％も上回っている。

集団の存在が対立を容易に煽りうるのなら、銃は、対立を容易に殺人に帰結させうるものだ。だが複雑に入り組んだ社会の問題同様、暴力的な対立も化学反応式よろしく多くの異なるものの相互作用による影響を受けている。銃も、他のいろいろなものと同じで、使い方次第では大いに役に立つ。ただ、組み合わせ次第では有害にもなる。

無能な警察や政府と組み合わせたらどうだろう？　政府が行き詰まったり、きちんと機能しなかったりすれば、その間隙を埋めるのは暴力だ。当然と言えば当然だろう。では、国家はなぜ弱体化するのか？　経済の悪化だけが問題ではない。凶悪犯罪の数がGDPの増減に同調することはほとんどない。

最も厄介な問題、それも特に民主主義にとって厄介な問題は、**政府が暴力に加担すること**だと、外交政策学者レイチェル・クラインフェルドは気づいた。たとえばパキスタンでは、諜報機関が、資金やときには兵器までイスラム急進派にわたしている。さまざまな政敵に対抗するためだ。だが同時に政府は、イスラム急進派の脅威を指摘する。予算を正当化するために。不正の蔓延だ。

そんな政府は当てにできないと庶民は悟り、他の方法で正義を求める。そして暴力が常態化し、社会は野蛮な状態に逆戻りする。「普通の人々が感情に駆られるまま、すぐに怒りを爆発させるようになり、暴力を当たり前と見なしがちになる」とクラインフェルドは書いている。ここまでくると、政府による治安回復はかなり難しくなってくる。国の生み出した怪物によって、国が支配されていく。

シカゴ初のギャングは白人で、ボランティアの消防隊から誕生した。やがて専門の消防士がその仕事を請け負うようになると、ギャングは近隣の酒場に拠点を移した。そこで彼らの後ろ盾になったのが政治家だった。19世紀半ば、その政治家たちは「アスレチッククラブ」と呼ばれる集票組織を創設した。メンバーの大半がアイルランドからの移民で、彼らは有権者を脅迫して投票箱をいっぱいにし、自分たちに便宜を図ってくれる政治家が確実に再選されるようにした。それから50年にわたって、こうしたギャングたちは人種差別も強要した。シカゴの政治家は、人種による厳しい制限的不動産約款を制定、これにより、黒人が白人の暮らす地域で不動産を購入したり借りたりすることが禁じられた。そして、法律の抜け穴をことごとく埋めていったのがギャングだった。シカゴの政治を牛耳っていた民主党員への反対票を投じたアフリカ系アメリカ人を襲撃した。また、暴力を駆使し、怯えさせることで、黒人家族が白人居住区に近づかないようにした。

政治家は、権力を維持するために必要な汚れ仕事を、自らの手を汚すことなく、他の人間にやらせた。今日のパキスタンと同じで、当時のシカゴでも、政府が暴力に加担していた。ギャングのボス、アル・カポネが、1920年代のシカゴで数百万ドル規模の密造酒業、売春業、賭博業を展開し、のしあがっていったのも偶然ではない。そのころのシカゴは、殺人発生率が全米都市平均の24倍もあり、「殺人都市」と呼ばれていた。

アメリカの他の都市で集票組織が支配力を失ったあともずっと、シカゴでは市長のリチャード・J・デイリーが中世の領主よろしく支配し続けた。1955年から1976年まで、デイリーは3万5000件ほどの不正に目を瞑るかわりに民主党への忠誠を求め、共和党を有名無実化させた。

カーティスが生まれてから、シカゴでは3ダースもの市会議員が汚職容疑で有罪を宣告されている。この期間の市会議員のほぼ5人にひとりに相当する。アメリカの他の大都市と比べても、シカゴでは連邦レベルの政治汚職容疑で有罪を宣告された者の数がとても多い。キックバックや贈収賄といった悪徳行為はうんざりするほど定期的に発覚している。殺人事件をもみ消して有罪を宣告されたアメリカ人唯一の裁判官はシカゴ出身だった。ギャングの抗争に絡む3件の殺人事件をもみ消したかどで有罪判決を受けている。

今のシカゴは、政府が諜報機関を通じて暴力に加担するパキスタンとは違う。だが、アメリカ政府が暴力を容認してきた歴史と、州や市レベルで伝統的に続いてきた政治腐敗のために、いまだに暴力の悪循環が続いている。かなり変わってはきているが、まだじゅうぶんではない。こうした背景を理解しなければ、今日シカゴの路上で発生する流血の惨事を読み解いていくのはまず無理だろう。

殺人事件が起こるたびに、シカゴは150万ドルほどの損害を被る。しかもほとんどの事件が未解決だ。シカゴで白人ひとりの命を奪った場合、処罰を免れることができる確率はおよそ50%。被害者が黒人になると、その確率は78%になる、と2019年にシカゴの公共ラジオ局WBEZが言っていた。警察はもとより、市や州の政府も信用されていない（イリノイ州は、州政府に対する信用度で全米最下位に位置している）。だから正義のない地に暴力的な集団が入り込んできて、正義まがいのものを強要する。

今日のシカゴで最悪の暴力が幅を利かせているのは、ほんの一握りの地域だけだ。ただしそういった地域では集団の対立が加速し、血で血を洗う争いが後を絶たない。そして世界有数の政情不安な国に負けず劣らず危険な状況となっている。こうした暴力の大半は、麻薬市場とは無縁だ。かわりに個人的な喧嘩から始まり、それがやがて報復合戦へとエスカレートしていく。最初はソーシャルメディア上で炎上していたものが、やがて一気に爆発して、実際の銃撃戦となる。そんな地域のひとつがフォスター・パーク周辺、カーティスの育った場所だ。

「すばらしい感情の湧出」

「個人が、自分は無用の存在であるとの思いから逃れる一助となり、日々の虚しさを埋めてくれ、自身や他者に対するとてつもない力を経験させてくれるもの、それが暴力だ」
——アリソン・ジェーミソン『The Heart Attacked: Terrorism and Conflict in the Italian State(狙われた心：イタリア国家におけるテロと対立)』

カーティスはずっと、母親と力を合わせて生きてきた。だがカーティスがストーンズに加入したころ、母親は再婚した。相手はコカインとヘロインを常用する大柄な男だった。だからカーティスは新しい趣味を見つけた。ダンスとは違う形で、自分の新たなアイデンティティにぴったり合う趣味だ。ウエイトセットを手に入れ、キッチンに置いて体を鍛えた。そうやって日に日に逞しく、強くなっていった。母親の寝室にいる怪物から、自分と母親を守らなければならなかったからだ。

同時にアメリカンフットボールも始めた。うまかった。母親と、大学やプロチームのことを話すようになった。人生、何が起こるかわからない、とも。フットボールのおかげでカーティスは気持ちが安定してきた。毎日練習を続け、ギャングの仲間とつるむ時間は減っていった。8年生のときにはサルタトリアン（卒業式で開会の辞を述べる次席卒業生）に選ばれ、科学技術の分野で人気のある高校を受験し、合格した。カーティスの人生には、ギャングに勝るものがまだたくさんあった。

だが卒業式直前、近所で帽子を左向きにかぶっていたところを、ひとりのディサイプルズに見つかった。そして野球のバットでボコボコにされた。カーティスが意識を取り戻したのは、救急車の中だった。脳震盪を起こしていたため、卒業式で開会の辞は述べられなかった。頭に特大のこぶができていたので、卒業式用の角帽もまともにかぶれなかった。

その後、高校生のカーティスを後部座席に乗せた、友人の運転する車が電柱に激突した。カーティスは前十字靭帯を損傷し、フットボールの選手生命を絶たれた。

カーティスが何よりつらかったのは、母親の目だった。そこには失望以上のものが見えていた。少なくともカーティスには、嫌悪感のようなものが見えた。ダンサーだった息子はダンスをやめてしまった。フットボール選手だったのに、それももうおしまい。家族の明るい未来行きの切符を持っていたのに、息子はそれを捨ててしまった、というわけだった。フットボールのコーチが、記念にと、カーティスが活躍したシーンを収めたビデオを自宅に届けてくれた。

カーティスとその家族にあの状況から逃げ出す道があったとしても、カーティスにはそれが何なのかわからなかった。こんなふうにどんどん追い詰められていくことで、対立はますます深刻になっていく。自分でどうにかできることも減っていく。そのうちに、自分に残されているのはもうディサイプルズとの対立だけだ、という気がしてきた。そしてそれはけっして終わることがなかった。

1989年3月、17歳になっていたカーティスは、路地裏に放置された母親の遺体を見つけた。心臓を刺されていた。継父の仕業だった。継父は母の命を奪うと、母の財布も奪い、その金でドラッグを買っていた。

カーティスは母を守れなかった。ウエイトトレーニングをしていてもダメだった。手を貸してくれるギャングの仲間がいても。事件のあった晩、母親に銃を持っておくよう警告していても。彼が何よりも恐れていたことを阻止できなかった。当時、まだ自動車事故で負った怪我が完治しておらず、松葉杖を使っていたが、そんなことは言い訳にならなかった。自分は母親の盾になるんだと思ってきたのに、いまや大事な親友にしてダンスのパートナーでもあった母を失ってしまった。カーティスは打ちのめされた。孤独だった。

やがて、こんなことをしたやつを殺してやる、と心に誓った。それも、じわじわと苦しめながら殺してやりたかった。自分が感じている痛みを和らげる術を見つけなければならなかった。自分が受けた不当な仕打ちと同じだけの仕打ちを返すには、復讐しかない。シカゴ育ちの少年として、そしてストーンズのメンバーとして学んできたあらゆることがそう告げていた。当局を当てにしていては、きちんとなされてしかるべきことはなされない。だからカーティスは、ストーンズの仲間に助けを求めた。

そして彼らは、継父が家族と暮らす家へ行った。まだ松葉杖をついていたが、ギャングの仲間がそばにいてくれた。カーティスはドアを叩いた。応答なし。怪我をしていないほうの足でドアを蹴る。ようやく返事があり、継父はいないと言われた。が、信じなかった。

カーティスは火炎瓶を持ってきていた。それを窓から投げ入れて家を燃やせば、中にいる連中は全員逃げ出してくるだろう。そこで、火炎瓶を取りに車へ戻った。ワイルド・アイリッシュ・ローズというワインのボトルを使った手製の火炎瓶だ。だが投げる前に仲間に止められた。「用があるのはお前の継父だけで、その家族じゃない」そう言われて、カーティスは引き下がった。これは不健全な対立における第2の逆説のささやかな例だった。集団は、暴力を煽ることもできるが、それを抑制することもできる。

4日後、継父は逮捕された。第一級殺人罪で起訴され、判決は懲役39年。

しかし、カーティスのもとを訪れたカウンセラーはいなかった。祖母はいたが、カーティスの弟たちを育てるのと、祖母自身の悲しみに対処するので手一杯だった。そのため、そのころのカーティスにとって、家族といえるのはストーンズのメンバーだけだった。

その後は、前よりもずっと暴力が身近になった。カーティスが引き金を引くたびに、そこには文字通り継父の顔が見えた。そのせいで、人を傷つけることで満足感を覚えるようになっていった。ディサイプルズとの対立は、継父への憎しみをかわりに向けたいわば代理戦争、あるいは心理学者が言うところの「置き換え」と化していた。しかし崩壊しているとはいえ、シカゴの刑務所に銃を持ち込むことはできなかった。だからカーティスは、継父も、自分にとってヒーローだったバスケの選手ベンジーを撃った少年も、手にかけることはできなかった。苦しみの本当の原因はひとつとして見えていなかった。とはいえ、戦うことはやめられなかった。むしろのめり込んでいった。

「怒りには生きている感じがあるから」と、トニ・モリスンは『青い眼がほしい』で書いている。「現実と存在感。価値の自覚。怒りはすばらしい感情の湧出だ」たとえ間違った相手でも、誰かに対して力を振るえば、何かしらを感じられる。

その年の10月、当局は金曜礼拝の最中にギャングたちの神殿に踏み込んだ。50人を超える連邦捜査官が神殿を取り囲み、巨大なハンマーやトーチランプ（小型の携帯用バーナー）でドアを叩き壊し、焼き切っていく。そして上層部の面々を一斉検挙し、65人を恐喝、殺人、誘拐、銃器法違反、麻薬取締法違反などの罪で起訴した。ちなみにストーンズ創設者ジェフ・フォート自身も、巧妙な国内テロを計画していた容疑ですでに有罪判決を受け、刑務所にいた。

上層部の一斉逮捕によって、幹部がいなくなってしまったため、カーティスは出世の階段を一気に駆けあがって昇進し、リーダーになった。まだまだ自分がリードしてもらわなければならなかった時期に。

そして、自分の家族も力ずくで守るようになっていった。弟たちや親族を、母親のように死なせるつもりはさらさらなかった。家族は何かあればカーティスに連絡を入れるようになり、カーティスもまたすぐに大勢の手下を送り込んだ。

「イカれてたんだ、なにしろまだほんのガキだったのに、大人たちがそんなガキにびくついてたんだからな」とカーティスは言った。「自分が無力だってわかってるのに、そこそこ力を振るえたんだから」

ある日カーティスは、ガールフレンドが働くマクドナルドへ行った。店内に入るや、いつものようにざっと視線を走らせ、敵がいないか確かめた。揚げ物をしている男が、帽子を右向きにかぶっている。その男を一目見るやマネジャーに詰め寄り、あいつをクビにしろと告げた。自分のガールフレンドの隣でディサイプルズのメンバーを働かせておくことなどできなかった。とんでもない話だ。

あとで再度店に行くと、くだんのディサイプルズはまだそこにいた。しかも帽子を右向きにかぶったままで。カーティスは信じられなかった。あからさまに馬鹿にされた気がした。こうなると、他に何ができるか？　カーティスは友人とともにカウンターを飛び越えるや、マネジャーをボコボコにしていた。大の大人がふたりのガキの前で縮み上がっている姿を見るのは、最高に気分がよかった。

別の日のこと、地元警察主催の集まりから帰ってきた祖母が泣き出した。「お前の話ばかりだったよ」と祖母がカーティスに言った。「お前と友だちがこの地域をめちゃめちゃにしてるって」自分が知る中で最も強い人物のひとりだった祖母が涙を流している。その姿が今でも目に焼きついて離れなかった。「お前はあたしの孫なのに、警察はお前のことをケダモノみたいに話すんだ」

自分の体がハルクに乗っ取られているような気がする日もあった。バク宙の練習をしていた昔の日々はもう、遠い記憶の彼方に押しやられて思い出すこともできなかった。ときどき、何かに襲われたように怖くなることがあった。カーティスが酒にもドラッグにも手を出さなかったのはそのためだ。すでにどうしようもない不安に襲われているのに、それ以上自分で自分を抑えられなくなるのが嫌だったから。

母親が死んで1カ月後、他のメンバーといっしょに、割れた瓶で男を殴った。男は重傷を負い、麻痺が残った。

それから間もなく、カーティスはまたしても銃撃された。このとき狙われたのは頭だった。当時ヴァイス・ローズのメンバーともめていたが、相手とは路上での話し合いで和解した。ところがその直後、抗争終結を知らなかった別のヴァイス・ローズのメンバーに撃たれたのだった。どのギャングにもメンバーは大勢いる。

カーティスは自宅の玄関先に横たわっていた。しゃべることもできないまま、警官が、どうせ死ぬんだろ、と言っているのが聞こえた。あのとき助かったのはまさに奇跡だった。

その後どうにか高校を卒業したものの、19歳になって3カ月後、フォスター・パークから4ブロック離れた場所で逮捕された。弾丸を詰めたスミス&ウェッソンの357口径リボルバーを所持していたからだ。ある女性から「カーティスが自宅に押し入り、身内を殺すと脅された」と通報が入っていた。カーティスは容疑を認め、懲役2年半を言いわたされた。ギャングたちへの影響を考慮して、最も警備が厳しいステートビル刑務所に送られた。

刑務所でベンジーの命を奪ったやつに会えるかもしれない。あるいは継父に。それだけが希望だった。

洗脳される

これを読んで、読者のあなたは「わたしはギャングや、血で血を洗う面々の仲間ではない」と思われたかもしれない。とりあえず今のところは違う。とにかく、この話と政治の二極化との間にはどんな関係があるのだろう？　あるいは、去年のクリスマスに弟と喧嘩したことと何か関係はあるのだろうか？

カーティスの話は極端なケースだ。だが極端な状況を介することで、ごく普通の状況の輪郭が見えやすくなる。わたしたちは幸運なことに、暴力が当たり前のようによしとされる世界には暮らしていない。しかし、多くの人が知っているだろう、タールピッツのようなところ、与えるよりも奪うほうが多い争いの状態から抜け出せなかったらどんな気分かを。それは、配偶者や同僚や見ず知らずの人との対立かもしれない。だがいずれにせよ気分は似たり寄ったりだ。そういう相手との会話を、あなたはひとり、自分の頭の中だけで思い描いているかもしれない。会話を無視されれば怒りも募るが、やがてそれも薄れてくる。ところが、怒りが薄れてくるときまって、その怒りをなんとかして蘇らせようとしている自分に気づく。どういうわけか怒りを焚きつけ、なぜ自分がこんな不当な扱いを受けなければならなかったのか、その理由を片っ端から思い出していく。新たな理由を見つけることさえあるだろう。

こういったことを、あなたのかわりにしてくれるのが、あなたの属する集団だ。また、あなたが何かしら他のことに気を取られていれば、対立のことを思い出させるのも集団だ。同じ集団に属する他のメンバーが、怒りや憎しみの炎を消させまいと、あなたが受けてきた不当な扱いをひとつ残らず絶えず並べ立ててくる。こうしたことは、トークラジオやXでも見られる。集団は、永遠に燃え続ける炎よろしく、対立があればけっしてそれを放置せず、いつまでも続けさせる。

刑務所内でも同じだ。カーティスは刑務所に送られたものの、そこでベンジーの命を奪った相手や継父を見つけることはできなかった。かわりに、集団を存続させていくためのイデオロギーを見つけた。刑務所で、ストーンズの何たるかを真に理解した。その刑務所には、他のギャングの幹部たちとともに、ストーンズの創設者ジェフ・フォートの兄弟もひとり収容されていた。そして、万事を滞りなくおこなうための指揮系統も確立されていた。「あんなふうにきちんと神を敬う姿を初めて見たよ」受刑者全員が決まった時間に祈りを捧げた。イスラム教は口先だけのお題目ではなく、まさに生活に根ざしていた。さらに、何かをするよう命令されれば、問答無用で従った。まるで映画『ゴッドファーザー』のような世界が繰り広げられていて、カーティスは感動した。

カーティスはストーンズの掟、それに伴う細々としたルール、そして誓約書を読み、暗記した。ストーンズのベテラン幹部たちと何時間も話をし、彼らの武勇伝に耳を傾けた。カーティスは掟を忠実に守り、ストーンズに身も心も捧げると誓った。ベテラン幹部たちがかつてそうしてきたように。「これまでいろんなことをかじってきたけど、いつだってどっぷりハマらずにはいられないんだ」そう言ってカーティスは声を上げて笑った。

ストーンズは、刑務所内の人数ではディサイプルズに負けていたが、争いで負けたことは一度もないようだった。人数が足りない分は、組織力と組織への忠誠心で補った。なかなかの見ものだった。こうしてカーティスは、ギャングのアイデンティティを選択し、ようやく精神的な足場を見出した。それによって、マクドナルドでの一件など取るに足りないと思えるほどの大きな痛みにも対処していけるようになった。特殊部隊の中の精鋭部隊に出会った兵士のようだった。そこにはさらなる何かがあり、カーティスはそこに加わった。

今日に至っても、カーティスはストーンズの掟を淀みなくそらんじることができる。

闇から光へ

ブラックストーンが我らに与えるは勇気、
ブラックストーンが我らに与えるは目標、
ブラックストーンが我らに与えるは、何人たりとも奪われてはならないもの、
ストーンラブという名の幸福……

集団における対立にとって、イデオロギーは感情ほど重きを置かれてはいない。それでもイデオロギーは大事だ。それは、大袈裟な言葉と同じで、暴力を正当化しうる。イデオロギーのない対立よりも、はるかに深い目的意識をもたらす。自分が、何かより大きなものの一部であるという思いを人々に抱かせることができる。

1993年、カーティスは出所した。服役前より責任感も信念も強くなっていた。そのころにはシカゴも変貌し、ついにクラックが蔓延、大金が動くようになっていた。カーティスの出所後すぐに、ストーンズとディサイプルズとの間で暴力沙汰が一気に増えたせいもあり、市の殺人発生率は最高値を記録。

「そこら中に死体が転がってた」とカーティスは言った。カーティスは、シカゴ中どこへ行くときでも、武装した仲間に周りを囲まれ、しっかりと守られていた。その姿はさながらストーンズの創設者にして、当時すでに終身刑に服していたジェフ・フォートのようだった。

カーティスは大金を稼いだ。これまでに見たことがないほどの大金だ。そして車を購入。ストリップクラブの経営も始めた。いずれもイスラムの教えにも、ストーンズが標榜する価値観にも真っ向から対立することなのはわかっていたが、とにかく強行した。それなのに、相変わらず金曜の礼拝には行っていたという。敵を前にすれば、偽善者ぶるなど簡単なことだ。

1年後、22歳のカーティスは、銃を所持していたために再び起訴された。そして懲役3年半の実刑判決を受ける。

ところが出所後、またしても逮捕された。今度はコカイン所持で。しかし幸運に恵まれ、最終的に起訴は取り下げられた。ただ、拘置所にいる間は時間と場所がじゅうぶんにあったので、ひとりで思いをこらした。「逮捕された日、サツは俺の居場所をどうやって知ったんだ……?」居場所を知っていたのは、ストーンズの仲間だけだったはずだ。仲間たちは何に忠誠を誓っているのか? ストーンズにか、それとも金にか? カーティスは何度となく考えた。そして、だんだんわからなくなっていった。

パート

2

対立の外へ

4章

時間を稼ぐ

年齢を重ねていくにつれて、カーティスは刑務所に舞い戻らずにすむ術を身につけていった。法律と、いわゆる「麻薬戦争」といわれる、地雷さながらの見えない危険について勉強した。法律がより厳しく罰するのは、コカインよりもクラックを所持していた場合だ。そのためカーティスはクラックにはけっして手を出さなかった。もし5キロの純コカイン所持で捕まっても、せいぜい10年食らえばすむ。同じ量のクラックの場合よりはるかに少ない。だから、いざとなれば10年服役することも覚悟していた。

ときおり重苦しい気持ちに襲われた(母の日と実母の誕生日は特にひどかった)が、次第に動じなくなっていった。いまだに、継父やビリー――バスケットボールのヒーローの命を奪ったやつだ――を見つけることを夢想していたが、頭の中にある超人ハルクに変身するスイッチは、だいぶ上手にコントロールできるようになっていた。結婚もした。昔からつき合っていた相手、かつてマクドナルドで働いていたあの女性だ。子どもは4人。さらなる残虐さが求められるようになってきていたギャングの生活からは、少し距離を置いた。かわりにその手の危険を引き受けたのは、もっと若い面々だった。時は流れ、30代前半となったカーティスは、この先の人生もずっと、びくびく怯えながら過ごすような気がしていた。あるいは刑務所の中で。

ところがやがて思いがけないことが起こった。4年生の息子の終業式でのことだ。当時カーティスは、いつ刑務所に入れられるかと不安でたまらなかった。ＦＢＩがシカゴで活動しているギャングのリーダーたちに目をつけていて、カーティスの周りでも、すでに何人もが刑務所に送られていたからだ。自分の逮捕も時間の問題だと思っていた。

だがその日、息子はクラスメイトたちと立って、ロックバンドのシカゴの古い歌を歌った。「君こそすべて（You're the Inspiration）」だった。使い古された表現ばかりの歌なのは、カーティスにもわかっていた。それでもなぜか、息子が歌う姿を身じろぎもせずに見ていたカーティスの胸には、その歌詞がナイフのように突き刺さったのだった。

息子は神経発達病だった。そしてカーティスには、その理由が嫌というほどわかっていた。息子の母親である妻が息子を妊娠中、カーティスは妻に暴力を振るっていた。さらに息子が生まれると、カーティスはその息子を後部座席に乗せたまま車を駆っては、ライバルとの銃撃戦を繰り広げた。息子が大きな音に怯えるようになったのも当然だろう。息子の心に亀裂が入った原因は明らかであり、それはすべて、父であり、ギャングのリーダーである自分のせいだとカーティスは思っていた。

君はぼくの生きる意味だ
君こそすべて

歌を聴きながら、カーティスは計算してみた。もし本当に今日FBIに逮捕されたら、出所したとき息子は18歳だ。その瞬間、ベンジー・ウィルソンが殺されたことについて、ストーンズでの日々について、あらゆる侮辱に暴力で対抗しなければならなかったことについて、カーティスがこれまで自分自身に言い聞かせてきた嘘が崩れ去ったかのようだった。

中でも最大の嘘は、これまで自分がしてきたことは家族のためだった、というものだ。家族を養い、守るためにしてきたこと。だがもう、そんな嘘で自分を騙すことはできなかった。ドラッグを売っていたのは家族のため。そう言うなら、なぜ自分ひとりで車を4台も所有しているのか？10年も刑務所に入り、家族の前から姿を消すことが家族のためになっただろうか？

くそっ。カーティスは座ったまま涙を滂沱と流しながら、これまで何度となく口にしてきた、苦しいときの神頼みをした。神様、どうかもう一回だけチャンスをお与えください……。カーティスのほうにちらりと目をやった妻は、思わず二度見した。なぜ泣いているの？　カーティスは人前で泣くようなタイプではなかった。もちろんプライベートでも。わたしの夫は、昔わたしがマクドナルドで働いていたころ、同僚の帽子のかぶり方が理由で、上司をボコボコにした人よ。今泣いているこの人は誰なの？

だがカーティスは、涙のわけを妻には話さなかった。当時の彼には、どう話せばいいのかがわからなかったのだ。

その後カーティスは普通の生活に戻ろうとした。いつものように、売り捌くためのドラッグを受け取りはした。だがこのときは、ドラッグを車に積んで走り去る際、いつもと違う感覚に見舞われた。高揚感もなければ、目的意識もなく、無力感に苛まれた。ひたすら憂鬱だった。いつものように、ドラッグを小分けにして、街中に売り捌かなければならないことはわかっていた。が、そういったことは無意味に感じられた。「俺はなんだってこんなことをしてるんだ?」と自問し続けた。もはや納得のいく答えは得られなかった。

帰宅しても何も手につかない。ドラッグは1週間も放置したまま。そんなことはこれまでにただの一度もなかった。いとこが何度も電話をしてきたが、カーティスは出なかった。頭ではすべきことがわかっているのに、体がついていかないような感じ。とうとう、業を煮やしたいとこがドラッグをよこせと乗り込んでくる始末だった。カーティスはいとこに言われるままにした。さらには愛車の一台クライスラーも引きわたした。いとこにそれを売ってもらい、その金で自分がするはずだった仕事をする人間を雇えるようにした。

これがいわゆる飽和点——対立の末に、得るものよりも失うもののほうが多くなってきたように思える時点だ。カーティスはどん底まで落ち、不健全な対立から抜け出せるか否かの重大なときを迎えていた。小分けにする気力もないまま放置したドラッグに囲まれて座っていたカーティスは、「もう、うんざりだ」と思っていた。そんな思いを抱えている人は大勢いる。配偶者との離婚を決め、弁護士に電話をして、交渉してくれるよう頼んでいる人。再選への不出馬を宣言している上院議員。二度と戻らない覚悟で、所属部隊からひっそりと身を引くゲリラ兵。

半年ほどたったころ、カーティスはいとこに電話をした。

「終わったよ。あとは全部お前が好きにしていい」というあらかじめ決めておいた隠語が発されるのをいとこが待っているのがカーティスにはわかった。カーティスが捕まった際には、いとこがすべて——ドラッグも金も銃も——を処分するように、という指示が隠された言葉だ。だがカーティスはその言葉を口にしなかった。その日も、その後もずっと。

気まずい沈黙が続く。

我慢できずに口を開いたのはいとこのほうだった。

「お前、どうしたんだ？　パクられたのか？」

「いや」

そして、またしても沈黙。

となると、残された理由はひとつだけだ。いとこが怒鳴った。

「くそ野郎、俺をハメようってんだな！」

「いい加減にしろ！」カーティスの声には苛立ちが滲んでいた。「俺は足を洗ったんだ」

カーティスはいとこに大金とドラッグをわたした。所有していたストリップクラブも手放した。最初に感じたのが身軽さだ。やっと息ができるようになった気がした。偽りだらけのこれまでの人生を肩から下ろして、背筋を伸ばし、ようやく自分らしく生きていける。刑務所に入れられたとしても、大丈夫だ。投獄されたとしても、これで息子とちゃんと向き合える。

「俺はもう抜けたんだ」

飽和点

不健全な対立はどこでも起こるが、その呼び名はところによって異なる。

フィリピンのミンダナオ島では、リド（部族紛争）と呼ばれている。

概してリドは、ギャングの抗争よろしくちょっとした行き違いから始まる。ある男の土地に紛れ込んだ牛が、その男のつくっていた農作物を台無しにした。そこで男は牛を売り払った。牛の飼い主は、男が牛を盗んだと思い、仕返しをしようとする。そして、自分の一族の名誉を守らなければ、との思いから、個人間の口論がそれぞれの一族を挙げての争いへと発展する。やがて、牛を売った男も飼い主も、ともに射殺される。というような感じだ。

噂が人の命を奪う可能性もある。些細な軽蔑が、集団全体の尊厳を傷つけるようになる。リドは選挙の前後に激化することが多い。シカゴと同じで、こうした争いは、かかわるすべての人をきまって苦しめる。その苦しみこそが不健全な対立の大きなマイナス面であり、脆弱な面として利用されやすい。「リドの只中で暮らすなんて、自宅で囚われの身になっているようなものだ」と元戦闘員は言う。今日のシカゴのギャングたちが言いそうな言葉だ。「仕事にも行けなければ、家から出ることも、誰かを助けることもできない。そんなことをすれば、敵に殺されるんじゃないかって不安でたまらないからだ」

だがそんな苦しみは飽和点を生み出す。そして飽和点はまさに、不健全な対立から抜け出す千載一遇のチャンスだ。ギャングであれば、撃たれて入院しているときに生じることがある。仲間が誰も見舞いに来てくれない場合は特にその可能性が高い。あるいは、逮捕されるかもしれないと思っていた日に、歌う息子を目の前にしたとき。

ただしせっかくの飽和点も、当人が認識し、つかみ取らなければ、消えてなくなってしまう。だからこそ、他者がなんらかの形でそれを促すことで、戦闘員たちも飽和点を見つけやすくなる。

フィリピンでは、公式の司法制度でリドを解決することはほとんどない。当事者が飽和点を見つけられるよう力を貸してくれるのは、たいてい他の部族の人々であり、中でも鍵となるのは女性だ。女性が報復されることはあまりないので、「盾」となって、対話のきっかけをつくることができる。その後は、長老をはじめとするリーダー格の面々が人脈を駆使し、多くの場合は賠償金を支払うことで、損害の回復に尽力する。こうして女性と長老たちが対立を弱め、何もなかったところに一筋の希望が差し込んでくる。

「盾」となってくれる人は、わたしたちの周りにもたくさんいる。そしてみんな、すばらしい力を秘めている。

1809年、ジョン・アダムズとトーマス・ジェファーソンの共通の友人が、ふたりの仲を取り持とうと密かに計画を立てていた。ふたりとともにアメリカ独立宣言に署名したベンジャミン・ラッシュだ。彼は、何年もかけて慎重の上にも慎重を期して、ふたりのために飽和点をつくっていった。そして、向こうがあなたと和解したがっています、とそれぞれに告げた。

ラッシュはアダムズをさらに一押しした。あなたがジェファーソンに手紙を書いて、その結果、ふたりが再び手を取り合う夢を見た、と言ったのだ。本当にそんな夢を見たかは定かではない。だが、その夢の話をした際、夢の中でアダムズがジェファーソンに送った手紙に記されていた言葉を伝えることで、現実に使える手紙の草案を示して誘導した。この夢の話を使って、不健全な対立から抜け出す道をつくった。さらに、アダムズが実際に手紙を書くと、抜かりなく賛辞の言葉を贈った。これほどの雅量を示せるのは、「偉大な人間だけが知る寛大な心」を持ったアダムズのような人にしかできない、と。あまりにもあからさまな気もするが、とにもかくにもうまくいった。

1812年1月1日、アダムズはジェファーソンに短い手紙を書いた。ラッシュが見たという夢の通りに。ジェファーソンからも返信があった。以来14年にわたって、両者は158通もの手紙をやりとりした。「君もわたしも、互いに互いの行動を説明するまで死んではならない」とアダムズは書いた。ふたりはつねに意見の一致を見たわけではなかったが、不健全な対立から抜け出し、よい対立を続けていた。それも1826年7月4日、50回目のアメリカ独立記念日に揃って死ぬ日までずっと。

「みんな、偽物の俺のほうがいいって言うようになってたんだ」

不健全な対立から抜け出す際に問題となるのが、他のことは何も変わっていない、ということだ。あなたの敵は相変わらずあなたを敵と見なしたままだ。友人の見るあなたも、あなたがなりたいと思っている姿ではなく、それまでのあなたの姿だ。

カーティスは「足を洗う」つもりだったが、それでも最初の半年ほどは、ストーンズとしてのアイデンティティを保とうとした。中でも特に努力したのが、月に9426ドルもかかる生活スタイルを維持することだった。だがやがて現実が押し寄せてきた。車が次々に差し押さえられていく。もはやギャングのリーダーでありながら麻薬市場にかかわることもできなかった。そもそも麻薬市場にかかわろうと思ったら、暴力が不可欠だった。

だからカーティスは車を手放した。街の反対側にあるアパートに引っ越した。これは、カーティスが下した最良の決断だといえる。行方をくらませば、金をせびられることも、いざというときに助力を求められることもなくなる。そうやってカーティスは、自分のための場所をつくり出した。新たなアイデンティティを構築するための場所だ。そしてそこは、なくてはならない場所になっていく。

そこまでしたにもかかわらず、カーティスは相変わらずフォスター・パークをうろついていた。家族とも大事な友人とも、変わらずにつき合い続けていた。絶え間ない誘惑。ポケベルが鳴るときの気持ち、自分が中心になって大きなことを成すときの感覚が忘れられないでいた。

職探しも苦労していた。まっとうな仕事を見つけるのは、宝くじに当たるようなものだった。少なくない逮捕歴があり、ギャングとしての活動も警察に把握されていた。ギャングのリーダー以外の職歴もなければ、雇用主が聞きたがるような話も持ち合わせてはいなかった。

昔の彼を懐かしむ声は周囲からも上がっていた。誰も新しいカーティスを知らなかったし、さして知りたいとも思っていないようだった。「みんな、偽物の俺のほうがいいって言うようになってたんだ」とカーティスは言った。

妻がその最たるものだった。カーティスと妻は10代のころからずっといっしょだった。互いのことをよく知っていた。しかし、カーティスが変わり始めると、妻はもう夫であるカーティスのことがわからなくなった。オプラ・ウィンフリーが自分の番組で観覧客に車をプレゼントしたのを見て泣いているこの人は誰？　四六時中「平和」を口にしているこの人は何者？　わたしが恋に落ちたあの喧嘩っ早い人の身に、いったい何が起こったの？

カーティスがまっとうな人生を歩み始めると、妻は離婚を口にし出した。カーティスは怯えた。カーティスはこれまでに多くの人との別れを経験してきた。ただしそれは相手があの世なり刑務所なりに行かざるをえなかったからで、自分が大切に思っている人が、その人の意思で自分のもとから去っていったことはなかったからだ。

妻の行動は、カーティスが何より恐れていたことをはっきりとした形で突きつけてきた。不健全な対立から抜け出そうとする人がほぼ抱く恐れ。つまり、かつての自分、何かと対立している自分にしか価値はなく、対立していない自分には意味などない、という恐れだった。

ある日、カーティスがこれ以上なく落ち込んでいたときに、いとこが新車を駆ってきた。メルセデス・ベンツSS50。10万ドル近くもする高級車だ。いとこが開けたトランクの中には、麻薬が山のように入っていた。

「なあ、わかるだろ、やっぱ、お前がいなきゃダメだって。お前が必要なんだよ」

カーティスはその場に立ち尽くし、トランクの中身を見つめていた。まるでいとこがサイバーボール（2章参照）を投げてくれたかのような気分だった。キャッチボールに戻れる、自分が必要とされているのが嬉しかった。90日間だけ戻れば、請求書の支払いもすませられる。生活も立て直せる。妻との関係も修復できる。そうすればしばらくは、誰もがっかりさせずにすむだろう。

逡巡

不健全な対立から抜け出そうとする人はカーティスのように、かつての生き方と、目下目指している未来の自分との間で心が揺らぐ。それもときには何年も。**不健全な対立からの脱却は一朝一夕には果たせない**。それは政治の場合であってもだ。

ラジオやテレビのパーソナリティー、グレン・ベックは、アメリカ政治における典型的な対立の扇動者だ。10年にわたり、FOXニュースやCNN、自身がオーナーを務めるケーブルテレビネットワーク、ザ・ブレイズを介して、党派間の対立を煽りに煽ってきた。他の対立の扇動者同様、大袈裟な表現を使ったり、陰謀論を広めたりすることに力を注ぎ、それによって視聴者に、もっともらしい明確なモラルを提供した。FOXニュースで司会を務めていたときには、最初の14カ月間で、彼とゲストは115回もヒトラーに言及している。ナチスには134回、ファシズムには172回、ホロコースト58回、そしてヨーゼフ・ゲッベルス（ドイツの政治家。ナチ党政権下で国民啓蒙・宣伝大臣を務めた）8回。ベックの番組の視聴者は大半が白人だった。どうすれば彼らの恐怖心を焚きつけられるのかを心得ていたベックは、だから言ったのだ、当時の大統領バラク・オバマは「白人を心の底から憎んでいる」人種差別主義者だと。

パラノイアじみた言い回しをしたり、憤ったり、ヒステリックになったりと独自のやり方を介して、ベックは何百万人もの視聴者を、激しく燃え盛る怒りの炎の中へと引きずり込んでいった。

そんなベックの態度が変わってきたのは、2014年ころからだ。取材を受けて遺憾の意をきちんと言葉にして表したり、それまでまず見せたことがなかった曖昧さや微妙なニュアンスまで示したりし始めた。「過去に戻って、自分の言葉でもっとこの国をまとめられたらと思う」ベックは全国放送のテレビ番組でそう言った。「本当に悔やまれるが、わたしはこの国を分裂させるために一役買ってきた気がする。だがそれは、この国の人たちのあるべき姿ではない」

自身の目的のために対立を利用してきたその過去を鑑みれば、ベックの言葉を信じるのは難しい。しかも、ベックが誠実さを欠く行動をしていたところで、何の意味もない。そもそもその発言は多くの点で彼の利に反してもいた。2016年の選挙に向けてベックは、「危険なまでに狂っている」と評したドナルド・トランプの立候補を阻止すべく、それまで支持していた共和党や大半の視聴者と決別した。移民問題におけるトランプの暴言に対抗して、メキシコとの国境まで赴き、200万ドル分のおもちゃや食料を配り、長きにわたって彼を支持してきてくれた面々を激怒させた。また、「ブラック・ライヴズ・マター（黒人の命も大切だ）」の活動家数人を自身のスタジオに招いて話を聞いた。「わたしにはどうやってもわからない、アフリカ系アメリカ人ならではの経験がある」と『ザ・ニューヨーカー』誌に語っている。「だからこそ、彼らの話に耳を傾けなければならなかった」

アメリカの二極化が進むにつれ、ベックは、コメディアンでコメンテーターでもあるサマンサ・ビーのような左翼系メディアの番組司会者たちに警告した。かつて自分がとらわれたような対立の罠に陥らないように、と。「さんざんこの国にダメージを与えてきた者として、もうこれ以上ダメージを与えたくはないんだ」ビーの番組でそう語るベックの姿は、妙に現実離れして見えた。「自分が何をしてきたかはわかってる。分断を助長した。その責任を取るにやぶさかでない。どうか、わたしと同じ過ちは犯さないでほしい。ただ、誰もが過ちを犯しつつあるとは思う。Facebookでも Twitter（現X）でもそうだ」

こんなことを言うのは、ベックにとっては面映ゆかっただろう。なにしろ彼は、現代のアメリカにおける紛争と産業の複合体の創始者だったのだから。彼が築いたメディア帝国の土台となっていたのが、敵対する相手を悪者扱いすること、そして人々の不安を煽ることだった。そのために、彼の方針転換は困難を極めた。実際、ポッドキャストでジャーナリストのクリスタ・ティペットにインタビューされた際にもそう認めている。「『さあ、これまで築いてきたキャリアを投げ捨てて、もうその道を諦めなさい』などと言うのは、道理に外れているだろう。そんなこと、理にかなってない。わたしには300人もの従業員がいる。彼らはみんな、日々わたしがこれまで通りの道を突き進むものと信じているんだ。そんなわたしがどうやったら変われる？　どうすれば、300人の仕事を無にすることなく新たな道を行けるんだろう？」

この発言をしてから3カ月後、ベックはオーナーを務めるマーキュリー・ラジオ・アーツとザ・ブレイズの従業員を約20％解雇せざるをえなくなった。トランプに異を唱えることで、多くの視聴者を失ったのだ。

そしてその結果、かつての対立の火種が蘇った。自らの言葉でさらなる「団結」を、と願ったわずか3カ月後、ベックはオバマを「徹底した独裁者」「社会病質者」呼ばわりしたのである。

その心中は図りかねるが、ベックが自らのアイデンティティや自らが属する集団、そして自らのビジネスモデルと格闘していたことは火を見るよりも明らかだった。彼はオバマへの憎しみを煽るのではなく、新たに掲げた理念で聴衆の注目を集めることを望んだ。たとえば、人身売買や児童搾取といった問題の解決だ。だが、どうすればいいかがわからなかった。「視聴者にわかりやすく、いや、そうでなくても安心して見てもらえるようにするための方法が見つからないんだ」。地元の理事会で空回りしていたゲイリー・フリードマン同様、ベックもまた、古いゲームにとらわれたまま新しいゲームをしようともがいていた。

2018年、ベックは「アメリカを再び偉大な国にする（Make America Great Again）」（トランプが2016年、及び2020年の大統領選において掲げたスローガン）と書かれた帽子をかぶってテレビに登場した。そして、考えを改め、2020年の大統領選ではトランプに投票するつもりだと公言した。「あなたは大統領として、すばらしいことを成し遂げてきた！　実にすばらしい！」だが、新たなベックがかつてのベックに戻るには遅きに失した。2019年11月、ベックが営んでいたケーブルテレビの番組が終了する。ラジオ番組は継続したが、話題になることはもはやほとんどなかった。ベック本人もしかり。

自分にとって大きな意味を持つ対立のアイデンティティからきっぱりと抜け出すのは一筋縄ではいかない。中には、思い切ることができずにひたすら揺らぎ続ける人もいる。

対立から距離を置く

いとこがメルセデス・ベンツの新車で乗りつけてきたあの日、カーティスはあるすばらしい資質を発揮した。心身ともにじゅうぶんな距離を取って、立ち止まることができたのだ。いとこからの申し出について考えていたカーティスは、トランクの中を覗きつつ、自分が知っていることを思い出していた。ギャング同士の対立に終わりはない。90日間だけの復帰などというものもありえない。この対立は、永久に止まることのない動力源だ。やられればやり返し、さらにまたやり返す。それがひたすら続く。まるで政治だ。

もちろん、現実的な不安もあった。生きていたかった。子どもたちといたかった。もはや気持ちはギャングの世界から離れていたし、そのせいで隙だらけにもなっていた。間違いを犯せば、路上で少しでも気を抜けば、命はないだろう。

「いや、やめとく」そんな思いを払いのけ、カーティスはいとこの申し出を断った。

「こういうのは、俺よりお前のほうが向いてるだろ」と、いとこはトランクを閉めながら言った。

「そんなことないさ。俺は腹を括ったけど、お前はまだだ。だがいつかお前も腹を括ったら、そのとき来いよ、積もる話をしよう」

去っていくいとこを見送るカーティスの心は沈んでいた。正しいことをしたはずだが、どうしてそんな気分にはなれなかった。どうしようもない孤独を感じていた。

その出来事から1週間後、車を車庫に入れていたカーティスの前に隣人が姿を現した。「あんたのいとこ、とんでもないことになったな」と、隣人は言った。

カーティスにはまるで意味がわからなかった。そこで再び車を出し、いとこ宅へ向かい、そこでようやく事情がのみ込めた。いとこは拉致された挙げ句、命を奪われたのだった。

まず頭をよぎったのは、かつての自分の声だった。「くそっ、俺がいっしょにいれば、こんなことには絶対にならなかったのに」よく知る、罪悪感と後悔の念だった。

だが次に頭をよぎったのは、今の自分の声だった。もしもいっしょにいたら、自分も死んでいただろう。嘆き悲しんでいたのは自分の家族だったかもしれない。遺体安置所に横たわっていたのは自分だったかもしれない。それは容易く想像できた。それでも、そんなふうに思ったことに驚きを禁じえなかった。

なぜ今の自分の声は、これまでのように復讐を求めなかったのだろう?

なぜ自分が感じている痛みの代償を誰かに払わせようとはしないのだろう?

年齢を重ねることで、人は誰しも変わっていく。その結果、犯罪や暴力から離れていくようになるのは、最もありがちなパターンだ。人は年を取るにつれて、分別をわきまえていく。

だがカーティスの場合はそれだけではなかった。それはカーティス自身がよく理解していた。彼自身が対立から距離を置くようにしてきたからでもあった。飽和点に到達し、自分を冷静に見つめたことで、路上で日々繰り返される報復合戦から離れることができた。そのおかげで、大きく変われた。他の考えを取り入れ、それまでとは相容れないアイデンティティを育む余裕ができた。もはや復讐にのみとらわれることはなくなった。ストーンズのメンバーとしてのアイデンティティ以外にも、大切にすべきアイデンティティができたのだった。

あらゆる種類の紛争の渦中にいるあらゆるタイプの人にとって、不健全な対立から抜け出すための鍵は時間と空間だ。「時間を稼ぐ」方法はいろいろだが、どんな形であれ、それはやらなければならない。フィリピンでは、女性や長老たちが盾となり、誤った噂をきちんと調査し、打ち消すことで、それが暴力へとエスカレートしないよう時間を稼いでいる。ゲイリーが活用しているのはルーピングだ。反目し合っているクライアントに、互いを理解するためのルーピングをさせて時間を稼ぎ、言い合いのペースを落とさせ、それぞれが自分の言い分を聞いてもらえていると実感させる。

ゲイリー自身の政治的な対立の場合は、選挙で負けたからこそ、自分の身に起こっていることを認識するための時間と空間を得られた。思えば、自身の掲げてきた理想から、いかに遠く離れてしまったことか。解雇されて初めて時間と空間を得られた、という人もいれば、離婚や病気を機に、という人もいる。最悪の状況から、不意に思いがけない道が開けることもある。

国であっても同じだ。1990年代のグルジア（現ジョージア）では、さまざまな集団に金をばら撒くことで忠誠を誓わせていた。文字通り、国の資産や国家機関を財界の大物やマフィアのボスに提供していたのだ。買収に買収を重ねる危険極まりない行為だったが、この国に古くからいた対立の扇動者たちが政府の成功に関与したことは、暴力の劇的な減少につながった。おかげで政府は時間を稼ぐことができ、その間に社会制度を再構築し、国民からの信頼を回復していった。

いとこを亡くしたカーティスはその後、自分の決断が正しかったと痛感した。まだ問題は抱えていたが、そこに疑念はなかった。このときの経験で、もとの世界に戻ろうという幻想は雲散霧消した。生きていくのは相変わらず大変だったが、対立の日々に戻りたいと思わなくなった。

自分に必要なのは新たなアイデンティティだとカーティスは悟った。彼は「何かを取り替えなきゃならないんだ」と言った。これまでは何年も、日々の生活に何かしらの空白があれば、そこをディサイプルズへの復讐で埋めてきた。だが、それでいったんは満たされても、すぐに新たな喪失感に取って代わられ、また新たな報復を求めることになる。しかし今のカーティスには、復讐以外に語るべき物語がたくさんあった。父親として。夫として。イスラム教徒として。そしてこうしたアイデンティティが揃って、カーティスの関心を引こうと競っていた。

こうしたことは不健全な対立から離れた人たちによく見られる。飽和点に達するだけでは不十分だ。対立から離れたことでもたらされる喪失感を埋めるためには、新たな役割における新たな目的も見出さなければならない。さもないと、いずれまた対立の沼にひきずりこまれてしまう。

20年ぶりの再会

1970年代半ば、パレスチナ解放機構（PLO）は問題を抱えていた。機構は当時、パレスチナ人が受けた屈辱への報復を目的として、「黒い九月」という特殊部隊を密かに結成していた。もともと容赦なかったその部隊が、世界で最も恐れられるテロ組織に変わった。1971年には、カイロのシェラトンホテルのロビーでヨルダンの首相を銃撃し、暗殺。その翌年にはミュンヘンオリンピックの選手村に侵入し、イスラエル選手らを拘束、最終的に11名を殺害した。

だが時代は変わりつつあった。新たな外交的選択の余地が広まり、テロ行為によってパレスチナは批判を浴びるようになっていた。PLO執行委員会議長ヤーセル・アラファートは「黒い九月」の解散を迫られた。とはいえどうすればこの訓練された暗殺者集団、不健全な対立に命を捧げてきた一団に、対立から離れるよう説得することができるのだろうか?

数カ月の議論ののち、アラファートの副官らはアメリカの対テロ戦略の専門家ブルース・ホフマンが提唱する異例の解決策にたどり着いた。「黒い九月」の面々を、中東中から集めてきたおよそ100人のパレスチナ人女性たちに引き合わせ、彼女たちとつき合うよう背中を押したのだ! そのうえ、結婚を決めた男女には3000ドルを支給し、生活家電とテレビを備えつけたアパートを用意して、暴力とは無縁の新たな仕事も紹介。子どもが生まれればさらに5000ドルを支給。まさにとてつもない大金がついてくる婚活だった。すべてはテロリストたちに新たなアイデンティティを与えるための計画だった。

驚くべきことに、この仲介作戦はうまくいった。「黒い九月」のメンバー全員が結婚した。そしてメンバーは、パレスチナ自治政府の代表として暴力とは無縁の業務で他国に出張するよう求められても、きまってその依頼を断った。逮捕されたり殺されたりする危険を冒したくなかったからだ。父親や夫という新たな役割を手にする過程で、かつて彼らを支配していた対立のアイデンティティはすっかりその力を失っていたのである。

カーティスがストーンズとしての古いアイデンティティから距離を置くと、奇妙なことが起こった。それは本当に偶然だったが、カーティスという同名の別人が、オートバイの事故で命を落としたのだ。もうひとりのカーティスも同じ界隈で育ってきた。高校も同じ。だからこのニュースを聞いた多くの人が、死んだのはカーティス・トーラーだと思った。

事故から数日の間、大勢の人が嬉しそうに訪ねてきては温かく抱きしめてくれたことに、カーティス自身が驚いていた。旧友や家族からは電話があり、カーティスが応じると一様にほっとしていた。死んだと思っていたカーティスが生きていたからだ。

だがカーティスが一番に感動したのは、みんなが自分のことをこんなにも案じてくれていたことだった。対立の中で役割を果たしていたからこそ自分には価値があると思っていた。だから、その役割から離れた今でもみんなが自分のことを大切に思っていてくれたことが信じられなかった。みんなが、自分以上に自分のことを思ってくれている。それがカーティスに希望を与えた。

ゆっくりと、カーティスは対立が残した心の隙間を埋めていった。フォスター・パークでムーンウォークの練習をしていた子どものころからずっと好奇心旺盛だった彼は、物事の仕組みを理解したいという思いを今でも変わらずに抱いていた。最近では読書量も増え、アメリカの人種問題と暴力の歴史について学んでいる。

過日読んだのはカーター・G・ウッドソンの書いた『The Mis-Education of the Negro（黒人にまつわる誤った教育）』だ。1933年に出版されたものだが、カーティスは今こそ読むべきだと思った。アフリカ系アメリカ人はかつて、学校で完全にその存在を否定され、不浄で価値のない人種だと教えられてきた。その様子を教師だったウッドソンが年代順に記録したものだ。暴力の有無に関係なく、黒人は虐げられるべきもの。そんな教えがまかり通っていたことを、ウッドソンは明らかにしていた。

「人の思考をコントロールできれば、その人の行動について心配する必要はなくなる」とウッドソンは書いている。「自分は卑しいと思い込ませることができれば、卑しいことを無理やり受け入れさせずともよくなる。相手は自ずと卑下するようになるからだ」

これを読んだカーティスは、それまで気づかずにいた、環境というより大きな問題に目を向け始めた。生育環境という問題は自身の過去を正当化するものではないが、理解するのには役立つ。

「おかげで、それまで自分がいた世界から抜け出せたんだ」カーティスはまた、J・A・ロジャースが人種差別における無知について記した、1917年に発表した小説『From "Superman" to Man(「スーパーマン」から人間へ)』も読んだ。そして、ストーンズとディサイプルズは自分たちが支配される側になることに自ら加担していると考えるようになっていった。結局一連の暴力は誰にとってプラスになったのだろう?

ダンスとフットボールをやめてからというもの、カーティスのアイデンティティは一気に絞られ、ギャングのメンバーとして以外ほとんど何もなくなっていた。だがそれから20年を経た今、再びアイデンティティが広がってきているのがわかった。人生にも、カーティス自身の存在にももっと大きな意味があったのだ。彼はさらに、ウセニ・ユージン・パーキンスが1900年にまでさかのぼって歴史を紐解いていった『Explosion of Chicago's Black Street Gangs(シカゴの黒人ストリートギャングにおける急激な変化)』を読んだ。

「これは、俺が勝手にはめてた枠なんかをはるかに超えたデカイ問題だってことがわかってきた。ブラック・P・ストーンズっていうギャングにかぎった問題なんかじゃない。黒人全員の問題なんだ!」シカゴはもとよりアメリカ全土にも組織的な人種差別が存在する。そのことがわかっても、カーティスは挫けなかった。むしろさらに闘志を燃やしたようだった。いわく、「根本的な原因を突き止め」ていったのだ。

心理学ではこうした状況を**「再カテゴリー化」**と呼ぶ。狭いアイデンティティをより広いアイデンティティへと替えていくことだ。この「再カテゴリー化」のおかげで、カーティスは自分の敵、さらには自分自身に対する見方が広がった。そして、お前はもともと欠陥のある人間だ、とずっと自分に囁き続けてきた頭の中の声に疑問を抱き始めた。自分はもともと欠陥のある人間なんかじゃないし、それはディサイプルズの連中だって同じかもしれない、そう思うようになっていった。ギャング同士の抗争の下には、もっと大きな問題が隠されていた。これまで自分で自分に言い聞かせてきた数々の失敗——息子や父親として重ねてきた失敗は、自分の人生の本筋の話じゃない。もちろんそこに偽りはないが、それだけが真実でもないんだ。そんな、些細だがずっと心の重荷になっていたことを、もっと大事なことへとカーティスは置き換えていった。

「根本的な原因は、対立の持つ支配力なんかよりずっとデカイんだ」とカーティス。「ここに至るまで、俺の同胞はありとあらゆることに耐えてきた。なのに今になって殺し合い？　俺が今こうしてここにいられるのは、そんな対立構造のおかげじゃない、俺の祖先たちのおかげだろ」

そして彼は、争いを超越した新たな視点を構築していった。自分自身やかつてかかわった対立、新たな目的をひとつのまとまりとして見ていくようになった。こうした視点の広がりは、わたしがこれまで出会ってきた、不健全な対立から抜け出した人たち全員の物語に共通するテーマだ。子どもの誕生や大切な人との死別、刑務所での服役、平和条約の締結など、何かしらのきっかけで時間がゆっくり流れ出し、空間ができる。するとその貴重な空間の中、適切な条件下において、新しい何かが成長を始める。

このころ、地元フォスター・パークで聖職者として長きにわたって平和活動に従事してきたマイケル・フレガー師はあることに気づいた。カーティスの行動が変わってきていたのだ。もう以前のように問題を起こしたりはしなかった。相変わらずフォスター・パークの近くをうろついてはいたが、過渡期にある人よろしく、それまでとはずいぶんと違って見えた。だからフレガーは、カーティスを見かけるたびに声をかけるようになった。

「彼には本当に驚かされました。聡明だし、分別もあった」とフレガー。「彼は、若者と年長者の橋渡しができたんです。そういう人に出会うと、わたしもぜひとも学ばせてもらいたいと思いますね」

ある日フレガーは、ギャングのメンバーを対象としたアマチュアのバスケットボールのトーナメント「ピースリーグ」を立ち上げたいとカーティスに話を持ちかけた。リーグを構成するのは、当時最も派手に活動していたギャングの4チーム。フレガーはカーティスにストーンズのコーチをしてもらい、当然ながらディサイプルズと対戦させようと考えていた。近隣の子どもたちにとってもプラスになる活動だった。だが同時に、カーティスにとっても大きなプラスとなっていた。フレガーはカーティスをよく自宅に招いていた。そして、近隣でカーティスが果たしている新たな役割をきちんと認めていた。それは、フレガーが教会や街角での説教で説いていた信条だった。
「地域の同胞たちを悪い人間だと決めつけるのはやめてください！　彼らをはみ出し者呼ばわりなどしないでください！　彼らはわたしたちの息子であり、娘です。それを彼らに伝えていきましょう。わたしたちはあなた方を愛しています、大切に思っています。そう伝えていきましょう」

正直、カーティスは半信半疑だった。互いに命を奪い合ってきた連中だぞ。そんな連中に、バスケットボールのトーナメントで試合をさせたい？　マジかよ。だがバスケットボール界のレジェンドでシカゴ出身のアイザイア・トーマスがこの企画に賛同し、協力を申し出てくれた。それにカーティスは、フレガーが不屈の人なのも知っていた。そこで依頼を受け、時間と空間を必要としていた顔見知りの若者たちに声をかけていった。カーティスはさらに、フレガーや、シカゴの暴力撲滅プログラムであるシースファイアの面々（現キュア・ヴァイオレンス）とともに、たいていの人が近づこうとしない、街角にたむろする若者たちのもとへと足を運んだ。かつて対立のために命を懸ける覚悟があったのなら、その命を平和のために懸けることもできるだろう。

トーナメント直前になってくると、カーティスは眠れなくなった。練習をしていればニアミスがあったり、みんな喧嘩したくてウズウズしていたり、練習場の外には銃を持った連中が待ち構えていたり。何が起きてもおかしくない状況だったのだ。

加えて試合会場はフレガー師の教会。ディサイプルズの縄張りの中だ。ストーンズのチームにとっては危険極まりない場所だった。いつなんどきギャング間で衝突が起こってもおかしくない。その危険を少しでも避けるため、会場までは歩いていける距離だったにもかかわらず、選手たちの安全のためにバスを借りた。

2012年9月22日、そのバスが教会の駐車場に入った。集まった選手は総勢48名。NBAのチーム、シカゴ・ブルズのスター選手、デリック・ローズやジョアキム・ノア、タージ・ギブソンが各チームの助っ人コーチとして参加してくれた。審判を務めるのは、NBAの審判ふたり。教会の体育館には、収容人数をはるかに超える数千人もの観客が押し寄せ、何百人もが中に入れなかった。CNNやABC、ESPNのカメラもスタンバイ。そして、アフリカ系アメリカ人のイスラム運動組織、ネーション・オブ・イスラムが警備を担当した。

激しい試合が繰り広げられた。明らかに故意の身体接触もあった。だが、暴力行為は皆無だった。1週間前には銃で撃ち合っていた若者たちが、同じコートに立っていた。その日、一時的にとはいえ彼らの中からはギャングとしてのアイデンティティが消え、別のアイデンティティ――

選手やファンやシカゴ市民としてのアイデンティティが光を放っていた。

その後、ようやく一息つけたカーティスは、あまりにもうまくいったことに驚きを隠せなかった。「あのとき、あの場にいた全員がバスケ以外のことを考えなかったなんて、まさに神がかってたよ」それは、フォスター・パークのすぐ近くでも、適切な条件のもとであれば人々は適切なアイデンティティを際立たせていけることを証明する出来事だった。

このときは一時的だった若者たちのアイデンティティを、いつの日かもっと長く続けさせることができるかもしれない。彼らの前には無限の可能性が広がっていることを教えてあげられるかもしれない。それこそがカーティスにできること、彼の過去を意味のあるものにできることかもしれなかった。

2014年、カーティスは妻と別居した。それまでにもいろいろなものを失ってつらい思いをしてきたが、去っていく妻を見るのは本当に耐え難かった。新たな日々について彼女が投稿するソーシャルメディアをフォローして、傷口に塩を塗られるような気分を味わいながらも、なんとかして過去を断ち切ろうとカーティスは必死に努力した。

しばらくは孤独に苛まれる日々が続いた。だが月日が経つにつれて、カーティスの新たなアイデンティティは強く、明確になっていった。映画監督のスパイク・リーにも紹介され、それを機に端役をもらえた。『シャイラク』という、シカゴのサウスサイドのギャングによる暴力を描いた映画だった。その後もホームコメディ番組『スティーブ・ハーベイ・ショー』や政治風刺ニュース風のテレビ番組『ザ・デイリー・ショー』に出演し、ギャングの暴力について公の場で語るようになっていった。

「ピースリーグ」は常設リーグとなっていた。チーム数も6チームに、その後8チームへと拡大した。12週間にわたって毎週月曜の夜に集まっては、まず食事をし、生活指導をし、それからバスケの練習をした。高卒認定試験を受けたい若者のための授業もすれば、インターンシップの手配をしたり、就職の面接用にスーツを用意してやったりもした。シカゴ・ブルズのある選手は、ホームゲームのチケットを250枚寄付してくれた。おかげで若者たちは連れ立って試合を見にいけた。

別居してから2年半後、カーティスと妻は再びともに暮らすようになった。ふたりとも以前とは別人のようになっていた。だから別居してもやり直すことができたのだった。まるでカーティスの新旧の人生が、2本のDNAよろしく絡み合ってしっかりと機能し始めたかのようだった。

それから間もなく、カーティスはとうとうビリーを見つけた。数十年前に、高校バスケットボールのスター選手だったベンジー・ウィルソンを射殺した人物にして、カーティスが人生のほとんどを費やして探し求めてきたディサイプルズのメンバーだ。その日は金曜日で、カーティスは、サウスサイドにある、暴力防止活動をおこなっているイスラム教徒の団体の祈祷集会に参加していた。ビリーはたまたまその団体で働き始めたばかりだった。信じられないことに、カーティスと彼にとっての生涯の敵はともに同じ活動をしていたのだ。

いまやふたりとも中年になっていた。ビリーのあごのヤギ髭には白いものが交じっていた。それでも、ビリーを認識したとたんにカーティスは12歳のころの気持ちに戻っていた。怒りと苦しみが胸を駆け巡った。かつて戦争で受けた傷が今になってぱっくりと口を開いたかのようだった。脈が速くなるのがわかった。

だが、そこにいたのは以前のカーティスではなく、新しいカーティスだった。だから彼はビリーのもとへ歩いていき、自ら名乗った。

「はっきり言って、あんたを殺したかったよ」カーティスはそう告げて首を振った。それから声を上げて笑った。腹の底からの笑いだった。しかしその目がビリーから離れることはなかった。幽霊でも見ているかのように、一瞬でも目を離せば消えてしまうのではないかと言わんばかりにひたすらじっと見つめていた。

ビリーは、かつて近所に住んでいたカーティスのことを覚えていなかった。しかしこの手の思いがけない出会いは何度も経験してきた。ベンジー・ウィルソンの命を奪ったあの日、シカゴ中を悲嘆に暮れさせたのは自分だし、いまだに何ひとつ許されていないこともよくわかっていた。「あんたに大人しく殺されてやるとでも？」ビリーはカーティスに笑い返した。そして、こういうときにいつも口にしている言葉を続けた。「なあ、何があったか話を聞いてくれないか？」カーティスはしばし黙した。ベンジー・ウィルソンの命を奪ったディサイプルズのメンバーに、本気で言い訳させてやるつもりなのか？　長々と深呼吸をする。

「まあ、仕方ないな」そしてふたりは話し始めた。

あの日、起こっていたこと

1984年のあの朝、ビリーがいつもよりも早めに家を出たのは正義を成すためだった。前日、いとこのシンディが金を奪われていたのだ。彼女が通う高校の近くにある角の店でアーケードゲームをしていたとき、同じ高校に通う男子生徒に財布から10ドルを奪い取られた。返せと詰め寄ると、その生徒は「おい、返してほしけりゃ取ってみろよ！」と言うや、金をズボンの前部に押し込んで歩き去ったのだった。

この話にビリーは激昂した。金というより誇りの問題だった。彼自身はシンディと同じ学校に通っていたわけではなかったが、自分の力でこの問題を解決しようと思った。それが自分の役目のような気がした。当時16歳だったビリーは、1年前に肺がんで父親を亡くした悲しみをまだ抱えていて、なんとかして苦しみを発散したい、気持ちの整理をしたいともがいていた。

いとこの金を取り返す手助けをするため、ビリーは翌日、いとこの通う高校へ乗り込むことにした。万一に備えて、おばのマットレスの下に隠してあった22口径のリボルバーを携帯することにした。くだんの男子生徒と対峙するなら、銃があるほうが心強かった。お守りのようなものだ。銃をズボンのウエストに突っ込み、友人のオマルと連れ立っていとこの高校へ向かった。

シンディの通う高校の近くでビリーとオマルは、ビリーの知る男性、誰もが知る若者に出くわした。その若者は、金を奪った人物を知っているので、この件は自分に預けてくれと言ってきた。いわば仲裁人だった。ここぞというときに出くわした、もってこいの人物。その若者は、シンディが奪われた金を立て替えてビリーにわたしてくれた。これで一件落着だ。

ビリーとオマルは満足して、ヴィンセンス・アベニューを歩いて戻っていった。やがて出会った知り合いの女の子と話を始める。その後、その女の子が店に入って食べるものを買う間、ふたりは角で待っていた。

冬のシカゴ。顔に強風が吹きつけ、ビリーの頬を涙が伝った。暖を取ろうと歩道を行ったり来たりする。そのうちに、自分はこんなところで何をしているんだ、という気分になってきた。もう金は手にしたんだ、学校に戻ろう。

そのとき、見たこともない長身の男が、すれ違いざまにビリーを押し退けた。あまりの力に転びそうになるビリー。最初は、その男が誰かに追われているに違いないと思った。でも、そうではなかった。そして男は別段慌てる様子もなくそのまま歩道を歩いていく。何やら怒っているらしく、連れの女の子に向かって激しい口調でしゃべっている。彼女はきっとガールフレンドだ。ひょっとしたら痴話喧嘩かもしれない。ビリーは一瞬待った。もしかしたら男が振り返り、「悪かった、ごめん」と言うかもしれない。だが男はそのまま歩き去っていく。まるで何もなかったかのように。

去っていく男の一歩一歩が、ビリーなどどこにも存在しないと言っているかのように思えた。侮辱されている気がした。

「おい、謝んねえのかよ!」ビリーは声を上げた。

男が振り返る。トレンチコートを着た男は、見るからに巨体だった。そして逆上していた。侮辱されたのはビリーのほうなのに、まるで自分こそが侮辱されたと言わんばかりに。

「このくそったれ野郎！　お前ごときに謝る義理なんかねえ！」

ビリーは自分の耳が信じられなかった。「お前こそくそったれだ、人を押し退けたくせに！　謝れ」野次馬が集まってきていた。このままやり過ごすことなどできなかった。

その男はベンジーだった。ガールフレンドのもとを離れると、ビリーのほうへ戻ってくる。ビリーはもう引くに引けなくなっていた。とはいえ、あんな巨体とやり合いたくはない。わけがわからなかった。だがそのとき、家から持ってきた「お守り」を思い出した。上着のジッパーを開け、ベンジーに銃を見せる。それで終わるはずだった。

が、そうはいかなかった。ベンジーは怯まなかった。彼もビリー同様、侮辱には力で対抗すべきだと考えていた。男たるもの弱みを見せてはならない。逃げてはならない。弱い男は殺される。

ベンジーのガールフレンドが叫び出した。「銃を持ってる！　そいつ銃を持ってるよ、ベン！」

ベンジーは意に介していないようだった。「どうすんだ、今ここで俺を撃つのか？」

ビリーは選択肢がなくなっていくのを感じた。「くそっ、近づくな！」

ベンジーは突進してきた。もしかしたら、彼を引き戻そうとしたガールフレンドから離れただけだったのかもしれないが、あまりにもあっという間のことで判断がつかなかった。

ビリーは銃を引き抜いた。突然、祖父の忠告が頭の中に響く。使うつもりがないかぎり、銃を人に向けるんじゃない。でも、今俺が使わなかったら、あいつが俺に向けて使うかもしれない。

ビリーは二度発砲し、銃弾は二発ともベンジーに命中した。よろよろと後ずさるベンジー。大量に出血している。誰よりもショックを受けているようだった。いったい何が起こったんだ？


どうしてこんなことになったのだろう？

ふたりの若者が歩道で対峙していただけで、どうしてこんなことに？


その凍りついた瞬間に、すべてが変わった。取り返しのつかないことをしてしまった。自分でもすぐにそれがわかった。にわかに、ベンジーへの怒りが心配に変わる。何を置いてもベンジーには生きていてほしかった。ベンジーがギャングに加入していることなど知る由もなかった。そんな考えは頭をかすめもしなかった。

ベンジーのガールフレンドが悲鳴を上げると、ビリーは彼女がいるのとは反対の方向へ走った。テラスハウスや金網塀の前を全力で走り抜けていく間も、考えるのは自分が撃った相手のことだけだった。「彼は俺の中で誰より大きな存在になった」とビリーはのちに書いている。「生きようと必死にもがいてた、どこの誰とも知らない行きずりの長身の男を、俺は見捨てたんだ」

いとこの家に駆け込むと、ちょうどテレビがついていた。番組を中断して速報が伝えられる。「バスケットボールのスター選手ベンジー・ウィルソンが、強盗未遂と思われる事件でふたり組のギャングに撃たれました」

画面には見覚えのある顔が映っていた。自分が撃った男。テレビはあの男のことを言っていた。このとき初めてビリーは、自分が有名人を撃ったことを悟った。自分がしでかしたことの重大さをなんとかして理解しようと必死だった。俺はあいつを撃ったんだ！　それを今ニュースが伝えている。しかもギャング絡みの強盗事件だと。まるで核反応を引き起こすドミノを倒してしまったかのようだ。瞬時にどんどん状況が悪くなっていく感じだった。

どうしたらいいのかはわからなかったが、いとこの家を出なければ、ということだけは強く思った。そしてそのままふらふらと近所をさまよった。いつ警官が飛び出してきて取り押さえられるかと気が気ではなかった。とにかく母親と話がしたかった。

警察は真夜中近くに、おばの家にいたビリーを発見。署に連行し、取り調べを始めた。ビリーは弁護士もつけてもらえなかった。事件当日、誰かを襲うつもりだったのか？　ビリーの答えは「ノー」。彼は警官たちに、何があったかを正直に話した。だが何度話してもまともに取り合ってもらえなかった。状況はすでにビリーの手には負えなくなっていた。それからようやく弁護士を呼べた。と思ったが、警官が部屋をあとにし、入ってきたのは検察官だった。

検察官は、ビリーにサインをさせるための調書を持ってきた。ビリーがベンジーから金を奪おうとしたと書かれた調書だ。しかもそれは、ビリーが供述する前にすでに作成されていた。ビリーによれば、調書の内容は間違っていると繰り返し検察官に訴えたが、検察官からは、母親に会いたければサインするしかないと迫られたそうだ。

仕方ない。ビリーはサインをした。これでもう検察官はビリーを強盗未遂で起訴できた。故殺罪（一時の激情によって生じた殺意から、人を殺すこと）単独よりも長い実刑判決が下されることになる。当局もまた復讐を望んでいた。ジェシー・ジャクソン牧師のように。カーティスのように。街中の人たちのように。もしも話に矛盾が生じれば、弁護士が辻褄を合わせた。

その後ビリーは留置場に移された。そこではテレビが見られたが、その朝も臨時ニュースが流れていた。ビリーは鉄格子の間から心して見た。

終わった。ベンジーは死んでしまった。最悪の事態になった。ビリーは床に座り込み、現実を理解しようとした。自分は人の命を奪った。痛みが、無数のガラス片よろしく胸に突き刺さる。父親を亡くしたあとでも感じたことのなかった、絶望のようなものを感じた。自分は、神がつくりたもうたものを壊したんだ。その思いはビリーの頭から離れなかった。

ビリーとオマルは手錠をかけられた姿でテレビカメラの前を歩かされたあと、保釈審問のために判事のもとへと連れていかれた。判事は保釈を認めなかった。その後、郡保安官代理を務める年配の女性がビリーに体を寄せてきた。「お前があの子を殺したんだ!」と彼女は言った。「お前たちに死刑判決が下って、あたしがスイッチを押せることを願ってるよ、このくそ野郎ども!」(シカゴのあるイリノイ州では死刑の誤判を理由に2000年に知事が死刑の執行を停止し、2011年に死刑廃止法案が成立しているが、ベンジー・ウィルソンが殺害された1984年当時は死刑制度が存在した)

クック郡(シカゴはイリノイ州クック郡の郡庁所在地)の州検察官事務所は、ビリーとオマルを成人として裁判をおこなった。陪審員がふたりを殺人と強盗未遂で有罪と認定するまでに要した時間はわずか1時間強。質問はいっさいなく、満場一致だった。

裁判では、ギャングについては触れられなかった。ギャングとの関連を示す証拠がないことから、ギャングへの言及はしないよう、裁判官が弁護士に命じたのだ。だが裁判について報じるマスコミは、相変わらずギャングの話題を取り上げていた。

ビリーはベンジー・ウィルソン殺害の罪で19年9カ月の刑期を務めた。発砲しなかったオマルは16年だ。

銃撃の余波で、ビリー側の言い分が伝えられることはなかった。強盗もギャング同士の抗争も関係なし。ただ、わたしたち対彼らという対立の構造が繰り返されただけ。花形スポーツ選手がいてギャングがいただけ。ストーンズがいてディサイプルズがいただけ。ハットフィールド家がいてマッコイ家がいただけ……。

ビリーが後に思い出したのは、あの日ベンジーはスカルキャップ（頭にフィットするおわん型の縁なし帽）をかぶっていたこと。左向きでもなければ右向きでもない。そもそも向きなどない帽子だった。

「もしも30年前に友だちになってたら？」

カーティスはビリーの話に最後までしっかりと耳を傾けた。完全には納得がいかなかったし、まったくもって信じ難い話だった。それでも、ビリーは本当のことを話していると直感した。カーティスはシカゴで繰り広げられる、同じように痛ましい展開をたくさん目にしてきた。むしゃくしゃしていた若者が、銃を持った別の若者と出くわす。うんざりするほどよくある展開だった。

ビリーの話を聞き終えたとき、カーティスはあることを思った。これまで考えもしなかったことだ。「俺だったかもしれないな」そう思ったのだ。10代の自分が同じように押し退けられるところも、相手がベンジー・ウィルソンだと気づかなければやはり同じように引き下がらなかっただろうことも、容易に想像ができた。

「俺だってベンジーを撃ってたかもしれない」

そう思ったら、頭がくらくらしてきた。ビリーと会ったことで、ディサイプルズとベンジー・ウィルソンにまつわる真相をビリーの口から聞くことができた。長い間カーティスの人生を支配してきた物語は真実ではなかった。左向きの帽子もなかった。ギャングがかかわっていたという話も皆無。考えれば考えるほど、この確執に関して今まで自分が勝手に決めてかかっていたすべてのことが疑わしくなってきた。これまでずっと、何の疑問も持つことなく真実だと思い込んできた基本的な前提にまで疑念が湧いてきた。

はたしてベンジー・ウィルソンは本当にストーンズのメンバーだったのだろうか？　バスケをしていたときのベンジーは、確かに帽子のつばを左向きにしてかぶっていた。それはカーティス自身がその目で見てよく知っていたことだ。でももしかしたら、ベンジーの帽子はプレーをしているときに叩かれたりして左向きになっていただけかもしれない。ベンジーが意図して左向きにかぶっていたわけではなかったのかもしれない。勝負がどう転ぶかわからないように、すべてがわからなくなっていた。すべてが。

これもまた不健全な対立の特徴だ。一方的な対立の場合もある。**頭で考えていただけの確執がどんどん大事になっていってしまうのだ。**相手は、不健全な対立の中にいる自覚すらないかもしれない。つまり、誰もが自分では気づきもしない対立に巻き込まれている可能性がある。カーティスはこれまで、身に覚えのない確執にいったいどれくらい巻き込まれてきたのだろう？　カーティスを亡き者にしようと夢見た人間がどれだけいたことか？　おそらく相当な数にのぼるはずだ。

カーティスはもう不健全な対立から抜け出していた。だがビリーの話を聞いて、対立を避ける別の方法も思いついた。ビリーとはもはや敵同士ではなかった。同じカテゴリーにいる相手だ。そしてそれは、これまでもずっとそうだった。今ならそれがわかる。今思えば、本当に愚かなことだった。ふたりとも近所で育ってきたし、同じ公園で遊んでもきた。公園でバク宙を決めていたジェシー、ホットドッグを売っていて何年も前に命を奪われたジェシーは、カーティスともビリーとも仲がよかった。だからふたりともそれぞれにジェシーの死を悼んでいたが、互いが悼んでいたことは知らなかった。「俺たち、違ってるとこより共通点のほうがずっと多かったんだな」もっと早く気づけばよかった。カーティスは思った。そして「もしも」のことをあれこれと考え始めた。カーティスがよくすることだった。「もしも30年前に友だちになってたら?」カーティスは自問した。まるで万華鏡を覗いているかのように、すべての形がどんどん変化していった。

不健全な対立に抗うのは容易ではない。それでも、わたしたち対彼らという単純な図式の対立の中にあってさえ、複雑性を持ち続ける能力を高める方法はある。中でも最も研究が進んでいるのが、いわゆる**接触理論**だ。**ある条件下でいっしょに時間を過ごすことがプラスに働き、人々はそれまでのカテゴリーを変えていけるようになる**、というものだ。こうした出会いを介して、互いに対する勝手な思い込みがどんどん増えていくのを阻止することができる。それがひいては対立していくペースを落とし、空間をもたらすことにもつながっていく。誰かと誰かが出会って互いに好意を抱けば、相手を馬鹿にするのは難しくなる。右向きの帽子は、それをかぶっている人が敵であることを意味するかもしれないが、そうではないかもしれないのだ。

接触理論の有効性は、世界中の500を超える実験ですでに証明されている。チリの子どもたちにも、モロッコに留学したベルギーの高校生たちにも、イギリスの受刑者にも効果があった。**わたしたちは、事実よりも実際の人間関係を経験するほうがずっと容易に変われる。**2005年7月7日に起こったロンドン同時爆破事件（ラッシュ時に地下鉄3カ所と2階建てバスが同時に爆破され、自爆犯4人を含め56人の死者と約700人の負傷者を出した事件で、イスラム過激派組織による犯行とされる）。それ以前からイスラム教徒たちと真摯な交流を続けていたイギリス人は、事件後もイスラム教徒への偏見をさほど抱きはしなかった。

接触理論はなぜそんなにもうまくいくのだろう？　どうも人間関係には、わたしたちが自身に語る物語を複雑にする面があるようだ。誰かと親しくなって、その人のことを知るようになれば、その人を貶めることはできない。これが、フレガー師とカーティスがギャングのメンバーを集めてバスケットボールをさせた理由だった。相手を馬鹿にできないだけの人間関係を築くこと。だからこそ、ビリーの話を聞くことは、その複雑さも含めて、カーティスにとって大きな意味があった。

親しくなった相手を皮肉ったり揶揄したりしようとすれば、正しくないことをしていると感じるのはもちろん、なんとなく相手を裏切っているような気持ちにもなる。わたしたちは社会的な生き物であり、さまざまな集団と結びついている。だから相手を裏切るのはとてつもなく気まずい。実在する人間として相手を多面的に見て理解すれば、対立の沼にはまらずにいられる。それでも、相対する存在についての否定的な物語を信じたり、多くの点で依然として意見の一致をみない状況が続いたりするかもしれない。だが、人間関係が築けていれば概して、相手の存在を否定したり、その人間性を奪ったりすることは容易にできなくなる。

イギリスの環境保護論者にして作家のマーク・ライナスのことを覚えているだろうか？　何年にもわたって遺伝子組み換え作物に異を唱えてきた人物だ。本書の最初のほうで、彼がどうやって最終的に不健全な対立から抜け出したかを見てきた。彼は、それまで何年も迷惑をかけてきた農業従事者たちを前に謝罪までした。だがマークは、いったいどうやってそこまで考え方を切り替えることができたのだろうか？

彼の場合は、取材相手の科学者が鍵だった。畑に身を隠したあの夜を経て、マークは再び編者や作家としての日常の仕事に戻っていった。遺伝子組み換え作物に対する抗議活動に加えて、気候変動に関する本も書いた。その際大きな情報源となったのが科学者たちだった。

マークが取材した科学者たちも、マーク同様地球を救おうとしていた。マークと科学者たちの間には多くの共通点があったのだ。そして互いに個人的な話もして、単なる知り合いを超えた仲間になっていった。マークは、観念よりも経験的証拠を重視する科学者たちの姿勢をすばらしいと思うようになっていった。間違ったときにはそれを潔く認めようとする態度も。ほどなくしてマークは、そんな科学者たちの心構えに準じて執筆をするようになる。厳密な科学調査の結果をきちんと理解した上で、それを作品に反映させていくべく努力した。自分の主張にはすべて、細心の注意を払って、その根拠となる出典を示した。

2008年、マークの著書が英国王立協会賞を受賞する。科学書籍に贈られる、イギリスで最も権威ある賞だ。この受賞は、マークが本格的なサイエンス・ライターのひとりと正式に認められたも同然だった。恥もかかされなければ非難もされなかった。サイエンス・ライターとして快く受け入れられた。これは大きなことだった。

授賞式でのマークの言葉にはもはや、遺伝子組み換え作物を絶滅させようとする活動家の名残は感じられなかった。「王立協会のような、世界有数の大きな意義を持つ科学協会に認めていただけたことは、わたしにとって大きな喜びであり、この上なく名誉なことです」

その3日後、マークは『ガーディアン』紙に遺伝子組み換え作物を非難する記事を書いた。それ以前に何度となく書いてきた記事と同じようなものだ。ただし、コメント欄に綴られた批判の声が気になってたまらなかったのはこのときが初めてだった。まるで非難と疑念が血流に乗って全身を駆け巡っていくかのようだった。すでに本格的な科学者たちと何度となく近しく接するようになっていたからだ。

マークの反遺伝子組み換え作物運動は、表面的にはその栄養素と安全性を問題にしているように見えた。そして実際にそうではあったが、多くの対立と同じで、背後には帰属の問題がある。マークは何年もの間、活動家としての問題意識とアイデンティティを持って、巨大企業相手に果敢に戦ってきた。そんな、自分は正しいことをしているという思いが、日々の多くの時間に活力を与えてくれていた。ところがやがて彼はサイエンス・ライターという新たなアイデンティティを見出していく。新たな帰属先、新たな自分の集団を見つけたのだ。カーティスのように。

ただし、マークの新たなアイデンティティはかつてのそれと相反するものだった。だからその後数年は、すべてのアイデンティティの折り合いをつけるのにひたすら手こずっていた。かつての対立のアイデンティティと新たなアイデンティティの間で揺れに揺れた。

マークは最終的に、後ろめたい思いを和らげるためにも、自分が進化したことを声高にはっきりと伝えなければならないと思った。「正直に話さずにこそこそやってるだけなんて、とても誉められたことじゃありませんでしたから」

そんなわけで、あの警察犬から身を隠した夜から14年後、マークはイギリスのオックスフォードで開催された会議の席で農業従事者と科学者の前に立ち、これまで自分が不健全な対立に魅了されてきたことを公に認めたのだった。そして、これまで大切にしてきた考えに積極的に反対していった。

「環境保護論者として、また、世界中のすべての人には健康で栄養豊かな食事を自分で選ぶ権利があると信じる者として、もうあれ以上逆効果をもたらすような道は選べなかったんです」とマークは言った。「今は心の底から後悔しています」

力

接触理論の実践には高度な技術を要する。「相手」とのやりとりだけでは不十分だ。いっしょにバスケットボールをするだけで、自ずと魔法のように理解が深まっていくわけではない。

接触することで、かえって対立を悪化させる場合もあるようだ。 1940年代にポール・H・マッセンという研究者が、ニューヨーク市に暮らす低所得家庭の白人の少年106人を対象におこなった研究がある。マッセンはその106人に1カ月間、同じく106人の黒人少年たちといっしょに過ごすサマーキャンプに参加してもらった。キャンプ終了後、白人少年のおよそ4分の1に、人種的偏見の大幅な減少が見られた。だが別の4分の1は、人種的偏見が大幅に強くなっていた。この少年たちの場合、接触が悪影響を及ぼしたのだった。

北アイルランドでは、長年カトリック教徒とプロテスタント（新教徒）が親しくつき合ってきた。ひとつの小さな地域に、何十年もともに暮らしてきた。ところが1960年代後半になると、突然巻き起こった不健全な対立のために、30年以上にわたって戦うことになった。いわゆる北アイルランド紛争だ。それに起因する銃撃事件はおよそ3万7000件、爆破事件は1万6000件も発生している。なぜ北アイルランドでは接触理論が機能しなかったのだろう？


どうやら接触理論が機能するには、いくつか条件が必要なようだ。

まず、対立しているすべての環境で、とまではいかなくても、少なくとも接触する部屋の中や、少数からなる**文化集団の中における当事者全員の条件がほぼ同じであること**。だがこの条件は、政治においても、住宅においても、労働力においても主流から除外されていた北アイルランドのカトリック教徒にはほとんど当てはまらなかった。アメリカの多くの地域でも同様に、白人と有色人種がほぼ同じ条件下にあることなど依然として稀である。

次に、**尊敬されているなんらかの権威がその集まりをサポートする**こと。そうすれば接触理論をうまく機能させる一助となる。モスクや教会でもいいだろう。国連でも他国の指導者でも構わない。いずれにせよ、公にサポートを表明することで接触は正当化されるようだし、その過程において最低限ではあるものの互いを信頼する気持ちが引き起こされていくようだ。

3番目に、なんらかの共通する問題について、人々がただ話し合うのではなく、**実際に力を合わせて行動する**こと。それによってわたしたちの持って生まれた能力——競合よりも協力を求める本能が引き出される。さらには、相手に勝ちたいという思いより、力を合わせたいという思いが活性化される。マークには、気候科学者たちとの間に、温暖化から地球を守りたいという共通の目的があった。この共通の目的が一助となり、新たに共通のアイデンティティがもたらされた。そしてそれは、古いアイデンティティを捨て去ろうとするよりもずっと容易だった。

最後は、**何であれ共通の目的を目指すべく、関係者全員がその場にいたいと望まなければならない**、ということだ。これは離婚調停においても、人種間の対話の場においても等しく当てはまる条件だ。大事なのは動機だ。人々は、不健全な対立の中にとどまっていたいと望めば、相手を支配したい、存分に蔑んだり、正義を振りかざしたりしたいと望めば、そうするだろう。当然相手の集団は精神的な虐待を受けやすくなる。さらには暴力も。前述した1940年代のサマーキャンプでの研究で明らかになったのだが、キャンプ後に人種的偏見が強くなった少年たちは、他の少年に比べて一段と反抗的かつ攻撃的で、あらゆる欲求不満をあらわにしてもいた。また、一様にそれぞれの家庭で何かしらの問題を抱えてもいたようだった。彼らにとってキャンプは、スケープゴートを見つけて自分が抱えていた心の傷を解き放つためのいい機会だったらしい。

リスクを負い、気まずさに耐えられるだけのしっかりとした動機と安定性と力を全員が持ち合わせているとき、接触理論は最高の効果を発揮する。これはとても重要な条件だ。ビリーとカーティスの場合、ふたりがついに顔を合わせた2016年には、必要な条件が揃っていた。ひとりはギャングスター・ディサイプルズ、もうひとりはストーンズのメンバーだったが、2016年までにはどちらのアイデンティティも薄れていたし、顔を合わせたときはふたりとももっと大きな使命——さらなる暴力を防ごうという同じ使命に向かって邁進していた。

人々が不健全な対立から離れることを望まない場合も多々ある。これは、どうすれば気候変動を解決できるかについて世界中で講演をする中でマークが気づいたことだった。「人々の悲観主義に異を唱えると、ものすごく怒った反応が返ってくることがあるんです」マークは話してくれた。自分が安全で理論的だと思っていることに反するような解決策、あるいは、自分のアイデンティティの一部になっている終末論的な物語——気候変動で人類が滅ぶといった物語——を手放すことを強いられるような解決策を、多くの人は望んでいない。

「魔法の杖を一振りして、化石炭素をすっかり消し去ってくれる炭素の妖精がほしい人は手を挙げてください」マークは大勢の聴衆に向かって聞くことがある。すると概して1％ほどの人が手を挙げるそうだ。長年の研究をもとにしたマークの見解では、原子力こそが炭素の妖精だという。原子力なら、気候変動解決の一助になりうるし、安全に解決できると。だが多くの人、特に左派の人たちは、そもそもこの問題について議論したがらない。

「多くの人が、気候変動を解決することだけを望んでいるわけではなさそうです」マークは言う。「彼らが望んでいるのは、気候変動を利用して、自分たちが見たい世の中に変えることなんです」

これは、本書の初めのほうで言及した反応――対立を研究している心理学者ハルペリンがイスラエルの聴衆に「アラブ和平イニシアチブ」について耳にしたことがあるかと聞くときの反応と気味が悪いほど似ている。手が挙がるのはごくわずか。まさに不健全な対立が働いている状況だ。わたしたちを集団催眠のような状態、いろいろなことから目隠しをした状態にする。


人は概して、飽和点に達したり、相反する別のアイデンティティを確立したりすると、不健全な対立から離れたがる。そんなときは接触理論がうまく機能するだろう。だがそんなときでも、接触理論は当然ながらきっかけに過ぎず、それだけで制度全体を変えることはできない。カーティスとビリーの友情も、ギャングの暴力の根本原因を正すことはできなかった。**真に変化するには、現在の制度から恩恵を受けている人々や組織に、持続的に圧力をかけていかなければならない。**権力を手にしている面々は、多少好感を持たれなくなったくらいでは、概して権力を手放すことはない。彼らには、政治的、法的、経済的、社会的にきちんとした行動を組織的に起こして圧力をかけていかなければならない。

しかしながら、圧力をかけるだけではじゅうぶんではない。永続的な変化には、銀行口座や都市計画法から人々の気持ちや家庭内に至るまで、とにかく上から下まで何もかもがすっかり変化していくことが必要だ。さもないと、せっかく新しい法律を制定しても、すぐに抜け穴を見つけられてしまうだろう。1950年代、アメリカでは黒人と白人、それぞれの子どもが通う学校が強制的に統合された。ところが白人の親たちは新たに私立の学校をつくったり、強制統合が及んでいなかった郊外に引っ越したりした。この手の話は世界中にある。法律が変わっても、人は変わらなかった。対立は、人目につかない地下で燃え続けている。

「誰のため？」

今日シカゴでカーティスがやっているのは、実に厄介な仕事だ。かつてのカーティスがそうであったように、ギャングたちが不健全な対立から抜け出す手助けをする、という考えに基づいた仕事である。しかもそれを、極力早くやらなければならない。年単位ではなく、月単位で。ほとんどの場合、細心の注意を要する、ひどくつらい仕事だ。だがたまに、次元が歪んだかのように、腕時計を巡って少年が少年の命を奪ったりしない、別の現実が現れることもある。

カーティスが働くシカゴのCRED（真の経済的使命の創出（Create Real Economic Destiny））を2016年に立ち上げたのは、オバマ大統領のもとで教育長官を務めたアーン・ダンカンだ。シカゴ育ちのダンカンは、カーティスの少年時代のヒーロー、ベンジー・ウィルソンとともにバスケットボールをしていた。だからシカゴの人々と同様にベンジーの死を悼んだ。大人になって、ワシントンD. C. からシカゴに戻ってきてCREDを創設。その使命は、他者から撃たれたり他者を撃ったりする危険性が最も高い人を対象として、シカゴでの銃による暴力を激減させる、ただそれだけだった。

ダンカンが最初に採用したスタッフのひとりがカーティスだ。CREDの最終的な目的は、ただ対立を終わらせたり、暴力行為をやめさせたりするだけではなく、まったく新たなアイデンティティをともにつくりあげていく手助けをすること。カーティスが必要だった。カーティスは当時、シカゴの暴力撲滅のためにすでに4年以上尽力しており、シカゴ以外の地でも、暴力を振るう危険性の高い若者たちを指導し、激しい対立が起こったときには、人々をそこから引き離そうと努めていた。だがその一方で、いまの自分の活動がその場しのぎの解決策でしかないことも感じていた。

まずカーティスは同僚と協力して、シカゴの最も危険な地域での対立の状況を、ブロックごとに地図に起こしていった。犯罪データを用いて銃撃事件を追跡し、特に危険なギャング団と、シカゴで今時のギャングとして知られる少し規模の小さい「派閥」8つを特定した。それから、この8つの集団それぞれに対して、敵対したり「反目」し合ったりしている集団、つまりはライバルといわれるギャングや派閥を特定した。

詳細な地図ができあがると、10人の元ギャングをスタッフとして採用。いずれも、ギャング団や派閥の多くのメンバーからその名を知られ、一目置かれていた面々だ。それから全員で、さらなる人間関係の構築に乗り出していった。彼らはバスケットボールの試合を開催し、勉強に必要な文房具を無料配布し、通りを見回った。そしてそれぞれの集団の中にいる、当たり前のように銃を撃っている若者や、リーダー格の若者を特定した。こういう若者たちのことを、カーティスたちは誰よりもよく知らなければならなかった。彼らにトラウマカウンセリングや奨学金、職業訓練の場を提供した。CREDのプログラムに参加してもらうためだ。それもできればそれぞれが属する集団の他のメンバーといっしょに。

「誰のためにやるんだい？」カーティスはこうした若者たちによく聞いた。言い換えれば、CREDのプログラムよりもっと大事なことで、関心があるのは誰のこと？という意味だ。自分の息子のことだろうか？それとも自分が信じる神？自分のおばあさん？「黒い九月」のメンバーを結婚させたPLOのように、カーティスもまた、彼らのかつてのアイデンティティを取り戻したり、新しいアイデンティティをもたらしたりする方法を見出そうとしていた。

その間もずっと、カーティスとCREDのスタッフは、偶然でもいいし、吹雪が襲ってくるのでも何でも構わないから、とにかく何かの理由で対立が一時的に休止するきっかけを待っていた。それを足がかりにすれば、時間を稼ぎ、空間をつくれるかもしれなかった。「2週間から30日間、敵対する集団のどちらにも撃たれたり命を奪われたりする人が出なければ、すぐに彼らと会話を始めなければならないんです」カーティスの同僚ジャロン・アーサーの言葉だ。

カーティスは息子の終業式のときに飽和点に達したと自ら判断したが、この若者たちが自ら判断するのを待っているわけにはいかなかった。「誰かが飽きるのを待っていたら、何十年もかかるかもしれません」とアーサー。「だから率先して足がかりを探さなきゃならないんです。たとえ抵抗されたとしても、そこで立ち止まっちゃダメなんです。機が熟すタイミングを見計らって、すぐに会話を再開しないと」

機が熟したら、スタッフたちは双方の集団にほんのちょっとした無理のない約束をしてもらう。たとえば、相手の縄張りには近づかない、自分たちの居場所をFacebookに投稿しない、ソーシャルメディアに相手を侮辱するような内容を投稿するのを控える、など。まさに、世界中の対立の現場で調停者たちが尽力していることだ。ベネズエラからアフガニスタン、ルワンダに至るまで、彼らは各地で境界線を引くことで、ちょっとした時間と空間をつくり出そうと努力している。

昨今は、他人を侮辱したり軽んじたりする機会は無限にある。そしてギャングたちは、そうではない人たちに比べてオンラインに費やす時間が週に2、3時間ほど多い。彼らは、ギャングがいつもそうしてきたように、脅し合い、侮辱し合い、自慢し合う。ただし、現代のギャングはソーシャルメディアを介しておこなう。実に効率的だ。侮辱する内容を投稿すれば、一瞬で何千人もの人に拡散できる。意図的な悪意の有無に関係なく、言葉やイメージだけで暴力を引き起こせる。それが昨今の対立の火種だ。だから、ギャングのメンバーが使っているソーシャルメディアのアカウントを監視するのがCREDの仕事の大きな部分を占めている。

2019年の夏、シカゴの西側に位置するノース・ローンデールにあるCREDの出先機関で働いていたスタッフが、朝の7時ごろ、Facebookに投稿された問題のある写真に気づいた。そこには、Kタウンと呼ばれる地区（その辺りの通りの名前はすべて「K」から始まっていたため）で活動する、あるギャングメンバーの若者が写っていた。ただし彼が立っていたのは、彼の属するギャングの縄張りではなかった。Kタウンの東、ライバルのギャングが仕切っているブロックだったのだ。銃を手に、そこに立っているという事実を自慢していた。実は仕切っているとは名ばかりで、ライバルギャングたちの手はとてもそのブロックまで回っていなかった。

問題は、ふたつのギャング集団の間には、CREDによる話し合いの仲介を経て同意にこぎつけた不可侵の取り決めがあったことだ。どちらのメンバーも相手の縄張りに足を踏み入れないこと。相手を煽るようなソーシャルメディアへの投稿も禁止。つまり問題の若者は二重に取り決めを破っていたことになる。相手側は当然黙っていないだろう。

このままでは危ない。出先機関のスタッフは、問題の投稿のスクリーンショットを撮ってCREDのチームに送った。チームはそれを見て、この事案の関係者と投稿内容をもとに、最も高い危険度を意味するレベル4の脅威にカテゴライズした。出先機関のスタッフは、その投稿で侮辱されたライバルギャングの連絡先に電話を入れた。

「我々がなんとかするから、待っていてくれ」と告げる。

その日の朝9時には、CREDの主任ジェイソン・リトルが写真に写っていたブロックに到着。思った通り、そのブロックにかかわりのあるギャングのメンバーたちはもう、問題の投稿を見ていた。武装し、今にも相手方に乗り込んでいこうとしている。すでに臨戦態勢で、報復する気満々だった。そんな彼らに、リトルはしばし待機するよう頼んだ。

「2時間だけ時間をくれ」

ギャングにとって、こうした侮辱への報復は任意ではなく、義務だった。だがこのときのギャングたちはすでにリトルやそのチームをよく知っており、尊敬していた。リトルも若かりしころは、彼らと同じような人生を歩んできた。そして今はカーティス同様、彼らを守ってくれていた。彼らの対立を理解し、それを阻止してくれる人だった。しかし投稿がオンラインに残っている以上、暴力へと発展する可能性は時々刻々高まっていた。まさに時限爆弾だ。あの投稿をシェアする人間が増えれば増えるほど、嘲笑う人間も増え、脅威はますます大きくなる。

その投稿も、昼までには削除された。Kタウンのギャングと同盟を結んでいる別の組織にCREDが働きかけたのだった。ギャングはワンクリックで投稿を削除し、殺人事件に発展するかもしれなかった可能性をあっさりと防いだ。「一歩間違えば、確実に別の銃撃事件が引き起こされていたでしょう」アーサーは言った。

その日、リトルとチームはいい機会だからと、くだんの取り決め——不可侵の取り決めを双方のギャングに再確認させた。両者はともに、煽情的な投稿はもうしない、互いの縄張りには足を踏み入れない、という点についても同意した。それから半年、この取り決めは依然としてきちんと守られていた。

「彼らは誰ひとりとして、死にたいだの刑務所に行きたいだのなんて思っちゃいないんです」とリトルは言った。「口には出さないでしょうが、服役したことのあるやつが大勢います。だからみんな、戻りたくないんですよ。指名手配犯になってTシャツに自分の写真をプリントされたいなんて思ってるやつなんて皆無です」

彼らの信頼を勝ち得て、対立の何たるかが理解できるなら、対立の勢いを削ぐことができる。

こうした不可侵の取り決めやさまざまな平和条約のような結びつきによって、トリップワイヤー（仕掛け線）ができあがる。つまり、暴力が起こると作動して、それを伝達する装置が確立される。ちなみに、和平合意について学べば学ぶほど、その呼称は間違っている気がしてくる。和平合意では平和はもたらされないからだ。合意は、対立の勢いを削ぐための時間稼ぎに過ぎない。対立の勢いを削ぐことこそが、平和を可能にする。

対立を避けるコツ

平和条約の有無に関係なく、対立の勢いを削ぐにはとてつもない自制心が必要だ。カーティスのような人たちは、自分の感情を抑制する一助となる手っ取り早い方法を学び、個々のレベルで時間と空間をつくり出していく。わたしたちも実はすでに同じことをしている。ただ意識していないだけだ。大事なのは、こうしたコツを適切なときに、意識して用いていくことだ。

対立を避けるコツその1はシンプルだ。とにもかくにも**対立の火種を避けること**。カーティスにとっては、新しいアパートへの引っ越しがこれに相当する。カーティスが指導しているギャングたちにとってもしかり。可能なら新たな場所へ移り住むといい。それが難しければ、少なくとも日々の生活の中で対立の火種との接触を制限することだ。

政治的な対立から抜け出そうとしている人なら、もはや政治的公平が消えたケーブルテレビを見限り、Xのアカウントを削除すること。離婚しようとしている人なら、何がなんでも最後まで戦うよう促してくる対立の扇動者との時間を極力減らすようにすることだろう（この場合対立の扇動者は弁護士のこともあるので、そのときは新しい弁護士に替えなければならない）。

接触が避けられない場合には、状況の微調整や呼吸法を用いよう。

状況の微調整をすることで、それまでと同じような感情の昂りを抱かなくてすむようになる。ギャングの暴力から抜けようとしている人なら、ギャングのタトゥーを消す。あるいは、外出時には帽子を真っ直ぐにかぶる。離婚しようとしている人なら、友人のバーベキューパーティで元夫になるであろう人と出くわしたときに備えて、当たり障りのない話題をいくつかリストアップしておくことかもしれない。

感情が昂ったときにはリズミカルな呼吸をするとよい。誰もが使えて、効果も抜群だ。ゆっくりとした深呼吸は、体性神経系（意図的にコントロールできる動き）と自律神経系（心臓の鼓動をはじめ意識的にコントロールできない動き）の両方に作用する数少ない行動のひとつだ。呼吸は両者の橋渡しをしてくれる。だからこそ呼吸法は、特殊部隊の兵士や武道家、分娩時の妊婦などに用いられている。現時点でわたしたちの有する最高のツールだからだ。

「戦いの呼吸」や「マインドフルネス」といわれるものもすべてこれと同じ系列になる。ただし呼吸法を身につけるには練習が必要だ。それもできればストレス下で。

多くの警官が教えてくれたやり方がひとつある。4つ数えながら息を吸い、そのまま息を止めて4つ数える。それから4つ数えながら息を吐き出し、また息を止めて4つ数える。これをワンセットとして、また最初から繰り返す。他の方法がうまくいかなくても、呼吸法なら対立の勢いを削げるので、そこでもう一度よく考えることができる。

対立を避けるコツその2は**気晴らし**だ。シンプルながら強力な方法だ。たとえ対立の最中であっても、何かに意図的に集中するのだ。カーティスは、自分が指導している若者たちがまだ幼く、無邪気で可愛かったころの姿を想像することがある。「みんなを見て、自分の孫を思い浮かべるんだ」とカーティス。「そういうふうに見るように心がけてる」そして若者たちを頭の中で再カテゴリー化する。その時点でもう、彼らはギャングではなくなっている。かつて子どもだった人であり、初めて乳歯が抜けたばかりの人、誰かに手伝ってもらわないと靴紐が結べなかった人、踊るのが好きだった人たちだ。

最も長続きする方法は、**再評価**だろう。これは、『スター・ウォーズ』シリーズに登場するジェダイが用いるマインドトリックと言ったほうがいいかもしれない。状況を再構築し、状況に対する本質的な考え方を変えることだ。

カーティスは時間をかけて、自身がかかわっていた対立を再構築する術を学んでいった。当初のストーンズとディサイプルズの対立を再構築し、すべての黒人と腐敗した体制との対立としてとらえ直していった。対立そのものを再構築することで、敵を再カテゴリー化したのである。

人類学者にして交渉の専門家でもあるウィリアム・ユーリーは、世界中の紛争地帯でこの手法を用いている。何年か前には、ベネズエラ政府と反体制勢力との仲介をしていた。内戦勃発の危機に瀕していたある晩、当時の大統領ウゴ・チャベスは、予定されていた会議のために、ユーリーを3時間も待たせていた。そして真夜中、ようやくチャベスがやってきた。だがユーリーが話し始めたとたん、チャベスはその場に居合わせた全員の前でユーリーを罵倒し出した。ユーリーの顔のすぐそばまで、のしかからんばかりに身を乗り出し、たっぷり30分もわめき続けたのだった。

恥ずかしさと怒りを覚えながらも、ユーリーは、対立に引き込まれまいと必死に抗った。それに、彼はこの対立をなんとかしようと18カ月もの時間を費やしてきたのだ、それを無駄にはしたくなかった。そこですぐさまどうにかして状況を再評価することにした。そのために取ったのが、ユーリー自身の言う「バルコニーへ行く」手法だった。つまり、この状況を「バルコニー」から見ている自分を想像したのだ。それは精神のバルコニー、感情のバルコニーであり、「心穏やかに、自制しつつ大局的に状況を見ることができ、そこでなら自分の関心のあることにだけ意識を向け、集中することができる場所」だった。

そして、この精神的に距離を置いた場所から、自身に許された選択肢について考えた。自己弁護したり反論したりすれば、対立を煽るだけなのはわかっていた。それではまるで、隣人たちを激怒させる文書を書いたゲイリーのようだ。それこそが対立の罠であり、バルコニーから眺めていたユーリーには、それがきちんと理解できた。

そこでユーリーは、対立を定義し直してみることにした。対立の物語を別の面から見ていった。これは屈辱ではなく、チャベスをもっと理解するいい機会かもしれない。そう考えたおかげで、自分の感情をコントロールしやすくなった。「わたしは全神経を集中して、彼の言い分にひたすら耳を傾けた。そうやって、実のところ彼の身に何が起こっているのかを理解しようとしたんだ」と、ユーリーはのちに語っている。その言わんとすることは、ルーピングのやり方を説明するゲイリーの言葉とまったく同じだ。たとえ相手が明らかに嘘をついていたとしても、その話に真剣に耳を傾けることで、対立の連鎖を断ち切ることができる。

するとようやくチャベスの声から怒りが消え、肩ががっくりと落ちた。そして彼は言った、「なあ、ユーリー、どうすればいいんだ?」大半の人と同じで、チャベスもまた自分が人の話を聞く前にまず、自分の話を聞いてもらいたかったのだ。

ここぞとユーリーは進言した。みんな、対立から離れて一息つきたいと思っています。もうすぐクリスマスです。大統領から休戦を申し出たらどうですか? そうすればみんな、家族と心穏やかな時間が過ごせます、と。チャベスはその進言に従った。

誰かから怒鳴り散らされているときに、「バルコニーへ行く」自分を想像するのは難しい。プレッシャーにさらされていながら冷静さを保っていられるユーリーは宇宙飛行士さながらだ。だが、わたしたち凡人も大半は、ちゃんと教えてもらえば、こういうことが自宅でできるようになる。

そのことはきちんと証明がなされている。しかも驚くことに、**所要時間はわずか21分ほど**だ。

概して夫婦の場合、年月の経過とともに結婚生活の質がじわじわと落ちていく。ところが、夫婦がバルコニーへ行く練習をすると、思いがけないことが起こる。社会心理学者イーライ・フィンケルとその同僚たちは、60組の夫婦に7分間時間を与え、最近の喧嘩について書くよう指示した。ただし別の視点からだ。具体的には、「関係者全員にとって最善の状況を望む中立的な第三者の視点から」だった。

言い換えるなら、被験者に、ゲイリーのような調停者がその場にいるところを想像してもらったのだ。「この人は、わたしたちの意見の食い違いをどう思うだろう？　わたしたちの喧嘩からどうやっていいところを見つけるんだろう？」

さらに、次に喧嘩をしたときには、その第三者の視点を思い出すようにも伝えた。そして4カ月ごとに1年間、喧嘩について第三者の視点から書く、という実験は続けられた。

この「結婚における対立を避けるコツ」というやり方を実践した夫婦は、架空の第三者の視点から自分たちの対立を再検討したことで、喧嘩をしても、これをしなかった夫婦ほどは心が乱されなかったと報告している。さらに重要なのは、結婚満足度は概してゆっくりと低下していくが、その年、この実験に参加した夫婦たちにはその兆候が見られなかったということである。もちろん彼らも依然として対立してはいたが、それまでのようにイラついたりはしなかった。健全な対立だったからだ。

「覚えてたよりずっと低いな」

2019年の秋、ビリーとカーティスとわたしは揃って、フォスター・パークの中を歩いていた。ビリーは野球をしていた場所を指差した。カーティスは、親友のジェシーとバク宙をしていた壁を教えてくれた。「覚えてたよりずっと低いな」カーティスは低いセメントの壁を見つめながら言った。

壁のすぐ裏手にあるのがバスケットボールのコートだ。ベンジー・ウィルソンがプレーしていたのをカーティスが見ていたコート。それもまたやけに小さく見えた。運動場のそば、公園の突き当たりにある、ただの長方形のアスファルトだった。

ビリーはベンジー殺害の罪で服役し、出所するとCREDと提携している組織で職を得た。その後CREDに直接採用される。つまりカーティスとは同僚だ。暴力撲滅という同じ仕事に携わり、ときには、ともに育った通りで活動することもある。揃って平和行進に参加し、少なくとも週に一度は話をする。

その日の夕方は静かで美しく、近隣でどれほどの暴力沙汰が起こっていたかなど、容易に想像もできなかった。公園を囲むように整然と建つ家々は、どれも手入れが行き届いていた。緑豊かで素敵な公園。フレガー師は今でも毎年バスケットボールのトーナメント「ピースリーグ」を開催していた。ただし中身は以前よりもずっと充実している。トライアウト（入団希望者がチームに実力をアピールする機会）もあればドラフトもある。選抜チームを構成する選手たちは、さまざまなギャングから選ばれていた。それ自体がささやかな奇跡だった。それでも、まだ夕方なのに、辺りにはほとんど子どもの姿がない。フォスター・パークは依然として危険な場所だった。いきなり銃声が平和を切り裂くこともある場所だった。


２０１７年、ビリーの息子は、車でこの公園のそばを通った際、近づいてきた何者かにいきなり発砲されたという。わたしたち3人が公園を歩いていたあの日、ビリーはその場所を教えてくれた。ビリーが公園に駆けつけたときには、すでに車はシートで覆われ、周囲には立ち入り禁止のテープが張り巡らされていた。息子はまだ現場にいた。

だがそのシートを見て、ビリーはひとり息子が死んだことを悟った。その場に立ち尽くす。そして彼は、泣きじゃくる息子の母親を抱きしめながら、悲しみの涙を流した。そのとき脳裏をよぎったのはまたしてもベンジーのことだった。ベンジーの母親のことを思った。これまで耐えてきたどんな痛みも及ばないつらい心の痛み。自分が今まさに感じているそんな痛みを、自分のせいで他者に負わせてしまったことに思いを馳せた。その瞬間、あることを確信し、居ても立ってもいられない気持ちになった。息子は自分のせいで死んだんだ。これは、ベンジーの命を奪った自分への罰に違いない。自分がこんな形で報復を受けるのを、まるでベンジーが待っていたかのようだ。33年間もずっと。

ビリーの息子は16発も撃たれていた。犯人と思しき人物のことをビリーが耳にするまでにさほど時間はかからなかった。ビリーが聞いた話では、息子は人違いで撃たれたのかもしれない、とのことだった。

人違い。

事故と同じで、不可抗力のようにも聞こえる言葉だが、そんなわけはなかった。あれは、人間にしか引き起こせない、とてつもなく恐ろしい事件だ。16発も撃ったのだから。程度の差こそあれ、そもそも人違いによる殺人事件がいったいどれだけあるのだろう？　脅かされるアイデンティティ。勝手に思い込まれてしまうアイデンティティ。人はときに殺すつもりのなかった相手を撃つこともある。もっと多いのは、その人の命を奪ったところで自分が求めているものは得られないにもかかわらず、殺してしまうケースだ。

カーティスは復讐心に燃えて、何年もの間ディサイプルズを追っていたが、そもそものきっかけとなったのはアイデンティティの話だった。ただしその話は、のちに明らかになったように、間違っていた。今ならわかるが、ベンジーが命を奪われたのは、彼がストーンズのメンバーだったからではなかった。今では、ベンジーが本当にストーンズのメンバーだったかどうかも定かではない。30年後のバルコニーから眺めてみると、多くの不健全な対立が、人違いから引き起こされた事件と同じように見えてくる。戦争でさえもだ。

ビリーの息子が殺害されて4年たっても、犯人は逮捕されなかった。ビリーは、息子を撃った若者が、いつかＣＲＥＤのドアを開けて入ってきてくれることを願っている。彼を許す機会を待っているのだ、自分が許してもらいたいように。

5章

空間をつくる

中断

海から丘へと続く細い道を上っていくと、ミューアビーチのコミュニティセンターに至る。ゲイリーの家からだと徒歩で5分ほどの距離だ。丘のてっぺんからは、北アメリカ有数のすばらしい景色を堪能できる。どこまでも続く広い空の下、緑のビロードを思わせる山々に縁取られた海岸と、寄せては返す波が眼下に広がっている。日が沈むと、遠くサンフランシスコの高層ビル群の輪郭が太平洋上できらきらと輝く。

2018年1月25日、そんな景観もゲイリーの目には何ひとつ映ってはいなかった。彼はその夜7時前に、大腸の内視鏡検査を受けるかのような覚悟を持って、コミュニティセンターへと続く階段を上っていた。少し前、選挙で盟友がオールドガードに大差で敗れたときに、彼は飽和点——対立の末に、得るものよりも失うもののほうが多くなってきたように思える時点——に達していたのだった。

その惨敗で、対立は一時休止せざるをえなくなった。だがそれは、ゲイリーが現状を認識するにはじゅうぶんな時間だった。彼は、著名な紛争調停の専門家として、自分の暮らす町をあるべき姿に戻すべく、政治の世界に足を踏み入れた。ところがあるべき姿に戻すどころか、タールピッツにはまって、人生の貴重な時間を2年も失ってしまった。家族には失望され、隣人たちは離れていき、心の平安も犠牲にした。それでいてすべてボランティアだったので給料もなし。屈辱を感じていた。

だが実のところ、次にどうしたらいいのかゲイリーには皆目見当もつかなかった。任期はまだ3年残っていたが、ここで辞任し、かつての生活を取り戻して残りの人生を送る、という手もあった。あるいは、縮こまって、気まずい思いをしながらその座にとどまるか。

容易に断を下せずにもがいていた。辞任など情けない気もした。怒りに任せて足を踏み鳴らしている子どものようではないか。それに、その汚点は一生ついて回るのではないだろうか。つまり、辞任した時点で自分の失敗は誰の目にも明らかとなり、動かし難い事実となる。電気鍋は永久に失われることになる。

一方で、その座にとどまっていればチャンスはあるだろう。どうにかして名誉挽回できるかもしれない。ささやかながらコミュニティの力になれるかもしれない。とはいえ、それは自分のためだの驕りに過ぎないのではないだろうか？　とどまったがゆえに、またしても自分のことばかり――勝つことばかりを考えてしまうのではないだろうか？　やはり謙虚さを示すには辞任しかないのかもしれない。つまりはゲイリー・フリードマンもただの人間だったということだ。
いずれにせよ、この会議には出席しなければならなかった。理事長としての最後の会議だ。参加しなければ臆病者と思われるだろう。だから海を背に、心を決められないまま階段を上っていった。

午後7時3分、ゲイリーは会議の開始を宣言する。コミュニティセンターの暖炉でパチパチと音を立てている炎。人々が挨拶を交わしながら席に着く。よく知らない人が見れば、穏やかな懇親会かと思っただろう。
そしてゲイリーからオールドガードのメンバーへと理事長を交代するための投票がおこなわれた。ゲイリーが追いやられるのはもはや既定路線だった。

ところがこのとき、ゲイリーは驚くべき行動に出た。なんと、それまでの慣習を打ち破り、新しい理事長を選ぶための自分の票をオールドガードに投じたのだ！　そして2分後、副理事長に指名されたのもまた、オールドガードのメンバー、ヒューだった。このときも、ゲイリーはその指名を支持した。覚えていると思うが、ほんの数カ月前にゲイリーがあの忌まわしい告発文書を書いた相手だ。そのゲイリーが今は、あのとき告発した人物にさらなる権力を与えるべく投票していた。しかも、さしたるコメントもせずにすべてをやってのけた。そして投票に続く3時間は、静かに座ったまま、極力無表情でいるべく努力して過ごした。そして夜10時前に、会議はようやく終わった。ゲイリーが仕切っていたときより1時間も遅かった。

対立を研究する人たちは、その構造を解明するのが好きだ。そもそも対立はシステム——互いに影響を及ぼし合う一連の複雑に絡み合ったフィードバックループ（ある行動の結果などを利用して、その後の行動を調整したりしていく過程を継続的に繰り返すこと）だからだ。力は複雑で、いろいろな要因と関係し合っている。まるで気圧配置のようだ。つまり、どんな変化もシステム全体に影響を及ぼしうる。しかもそれは、必ずしもわたしたちの予想した通りになるとはかぎらない。

選挙での敗北は、吹雪やパンデミック（感染症や伝染病の世界的大流行）よろしく対立を揺るがしうる。システムが混乱する瞬間があり、その瞬間に特大の機会が存在する。事態をよくするための機会。あるいは、もっと悪くするための。

ゲイリーは、仇敵に投票することでシステムを混乱させていた。対立というシステムのひとつのパターン——自分がコントロールできるパターンを意図的に変えていた。確かに、その夜のゲイリーの投票行動はとても象徴的だった。ゲイリーが誰に投票しようが、オールドガードは理事長の座を勝ち取れていた。そもそもオールドガード側の人数のほうが圧倒的に多かったからだ。だが、象徴的な譲歩は対立に大きな影響を及ぼす。この譲歩はフィードバックループを断ち切り、全員の心の垣根を低くさせて、何もなかった場所に少なくとも一瞬は空間をつくり出した。

1977年11月、エジプトの大統領アンワル・サダトがエルサレムを訪れた。これによりサダト大統領は、イスラエルを訪れてその指導者たちに和平を呼びかけたアラブで初の指導者となった。だが彼はほんの4年前、ユダヤ教において最も神聖な日に、イスラエルへの奇襲攻撃開始に尽力した人物でもあった。それを機に第四次中東戦争（イスラエル側はヨム・キプール戦争、アラブ側は十月戦争と称している）が勃発し、何千人もの兵士の命が奪われている。

しかし自らイスラエルに赴き、ホロコースト記念館を訪ね、エルサレムのアル＝アクサー・モスクで祈りを捧げ、和平を呼びかけたことで、サダト大統領は対立のフィードバックループを断ち切った。「心から申し上げます、本気であれば、今日、わたしたちの前にはしかるべき和平の機会があるのです」サダト大統領はクネセト（イスラエル議会）で演説をおこなった。それもアラビア語で。「このような機会はもう二度とないでしょう。この機会が失われたり無駄にされたりすれば、平和を快く思わないいずる賢い輩が人類に不幸をもたらすでしょう」

サダト大統領の行為は、あくまでも戦争終結のための譲歩をほのめかしているだけで、それ以上のものではなかった。だがこれがきっかけで、翌年のキャンプ・デービッド（メリーランド州にあるアメリカ合衆国大統領の保養地）での和平交渉へとつながっていく。サダト大統領が歴史的な訪問をしたのはもう何十年も前なのに、その日はいまだに忘れられることなく、イスラエルのニュースメディアで取り上げられている。

言うまでもなく、ミューアビーチでの話は、それに比べればいささかスケールが小さい。命の危険など皆無だ。だが当事者たちの心理状態は、スケールの大小にかかわらず、根本的に違いはない。あの日、ゲイリーがオールドガードに投票したのは、自分が降伏したことを認めたからではなく、対立のシステムを壊したいという強い意図があったからだった。もし理事会にとどまるなら、自分が陥った罠から抜け出さなければならない。それには直感に反した行動が必要だ。自分がライバル以外の存在になれたら？　ジョン・アダムズがジェファーソン政権に率先して協力していたらどうなっていたか、想像してみてほしい。

次の会議の際、理事たちの投票により、ゲイリー主導で立ち上げたほぼすべての小委員会が廃止された。ゲイリーは、自分が咎められているようでとてもつらかった。あの小委員会はゲイリーの実績であり、全員をテーブルにつけさせるための方法——もう何年も前に、交響楽団の調停でおこなったのと同じ方法だった。

だが、ゲイリーはこのときも廃止に賛成票を投じた。これもまた、象徴的かつ意図的な譲歩だった。「正義感からやったというより、理事会にとって何が有意義なのかを知りたいっていう思いからだったね」。ゲイリーは話してくれた。

ゲイリーは理事の座にとどまることを決めた。最初はそれが正しい選択なのかどうかはわからなかったが、日を追うごとに確信を深めていった。同時に、これが肝心なことなのだが、ゲイリーは、自分にとって最も大事な背景も守り続けた。

だが、どうやって？

まずは、遅ればせながら自分がこれまで言ってきた最高のアドバイスに従った。**自分の背景が何なのかを調べたのだ。**ゲイリーの場合、その際に役に立ったのが瞑想だった。静かに座り、自分の感情ともっとしっかりと向き合えるようにした。その結果、理事会に出席したり、近所を散歩したりしているときに不意に感情があふれ出してきても、すぐに気づけるようになった。

ゲイリーには、対立を減らすためだけに、新しい理事たちにただ黙って従う気はさらさらなかった。そういう人なら離婚調停の場で数多く見てきた。それはつねに間違った行動であり、時間がたつとみんな、後悔していた。ゲイリーは調停の際に「妥協」という言葉すら使わなかった。妥協するのは諦めるようなもの、抜け殻になってしまうようなもの、そんな気がするからだ。それに、どんなに瞑想をしたところで、ゲイリーは平和主義者ではなかった。対立によって人はよりよくなると信じていた。あるいは、その可能性があると。実際に、よくなったのを目にしてきてもいた。だから、離婚する夫婦に聞くのと同じ質問を自分にも問いかけた。その背景には何がある？　なぜそれはわたしにとって大事なんだ？　わたしがここで自分の望むものを手にしたら、どうなるだろう？

頭の中は雑音だらけ、非難の声も渦巻いていた。それでもやがて悟った、自分が何より望んでいるのは、もっとよい対立の仕方があると証明することだと。だが、他者に自分の世界観を受け入れるよう圧力をかけたところでけっしてうまくはいかなかった。

ゲイリーは、40年間紛争調停者として学んできたことに立ち返る必要があった。「重要な変化は強制されてもたらされるものではない。理解することでもたらされるが、理解するのは容易ではなく、忍耐を要する」

「理解すること」がゲイリーの背景だった。たとえ隣人たちの意見の食い違いが続いていたとしても（あるいは3分以上の発言が続いていたとしても）、彼らが互いを理解し合えるよう尽力するというゲイリーの能力、そこに彼のアイデンティティはかかっていた。それこそがよりよい対立の方法であり、ゲイリーにとって何より大事なことだった。そしてそれは彼にとって真に重要な目標となり、いつ発言し、いつ賛成票を投じるかを判断する一助ともなったのだった。

残念ながらゲイリーは、ミューアビーチの行政体制を刷新することはできなかった。バハイ教の選挙に見られたように、誰であれ選挙活動が認められず、どんなアイデアも全員で共有するといった形にはできなかった。だが、政治的な敵対を多少とも解消するために彼にできることは他にもあり、しかもそれはすぐにでも実行できることだった。

魔法の比率

まずひとつの方法としてゲイリーは、オールドガードとニューガードという**ふたつから成る構造を壊す**ことに着手した。カテゴリーを混ぜ合わせたのだ。しかもマラソンの練習よろしく計画的におこなった。日々、自分と敵対していた人たちに人間らしさを取り戻してもらい、再カテゴリー化するためにいろいろなことをした。オールドガードのメンバーに投票する日もあれば、自分の意のままに投票する日もあった。相手と一対一で向き合い、改めて一個人として尊重していった。「わたしを誰より嫌っている人とすれ違うときには、わたしのほうから笑いかけるんだ」とゲイリーは言った。「体調はどうかとたずねたり、つい最近母親を亡くした人にはそのことを聞いたりするんだ」

集団のアイデンティティのよさは、誰もがそれをたくさん持っているということだ。そしてそれを輝かせてもらえるのを待っている。保守党か労働党のいずれかの支持者というアイデンティティや、白人か黒人というアイデンティティしか持たない人はいない。他にも、スポーツが好きだったり、教会の礼拝に通っていたり、犬を飼っていたり、子どもがいたりといったアイデンティティがある。だからゲイリーは、自分の内に、そして他者の内にもある他のアイデンティティを蘇らせることにした。近所のあるオールドガードのメンバーに会った際には、自分の庭のバラの話をした。そうやって意図的に会話をすることで、互いの内にある庭いじりが好きというアイデンティティを引き出していった。対立の扇動者がわたしたちの別のアイデンティティを引き出すのと同じだ。

そんなある日、ゲイリーがうっかり庭の門を開けっぱなしにしていたところ、彼の愛犬アーティがうちの庭に迷い込んできた、とそのオールドガードのメンバーから電話がかかってきた。これはチャンスだと思った。

対立の輪の外で、こうした何気ない、いいつながりを習慣的につくっていくのは当たり前のことのように思えるが、わたしたちは普段の生活でそれを怠っている。こんなちょっとした楽しい顔合わせの機会が、わたしたちの定義を拡大するのに役に立つ。電話をくれた隣人は、水道料金の議論の際には彼らに属していたかもしれないが、庭に関してはわたしたちの仲間だ。

こうした交流は、ささやかな予防接種になる。定期的におこなうことで、不健全な対立につながりかねない判断や解釈の間違いを犯さないよう守ってくれる。

心理学者のジュリー&ジョン・ゴットマン夫妻は何年にもわたっておよそ3000組の夫婦を対象に対立の研究をおこなってきた。その結果、健全な対立を維持できる能力が最も秀でていたのは、夫婦間で日々交わす肯定的なやりとりが、5対1の割合で否定的なやりとりを上回っていた夫婦だそうだ。これこそが、ゴットマン夫妻の言うところの**「魔法の比率」**だ。

南極観測基地で一冬をともに過ごした65人のメンバーに、仲間意識を形成する上で何が有益だったかと質問したところ、40%ものメンバーが、いっしょに歌を歌ったりゲームをしたりしたのが大きかったと答えている。結束の要因として、酒を酌み交わすことをはるかに上回ったのは、最も一般的なことだった。

2章で登場してもらったジョシュ・アーリックを覚えているだろうか？　火星シミュレーションに参加し、ほぼ8カ月にわたって見ず知らずの5人とともに隔離生活を送った宇宙飛行士志望者だ。彼とクルーたちが不健全な対立を避けられたのは、魔法の比率を構築することがミッションのひとつでもあったからだ。

「夕食はいつもいっしょに食べていました。毎晩です」とアーリックは話してくれた。「運動も必ずみんな揃ってやりました。仲間はずれをつくらないようにしてたんです」そのために、わざとくだらないこともしたそうだ。それが定期的におこなう「要塞ごっこ」だ。パジャマパーティで7歳の子どもたちがやるように、夜、共有スペースに全員が自分のマットレスを引きずっていって、ロープやシーツを使って巨大な要塞をつくっていたという。何かしらのコンセプトを設けた夕食にしてみたり、サプライズパーティを催したりもした。

「誕生日に記念日に……誰かの特別な日には片っ端から便乗しました。ケーキを焼いて、飾りつけもしたんです」彼らは「クルーの結束」もミッションの一部と見なして、結束を強めるためにできることを日々、意図的におこなっていた。おかげで、どうしても避けられない対立が起こっても、それがいつまでも続くことはなかった。

言わんとすることはおわかりだと思う。退勤後も同僚につき合ったり、同僚の誕生日をケーキでお祝いしたりするのは、職場の上司から押しつけられた気詰まりで面倒な試練ではない、ということだ。穏やかな未来のためのまっとうな投資であり、必ず直面する否定的な交流にうまく対処し、肯定的な交流の比率を高めるための手段だ。

ゲイリーも同じようにした。努力して、わたしたちに対する自身の定義を広げ、そこにオールドガードのメンバーも含めた。そのためにこれまで以上に力を入れたのが、以前は見下していた雑談をすることだった。もちろん、彼が隣人に庭の話題を振ったときには、そんな下心などなかったはずだ。さもなければ、うまくはいかなかっただろう。あのときうまくいったのは、ゲイリーが本当に庭いじりが好きだったからだ。だから彼の言葉には嘘がなく、相手も、ゲイリーがちゃんと庭と向き合っているんだと感じたのである。

「霧はなく、満月だ」

ゲイリーが自身の物語の背景を固守しながら、二項対立を壊す以外にも変えたことがある。そもそも自分を対立へと追い込む一助となった**対立の火種から距離を置いた**のだ。そして、対立という名の結び目をひとつずつ解いていった。初めての選挙戦では大いに助けてもらった選挙参謀のターニャには、もう以前のように頼ることはなかった。なにしろ彼女は「ぶっちぎりの勝利」だの「打ち負かす」だの「悪党」だのといった言葉をよく使う人だったから。ゲイリーの父親もよく口にしていた言葉だが、一度としてゲイリーの役には立たなかった。

ゲイリーはこれまでのターニャの支援に感謝していた。彼女のほうが自分よりはるかに政治の何たるかをよく理解しているのもわかっていた。だが、それはゲイリーのやりたいことではなかった。「心の中で誰かに敵意を抱くようなことはしたくないんだ」とゲイリーはターニャに言った。

「そういう生き方はしたくないんだよ」

ターニャとはその後も友人であり続けたが、この一件以来、ゲイリーがターニャにかわって政治的なアドバイスを求めるようになったのは、妻のトリッシュだった。理事会のことで用があるときには、携帯電話の通話をスピーカーモードにすることもある。そうすれば、家事をしているトリッシュにも会話が聞こえるからだ。そして、電話を終えると妻に意見を求めた。言い方、きつすぎなかったか？　とげとげしくなかっただろうか？　そのつど、妻はアドバイスをしてくれた。彼女はバルコニーにいて、当事者であるゲイリーよりもずっとよく状況を見わたせたから。

こうしたことはどれも、ゲイリーが思っていたより時間を要した。対立から抜け出すすべての道と同じで、この道も平坦な一本道ではなかった。一番大事なものを守り抜くために、多くのものを手放さなければならなかった。しかも手放すのはとてつもなくつらかった。

また会議では、ゲイリーは何度となく深呼吸をしなければならなかった。そうやって一呼吸おかなければ、衝動のままに発言してしまいそうだったからだ。自分のエゴを抑えるために多くの時間を費やした。彼は頭の中で絶えず3つのことを自問していた。

「これは言うべきことか？」

答えがイエスなら、次の質問だ。

「これはわたしが言うべきことか？」

この答えもイエスなら、最後の質問を投げる。

「これはわたしが今、言うべきことか？」

意外なことに、たいていの場合、その答えはノーだったのである。

ゲイリーにとって依然として大事なのは、自分の価値観に忠実であることだった。理事会のメンバーが地元民の信頼を裏切りかねないようなことをしていると思ったら、そのときは以前と変わらずはっきりそう言った。だがその際は、相手の「耳に届く」ように話すべく、多くの時間をかけて努力した。

「耳に届く」とはどういうことだろう？　届くか届かないかは相手次第――聞き手が何に最も関心を持っているかによる。だからゲイリーは隣人たちの背景を理解しなければならず、その際の鍵となったのがルーピングだった。ルーピングのおかげでゲイリーはゆったりと構えることができた。そして、隣人たちにとって何が一番の問題なのかを知り、同意はできなくても理解はできるようになった。

社会心理学者ジョナサン・ハイトがその有益な著書『社会はなぜ左と右にわかれるのか：対立を超えるための道徳心理学』で述べているように、一般的に、わたしたちの政治に対する感覚は6つの道徳的基盤によって形づくられている。それがケア、公正、自由、忠誠、権威、神聖だ。そしてこれらが、最も政治的な行動を解き放つ鍵となる。

アメリカの場合、この6つの道徳的基盤のうち、リベラル派（とリベラル系メディア）が特に敏感に反応しがちなのがケアと公正と自由の3つだ。ところが、忠誠と権威と神聖に関することになると無頓着になりかねない。対して保守派と保守系メディアは概して、忠誠、権威、自由、神聖に特に意識を向けつつも、6つ全部に関心を持っているようだ。

もしも相手の道徳的な背景を理解できれば、相手の「耳に届く」話ができるだろう。たとえば、社会心理学者のロブ・ウィラーとマシュー・フェインバーグが見出したように、気候変動を防ぐために行動を起こすよう、リベラルな人がアメリカの保守的な人を説得する場合、自然の純粋さを守る必要性を訴えれば、より多くの人の心を動かせるだろう。それなのにリベラル派の政治家が話すのはほぼいつも地球に対するケアについてだ。誰でもそうだが、この手の政治家たちも、特に意識することもなく自分たちがいつも使っている道徳的な言葉のまましゃべっているので、この国の多くの人たちの「耳に届く」話ができない。

とはいえ、いつもの思考回路から離れて相手の道徳的な言葉で話をするのは容易なことではない。直感に反することでもある。訓練も勉強も共感も必要だし、謙虚であることも求められる。ウィラーとフェインバーグによると、自分の主義主張を別の言い方で表現すれば、**今まで以上に保守派を説得できるとわかっていても、そうすることをよしとしないリベラル派がおよそ20%もいた**そうだ。これこそが不健全な対立の兆しだ。どんなにささやかな譲歩でも、たとえそれが自分たちの利益になったとしても、そのことを考えるだけで、何やら不安な気持ちに苛まれてしまう。

ある日のこと。理事たちのもとにこの地域に暮らす女性がやってきて、新しい道路を建設する際、理事会の負担で、この女性の自宅の私道にも車のUターンスペースをつくってほしいと言ってきた。要するに、道路建設というすでに大規模なプロジェクトに、さらなる費用と時間を追加しろ、ということだ。ゲイリーなら、彼女個人の要望のために地域の人たちのお金を使うことなどできない、それは不公平だと説き伏せることもできただろう。ゲイリーにとってもこの地域に住む他の多くの人たちにとっても当然の話だった。だが、彼はそうしなかった。それは彼女の「耳に届く」話ではなかったから。かわりに別の視点から、やはり当然のことを指摘した。「よく考えたほうがいいですよ。そんなことをしたら、お宅の私道で他の人たちがUターンしても何も文句を言えなくなりますから」彼女は思い直した。

ゲイリーは言葉巧みに誘導したのだろうか？　そうかもしれない。だが、フランスに行ったときにフランス語を話すのを言葉巧みな誘導と言うだろうか？　本当に理解してもらいたい場合に用いる、単なるコミュニケーションの手段に過ぎない。

ちなみに、面白い話がある。ゲイリーはこの私道のUターンスペースに関する話をわたしにしてくれなかった。話してくれたのはゲイリーの元宿敵ヒューだ。ヒューは、ゲイリーの態度が変わったことに気づいていた。「今じゃすっかり調停者らしくなったよ」とヒュー。「話し方も穏やかになったし」ヒューはもう、ミューアビーチを出ていこうなどとは思っていなかった。実際、ヒューいわく、今のコミュニティはとてもいい雰囲気だし、ゲイリーといっしょにつつがなく仕事をしているそうだ。

ゲイリーは今でも定期的に怒りを爆発させている。自分がこれまで成し遂げてきたことを、新しい理事たちはことごとく台無しにしていると、トリッシュや子どもたちに不満をぶちまけている（これはゲイリーの思い込みに過ぎなかったが）。しかし彼はまた、ほっとしているとも言っている。ゲイリーは苛立ったかと思えば希望を抱いたり、諦めたかと思えば張り切ったりを繰り返していた。不健全な対立から抜け出そうとしている人を知っているなら、こうした心の揺らぎは理解できるだろう。

理事会が新体制になって数カ月が過ぎたあるとき、ある理事がルールを巧みに回避していたため、ゲイリーは臨時会議を招集しなければならないと強く思った。だがそのとき、彼は自問した。「本当のところ、わたしは誰のために臨時会議を招集しようとしているのだろう?」その結果、それが自分のため、自分は正しくて善良だと思いたいがためだと認めざるをえなかった。だから一呼吸おいた。そして、自分自身に対してときおり口にすることがある戒めの言葉を繰り返し唱えた。「わたしはそれほどの存在ではない。これはそれほどの問題ではない」そして臨時会議で個人的に恥をかかせることなく、その理事にきちんと責任を果たしてもらえる方法を考え出した。

ゲイリー自身が好んで称していた「個人的な錯乱」からの回復途上にあったある日、わたしはいつものように彼を訪ね、いっしょにミューアビーチを散歩した。「ああ、なんて美しい夏だろう」とゲイリー。「霧はなく、満月だ。何もかもがどうでもいいことのように思えるよ」そんなふうにゲイリーが話すのを聞けて嬉しかった。それは、彼がだいぶ回復してきた証しだったから。

不健全な対立のせいで負わされる苦しみのひとつに、感動できなくなる、というものがある。

ささやかな喜びさえも感じられなくなってしまうのだ。喜びを感じるには、いろいろなことに関心を持たなければならない。だがタールピッツにはまってしまうと、何事にも関心が持てなくなる。

散歩をしながらやがてとある家の前を通ると、ゲイリーが小さな声で教えてくれた。「この家の人たちはわたしのことが嫌いでね」しかし、そう言いながらも彼は笑っていた。別の隣人については、「彼のことは信用してないんだ。でもいい人なんだよ」とのこと。彼の言葉には、これまでにない複雑さが見られた。いわく、「いい緊張感」があるそうだ。彼はもう、善対悪やわたしたち対彼らといった対立に陥ることはなかった。自分の心の内に複雑さを受け入れられるだけのじゅうぶんな空間をつくりあげていたからだ。そしてそれは、世の中全体をより正確に見られるようになったことを意味していた。**結局、同じひとりの人間であっても、好ましいこともあれば、信用できないこともある。**そういう人を、誰もが知っているだろう。

これがゲイリーとカーティスの共通点だ。ふたりは人種や年齢、生い立ちをはじめ、多くの点で異なっている。ゲイリーが経験してきた、暴力を伴わない些細な隣人間の争いなど、カーティスのギャング同士の抗争に比べれば取るに足りないものだ。だが、ふたりの頭の中を覗くことができれば、彼らがともに抱いている複雑さに驚くだろう。ふたりとも、自分自身も他者も複雑な存在だと考えている。ゲイリーもカーティスも、そう考えられるだけの空間を、それぞれのやり方で自分の心の内につくりあげてきた。だが、自分の心と向き合うことで好奇心と謙虚さを鍛え、それを活用したのは同じだ。ゲイリーの場合は、自宅近くの仏教センターで学んだ瞑想を介して。カーティスの場合は、ギャングに加入することで出会えたイスラム教を介して。まるで違うふたりではあっても、彼らにはともに静かな強さ、すなわち最も大切なものを手放すことなく、いい緊張感を保っていける能力がある。

「この結婚で勝つのはどっちだ?」

ある日わたしが、ゲイリーの運転する愛車、緑のミニクーパーの助手席に座っていると、ゲイリーの携帯にヒューから電話がかかってきた。理事会のメンバー、ヒューは、近隣のフェンス建設の責任者だった。そのフェンスの高さについて、ある隣人から苦情が出ているという。

ゲイリー:「彼女と直接話をしたのか?」

ヒュー:「まだだ」

ゲイリーは首を傾げた。「君が彼女に電話をしたら、彼女はどう言うと思う?」そう問うゲイリーの声は好奇心に満ちていた。それはかつて、ゲイリーが主催する調停者のための研修で聞いたのと同じ声だった。

ヒュー:「おいおい、知ってるだろう、彼女は頑として話を……」

ゲイリー:「わかってるよ!(笑) だけど、君は気遣いのできる人じゃないか。それに、我々が最も気遣うべきは、実は彼女みたいな人たちだ。だってそうだろう、あの手の人たちはめったに気遣ってもらえないんだから」

ヒュー:「まあ、確かにな」しばしの沈黙。「あんたならそんなことを言うだろうとは思ってたよ。わかった、電話してみる」

わずか2分ほどの会話だったが、その晩ゲイリーがこの話をトリッシュにすると、彼女は目に涙を浮かべた。夫が魔法をもたらしてくれたからだ。

それから程なくして、オフィスでの長い一日を終えて自宅へと自転車を走らせていたゲイリーは、隣人の女性から声をかけられた。その瞬間、まず彼の頭をよぎったのは不安だった。「勘弁してくれ、今度はいったいどんな苦情なんだ?」それでも彼は笑顔で手を振った。

彼女はゲイリーを追って、ゲイリーの家の私道まで走ってきた。「どうしてもお礼が言いたかったんです」と彼女。前回の会議の前のこと。道路計画にまつわる問題を抱えていた彼女に、そのことについて会議で発言するようゲイリーは勧めていた。そして彼女が発言すると、ゲイリーはルーピングをした。自分の話をしっかり聞いてもらっていると彼女が思えるよう尽力したのだ。「自分が人としてちゃんと扱ってもらえてるって思えたんです」。彼女は言った。

そのときゲイリーは、選挙に勝ったときとは違う気持ちを味わった。強烈な高揚感ではなかったが、いつまでも心に残る温かさだった。ゲイリーの生活と隣人たちとの生活が結びついてひとつになっていたからだ。何十年も前、彼が初めて離婚調停を手助けしたジェイとローナのときのように、敗者が存在すれば、真の意味での「勝者」も存在しえなかった。

敵対主義は、永久かつ完全にして徹底的な決別から生まれる。だが現実の世界でそんな状況になることはまずない。「オールドガード」も「ニューガード」も実在するわけではない。こうした言い回しを使うのは、「この結婚で勝つのはどっちだ?」と聞くようなものだと交渉の専門家ユーリー(4章参照)はよく言う。隣人同士の争いも政争も同じだ。ターニャが言うところの相手を「打ち負かす」ことで一時的にドーパミン(幸福感ややる気をもたらす脳内ホルモン)が出るかもしれない。すると気分はよくなる。勢いづくこともあるだろう。大きな法的、あるいは政治的な勝利すら手にするかもしれない。それを機に組織を変え、それがさらなる変化へとつながる可能性もある。すごいことだ。

だがそうなると、今度は親権争いや次の選挙や銃撃戦が待っているのも事実だ。それもそう遠くない先に。長い歴史の中で、わたしたちはみんなで次の世代を育ててきた。比喩的にでも文字通りにでも、だ。地球の至るところで、人はかつてないほど依存し合っている。だからこそ、自分が勝利することによって隣人が屈辱を味わうのであれば、けっして勝ったことにはならない。「怒りは変革をもたらすものではない」と、ルース・キングは自著『Mindful of Race（人種を大切にする）』の中で書いている。「対立の始まりをもたらすものだ」


わたしには、積極的に政治活動をしている友人たちがいる。まあ、本人たちはこの言い方がお気に召していないのだが。ときには、自分でもこのような言い方が嫌になることがある。対立の炎に煽られている中で、勝ち目はないなどと言われようものなら不愉快極まりないだろう。「戦うべき時があるんだ」くだんの友人たちは、確信に満ちた目をきらきらさせながらわたしに言う。彼らの言うことは正しい。確かに戦うべき時がある。抗議し、団結し、ドアを叩くべき時が。**わたしたちに必要なのは、対立を減らすことではなく、健全な対立を増やすことだ。**つまり問題は対立の中身である。理解を伴わない対立は、せいぜい中途半端に終わるだけだ。

ゲイリーが2年かけて不健全な対立から離れていった間、ミューアビーチでは以下の変化が見られた。道路が補修され、水道料金が値上がりし、会議の雰囲気は改善された。近隣住民も揃って成長した。ある日ゲイリーの携帯にオールドガードのメンバーからのメッセージが残されていた。前回の会議でゲイリーが争いをうまく収めてくれたことへのお礼だった。ゲイリーのおかげで当事者ふたりのことを理解できたと思うし、どちらか一方を選ばなくてすんで本当によかったと伝えるそのメッセージを、ゲイリーはわたしにも電話越しに聞かせてくれた。ゲイリーにとっては大きな意味のあることだったが、当然と言えば当然だろう。

その争いを収めるのはゲイリーが思っていたよりも大変だった。だがゲイリーの尽力により、当事者たちは――そして彼自身も――互いへの理解を深めることができた。ゲイリーはついに、政治は別のやり方でもできることを証明したのだ。

ゲイリーやカーティスを見ていると、わたしも頑張っていい緊張感を保っていこうという意欲が湧いてくる。たとえ政治衝突の現場に身を置いていても、だ。つねに自分に言い聞かせるようにしている、この結婚に勝者はいない、と。わたしたちはみんなで次の世代を育てている。世界中のすべての人が。

では、次は?

6章

対立を解析する

「戦争は人の心の中で生まれるものであるから、人の心の中に平和のとりでを築かなければならない」

――ユネスコ憲章前文

日が落ちる直前に何機ものヘリコプターが姿を現した。そのうちの3機が、UFOよろしく熱帯雨林の林冠の上でホバリングしている。時は2009年11月9日。サンドラ・ミレナ・ヴェラ・ブストスとその恋人のセバスチャンは荷造りをし、夜のうちにアンデス山脈を歩いて抜ける準備をしているところだった。彼らが所属するゲリラ組織では、そうやって人目につかないように移動していた。

サンドラはヘリコプターの回転翼の音にすぐに気づいた。コロンビア中のゲリラたちが日々当たり前のように耳にする音だったからだ。いわばこの内戦のBGMのようなもの。その音が、このときはいきなり響いてきた。何かしらの目的があって、地面すれすれの低空飛行をしている。サンドラは胸の奥底に震えを感じた。

外を見ると、ヘリコプターから垂らされた縄梯子を伝って兵士たちが降りてくる。ひとり、ふたり、3人、10人、15人。あとからあとからどんどん降りてくる。誰かが彼女たちゲリラの潜伏場所を密告したに違いなかった。いまやサンドラを含め、わずか4人のゲリラ兵は、扇状に展開した数十人の兵士たちに囲まれていた。サンドラは自分の自動小銃ＡＫ－４７を探したが、置いてあるのは別室だった。もう時間がない。

サンドラとセバスチャンはとにかく小屋から飛び出し、山腹に身を潜める場所を探した。これはいわば、半世紀にわたって反乱軍と政府軍が繰り広げてきたイタチごっこのようなもの。コロンビアの田舎ではよくあることだったが、こんなふうにして突然、暴力が田畑やジャングルを切り裂き、土を蹴立て、屋根を砕き、動物を追い散らすのだった。

サンドラはひとり、岩陰の藪に隠れて息を潜めていた。銃声が響き、悲鳴が続く。あれはセバスチャン？　そうだ、そうに違いない。まるで自分が撃たれたかのように心臓が縮み上がる。サンドラは黙したまま懸命に祈った。

彼方で、別の仲間のゲリラ兵がひとり、頭上にライフルを掲げて降伏するのが見えた。サンドラもそうすべきだったのかもしれない。潮時だった。刑務所に行くことになるだろうが、少なくとも生きてはいられる。他にどんな選択肢があったというのだ？

だがそのとき、さらなる銃声が聞こえ、降伏した仲間が地面に倒れ込んだ。両手を頭上に上げたゲリラ兵を、政府軍の兵士たちは撃ったのだ。咄嗟にサンドラは思った。降伏などありえない。

サンドラは何時間も岩陰でじっとしていた。激しく脈打つ心臓、痙攣する足。娘に思いを馳せる。もう何年もつけたままのチェーンネックレス。そのチャームの銀のイルカに触れる。ようやく兵士たちの声が遠ざかっていく。急いで逃げよう。そう決意したサンドラは、ひとつにまとめた黒髪をなびかせながら飛ぶように藪を走り抜け、山を駆け下りていった。

だが……あれは何？　また声がする。サンドラは足を緩めた。麓にはさらに大勢の兵士たちがいた。山の上にもまだ残っていた。挟まれてしまったのだ。食糧も水も、武器もないままで。

復員《ラ・デスモビリサシオン》

誰もがふたつの世界で生きている。**外的世界**と**内的世界**だ。ふたつの世界は絶えず互いに影響し合っている。そもそも正式な平和条約が締結される場合、それに署名をするのは外的世界の支配層だ。もちろん平和条約締結は大事だが、本書が注目するのは別のこと——支配層ではない、ごく一般的な人たちが不健全な対立から内面的に抜け出そうとする際に個人のレベルで起こる（あるいは起こらない）ことだ。

ゲイリーとカーティスは主として自力で抜け出した。そのためにはふたりとも、道なき道を行かなければならなかった。だからこそ、グレン・ベック（かつてアメリカの分断を煽ってきたラジオやテレビのパーソナリティー。4章参照）をはじめとする多くの人は容易に抜け出すことができない。道がないからだ。だが、もし道があったら？　人々が不健全な対立から抜け出すための道を、街が、さらには国が切り開いてくれたとしたら？

これまで数十年にわたって、60を超える国々がその道を見出そうと努力してきた。そのための試みが、いわゆる武装解除や復員、社会復帰といったものだ。当初は主に戦闘員の武装解除でしかなく、文字通り、戦闘員たちから武器を取り上げ、破壊しただけだった。だがやがて調停者や政府は、さらなる行動が必要だと悟った。さもないと再び対立が生じるからだ。人々が新たなアイデンティティを確立できるよう手を貸す必要があった。そのために概しておこなわれたのが、金や政治的な力や教育を与えることだった。

考えてみれば、実に過激なやり方だ。そうやって政府が何百万ドルも費やしているのは、自分たちの敵だった相手――かつてテロリストや反乱分子と称され（しかもそう称していたのは往々にして、今まさに大金を費やしている当の政府だった）、誘拐や爆破、強姦、麻薬密売、少年兵の徴集などをおこなってきた集団だったのだから。

ご想像の通り、こうした試みはものの見事に失敗する可能性もある。西アフリカのシエラレオネでは、社会復帰プログラムを実施したものの、目に見える効果はいっさいなかった。政府の支援サービスを受けられなかった人たちも、その恩恵に与った人たちと同じように、きちんと社会復帰できていた。大勢が関与する不健全な対立を解析するのはとても難しい。だがそれは、現代社会の根幹にかかわる問題のひとつだ。では、ひとり、ふたりといった個人ではなく、大勢の人々が不健全な対立から抜け出せる道を、どうやったら切り開いていけるのだろう？

その答えを知るため、わたしは、この手の問題に関する珍しい専門知識を蓄積している国へ行った。コロンビアだ。57年以上にわたり、対立によって分断されてきた国。その内戦は、身内を敵味方に引き裂き、政府軍とゲリラ軍の対立をもたらし、25万人もの命を奪ってきた（これは理解し難い数字だ。比較対象として、アラブ・イスラエル紛争において過去1世紀の間に犠牲となった人たちの数を合計しても、およそこの半数にしかならない）。

コロンビアは広大で神秘的な国だ。南米最古の民主主義国で、作家のガブリエル・ガルシア＝マルケスや芸術家のフェルナンド・ボテロ、歌手のシャキーラらを輩出している。一方で、アメリカで売られているコカインの大半を供給している国でもある。シカゴでカーティスの入っていたギャングが売り捌いていたコカインもしかり。

麻薬取引に絡む腐敗と混乱のせいもあり、コロンビアでは何十年にもわたって、大規模な対立から人々を引き離そうと奮闘してきた経験がある。復員は、その規模といい、かかった費用といい、手続きの煩雑さといい、あらゆる点から見て大変なことだった。それでもコロンビアでは2001年以来、政府の社会復帰プログラムを介しておよそ5万2000人が復員している。

2016年、政府はコロンビア革命軍（FARC）と呼ばれる最古のゲリラ組織と実に脆弱な和平合意を結んだ。ただし革命軍のゲリラ兵の大半は、その合意締結の前にもう、対立から離れていた。ひとり、またひとりと武器を捨て、カーティスのように、新たな人生を築いていこうとした。そしてわたしたちが知るかぎり、対立や犯罪行為に戻っていった者は今のところほとんどいない。

現在、コロンビアの社会復帰プログラムでは、元ゲリラ兵ひとりにつき数万ドルもの大金が費やされている。世界中でおこなわれている同様の取り組みの平均金額の4倍以上だ。不健全な対立から人々を助け出すための、前代未聞の大規模な投資。にもかかわらずコロンビアはいまだに深刻な問題を抱えている。和平合意は、政治や犯罪の世界における厚顔無恥な対立の扇動者たちによって形骸化されており、維持できていない。

だが、どんなことになろうと、コロンビアには、公式、非公式を問わず「対立解消の専門家」が何百万人もいることだけは確かだ。そしてそこはまさに現実世界の実験場だ。人々がどうやって集団で不健全な対立に加わったり抜けたりするかを見ることができる。

ジャングルの中へ

サンドラが14歳ごろのことだった。ある日、1台の車が隣家の前に停まった。男が3人乗っている。隣家の女性が、男たちの要求を聞くべく、乳飲み子の孫を抱いて外へ出てきた。彼女のことは村中の人間が知っていた。フンタと呼ばれる地元議会のメンバーで、つまりは、揉め事の解決に尽力したり、村を抜けていくさまざまな武装集団と交渉したりしていた。いわばシカゴでのカーティスとビリー同様、盾のような存在だった。あるいは、そうであるはずの存在だった。

男たちのうちのふたりは、目出し帽をかぶって顔を隠していた。サンドラが見ていると、3人目の男が車から降り、くだんの女性の頭を撃った。男は一言も発することなく、彼女の命を奪った。くずおれる女性。サンドラには、すべてがスローモーションのように見えた。女性が倒れた際、抱いていた孫を落とし、その赤ん坊は地面に激突した。車は走り去った。

声も出せないまま、ただ見ているしかなかった。やがて、大人たちが走ってくるのが見えた。しばらくしてから、大人たちの悲しみに暮れる声に気づいた。女性もその孫の赤ん坊も死んだ。

サンドラの両親は、貧しい人々の救済を掲げる左翼政党に属していた。その政党は共産主義の流れを汲んでいたため、サンドラたち一家はつねに逃亡を続けていた。右派のさまざまな集団は10年以上にわたり、左翼政党の指導者や支持者の殺害を計画的に続け、何百人もの命を奪っていた。サンドラは、記憶にあるだけで10回は引っ越していた。ついには14歳で学校も中退している。きちんと通えるだけの長い間、ひとつところにとどまっていることができなかったからだ。

このとき、サンドラは対立に加わることを決意した。見ているだけなどもうたくさんだった。だからかわりに戦いへと身を投じた。両親を町から追い出した右派の民兵組織、権力や土地や富に対する自分たちの支配を脅かす相手を片っ端から殺していった右派の民兵組織との戦いへと。恐ろしい瞬間だったが、サンドラはそれを自分のキャリアに変えたのだった。

そして家族のもとを去り、共産主義を掲げる反政府組織FARCに加わった。サンドラはまだ少女だったが、当時はさほど珍しいことではなかったし、それは今も変わらない。今日、世界ではおよそ30万人もの少年兵が戦っており、そのうちの40％ほどが少女たちだ。

他のゲリラ兵と同じように、サンドラも新たなアイデンティティを選択した。偽名をつけたのだ。「リセト」です、と新しいサンドラは名乗った。先住民のルーツや艶やかな黒髪、大きな丸顔のために、仲間たちからは「リトル・インディアン」というあだ名で呼ばれた。こののち何年も、サンドラは多くのアイデンティティを持つことになるのだが、どれもどこかしら共通するところがあったので、自分でもわけがわからなくなることがあった。

「さあ、もう待たなくていいんです」

2014年、コロンビアは16年にわたってその機会を逃してきたサッカーW杯ブラジル大会についに出場を果たした。世界で最も注目されるスポーツイベントだ。当時、主力選手が怪我で離脱していたため、さしたる期待はされていなかった。ところがその空白を埋めるかのように、赤みがかった頬のハメス・ロドリゲスという若い選手が一躍スターの座に躍り出た。彼は最初の4試合で5ゴールを決め、コロンビア国民を興奮の渦に巻き込んだ。

6月28日、ラウンド16。コロンビア史上初の準々決勝進出の期待を背負って、チームはウルグアイと対戦。コロンビアのほぼ全国民が盛り上がる中、フアン・パブロ・アパリシオもテレビで観戦していた。首都ボゴタに次ぐコロンビア第二の都市メデジンに住む21歳の大学生だ。固唾を呑んで奇跡を願っていた。

試合開始28分、ロドリゲスはサッカー史上有数の美しいゴールを決めた。25ヤードの距離から放たれた左足ボレーは、クロスバーすれすれに弧を描いてゴールに吸い込まれていった。絶品のゴールだった。フアン・パブロもいっしょにテレビ観戦していた人々もいっせいに喜びを爆発させた。ファン・パブロとしては、これほどまでに自国を誇りに思うのは爽快だったが、不思議な気もした。そしてまたこの瞬間、コロンビア全国民がひとつになったとも感じた。

ブラジルでの試合を中継するコロンビアの公共放送では試合中盤、アナウンスが流れた。ただし、禁煙や飲酒運転禁止といった、たいていの人が聞き慣れたものではなかった。人々に不健全な対立から離れるように促すメッセージだった。「さあ、もう待たなくていいんです」とアナウンサーは、コロンビア中のゲリラ兵たちに直接話しかけていた。「最高のプレーが見られるよう、席を確保しておきます。どうか復員してください」

それは当時、反政府勢力のゲリラ兵たちに降伏を促そうと政府が定期的に流していた、いわゆるプロパガンダ広告だった。その日、ファン・パブロはそのことに気づき、首を横に振った。どうしてこんなものが功を奏するなどと思ったのだろう？

コロンビア内戦が始まったのは1960年代。ファン・パブロが生まれるはるか前のことで、当時はごく少数のエリート層がコロンビアの土地も富も政治的な権力も支配していた。そこへ、もっと平等な社会を求めて、FARCのようなマルクス主義の団体が武器を手に立ち上がり、政府に反旗を翻した。裕福な地主たちは我が身を守るべく私兵を雇う。いわゆる極右民兵だ。サンドラの隣家に住んでいた年配女性の命を奪ったのも、こうした極右民兵の一味だった。対立の火種をまいた指導者たちは、コロンビアの都市部と農村部、富裕層と貧困層という、昔からあった格差を利用して、対立を煽っていった。

何年かが過ぎ、コロンビアの政府軍は極右民兵と手を組んでFARCと戦うようになっていった。ときには政府軍と極右民兵を区別するのが難しいこともあった。一方アメリカはこの内戦を支援し、政府軍に対して財政及び軍事援助をしていた。アメリカはまず共産主義との戦いに、ついで麻薬との戦いに、そして最後にはテロとの戦いに手を貸した。だが大半の内戦と同じで、何ひとつ計画通りにはいかなかった。暴力はさらなる暴力を生み、分断と汚職と不均衡がのさばった。

この対立の当事者たちはいずれも非道な真似をしている。FARCは拉致をおこなった。その数たるや目を背けたくなる。極右民兵は凄まじい数の罪なき人たちを手にかけた。政府軍は無数の農民を殺し、彼らをゲリラの戦闘員だったと言い立てて、遺体にゲリラの服を着せて銃を持たせることすらあった。ひとえに、公式発表するゲリラ側の死傷者数を増やすためだけに。

どちらの陣営でも、最終的につけを払わされたのは一般の人々だった。これこそ不健全な対立の爪痕だ。コロンビア内戦で命を奪われた人のうち、民間人の割合は10人中8人に及んだ。およそ800万人のコロンビア人が対立のために家を追われ、国内で難民化した。

ほとんどのコロンビア人がそうであるように、ファン・パブロもまた生まれてこのかたずっと身近に対立を感じながら暮らしてきた。それはまるで再発を繰り返すガンのようだった。親友の父親は極右民兵の集団に拉致された。そしてそのまま戻ってこなかった。ファン・パブロの父親もFARCの拉致対象者のリストに名前が挙がっていた。一家がコーヒーの事業で成功を収めていたからだ。ファン・パブロが知るかぎり、こうしたゲリラ兵たちはもはや救いようがなかった。洗脳された凶徒の集団を相手に、武器を捨てろと説得しようとしたところで通用する世界がどこにあるというのか。だからくだんの公共放送によるプロパガンダはあまりにも浮世離れしているように思えた。

ちなみにその日、コロンビアは試合に勝ち、準々決勝進出を決めた。ロドリゲスは国民的英雄となった。彼がその試合で最高のプレーを披露したことは、相手チームのウルグアイの監督すらも認めたほどだ。そして6日後、コロンビアは準々決勝でブラジルを相手に涙を呑んだ。試合は終わったが、ファン・パブロの胸にはある思いがずっと残った。コロンビアは、誰もが考えている以上の能力を秘めているのかもしれない、との思いが。

取り囲まれて

本章冒頭、何機ものヘリコプターが姿を現した時点で、サンドラがＦＡＲＣに加入してすでに9年がたっていた。彼女とセバスチャンはちょうど別の場所の政治部隊への異動が決まっていて、サンドラは期待に胸を膨らませていた。ゲリラ組織に加入したてのころセバスチャンと組んでやっていたように、小さな町へ赴き、町の人々にゲリラ活動のイデオロギーを説明して回るのだ。思想や正義、マルクス主義の革命家チェ・ゲバラ、まだ実現していないよりよく公平な世の中のビジョン、そういったことについて人々に話をすることをサンドラは好んだ。ＦＡＲＣには「財政」部門と称される部隊があり、そこでは、拉致や麻薬の不法取引をはじめ、ありとあらゆる手段を介して収益を上げなければならなかった。財政部門に所属するなら、人々に金銭を強要する汚れ仕事もおこなわなければならないが、政治部隊ならその手の仕事はさほどせずにすんだ。

多くの仲間たちと違ってサンドラは、これ見よがしに迷彩服を着てＡＫ－４７を携えた自分の写真を撮ったりはしなかった。らしくなかったからだ。武器の扱いは心得ていたが、ありがたいことに、誰かの命を奪わなければならない状況に陥ったことは一度もなかった。相手を脅迫することさえ、つらくてたまらなかった。その後は何日もまともな精神状態ではいられず、政治部隊に戻してほしいと何年も訴え続けるほどだ。

政治部隊に戻りたい理由はそれだけではなかった。娘タマラだ。FARCのメンバーは子どもを持つことを禁じられており、女性のゲリラ兵は妊娠すると中絶を強いられた。しかしサンドラはセバスチャンとの子どもを身籠ると、必死に働きかけて例外を認めさせ、子どもを産むことができた。ところが産後1年で、再びジャングルでの任務を命じられる。そこで首都ボゴタにいるセバスチャンの親戚に娘を預けて、任に着いたのだった。サンドラは、もしも自分とセバスチャンがともに命を落としたら、タマラを孤児にしてしまうのではないかという不安に苛まれていた。

シカゴのカーティスや中東の「黒い九月」のメンバーたちと同じで、サンドラも親としてのアイデンティティゆえにリスクに対する考え方が変わり、対立から離れつつあったのだ。警戒や監視をおこなう歩哨の順番が回ってくるたびに、敵に待ち伏せされていたらと不安が募った。トラックをどこかへ駆っていくたびに、爆弾が爆発する光景が頭をよぎった。依然としてFARCの掲げる目的には意義を感じていたし、帰属意識もあれば義務感もあった。だからといってそれを、娘をこの世にひとりぼっちで残していい理由にはできなかった。せめて片方の親だけでも残してやりたかった。だから、危険の少ない部隊への異動にほっと胸を撫で下ろしていたのだった。今までよりもタマラの近くにいられる。そのはずだった。

しかし、結局、サンドラたちの部隊は政府軍の兵士たちに取り囲まれた挙げ句、セバスチャンは殺された。敵兵の奇襲から10日間、サンドラは山腹をさまよった。衰弱していくにつれ、時間の感覚もなくなっていく。彼女はポケットにある、以前母親からもらった聖女マルタの絵に祈った。

そして、かつてカーティスが息子の終業式で決断したように、サンドラも心を決めた。生きて帰れたら、対立から離れて、自分の手で子どもを育てよう。ゲリラ兵のリセトからサンドラに戻ろう。苦渋の決断だった。FARCから離れる者は裏切り者と見なされ、死をもって罰せられた。

サンドラは、自身の飽和点に達していた。これ以上大切な人を失うのは耐えられなかった。だからこそ、この決断ができた。ようやく農家を見つけた彼女はそのドアをノックし、食べ物と水を恵んでもらった。やがて自分の家族に連絡できるまでに回復すると、妹に迎えにきてほしいと頼んだ。「抜けたいの」と妹に告げた。「もうこれ以上かかわりたくないのよ」

逆宣伝《カウンタープロパガンダ》

W杯での胸躍る勝利を目撃してから4年後、ファン・パブロは経済学の博士号取得を目指して勉強していた。論文を書くに際して指導教員は、考えうる中で最も奇抜なテーマを追究するようアドバイスしてくれた。奇抜であればあるほどいい、と。当時コロンビアは、2018年のサッカーW杯への出場権を手にしたところだった。それもあって、ファン・パブロは前回のW杯のときのプロパガンダ放送を思い出した。あの広告に効果はあったのだろうか？　たかだか30秒の放送で、人々を不健全な対立から抜け出させることはできたのだろうか？

彼はその効果をまるで信じていなかった。それでも興味を持つ理由がひとつだけあった。すでに彼は、逆の効果なら起こりうることを知っていたからだ。

経済学者のデビッド・ヤナギザワ＝ドロットは2014年におこなった研究で、アフリカ中部のルワンダで人気ラジオ局がもたらす影響について調べている。1994年のルワンダ大虐殺の最中、そのラジオ局は少数民族ツチ族の絶滅を呼びかけた。このケースの場合、メッセージを聴けたのはラジオを受信できる村の住民だけだった。つまり、ルワンダ中に存在するラジオの電波が届かない場所は、どこであれ自ずと対照群（ラジオの影響を受けない群のこと）になった、というわけだ。

そして、衝撃的な結果がもたらされた。ルワンダ内でラジオを受信できる地域が増えるにつれて、殺害件数も増えていったのだ。暴力行為全体のおよそ10件に1件が、このラジオ局からのメッセージと関連があると思われた。何万人もの人々が、同胞を殺せというシンプルなメッセージに背中を押された。このラジオ放送のせいで、5万人ものルワンダ人が命を奪われた可能性がある。言葉は大きな力を持っている。対立の扇動者たちは、ラジオを使って大々的に憎しみを広めることで、ルワンダ中に対立の火種をばらまいていったのだった。

だからこそ、ファン・パブロはこう考えたのだ、はたして言葉は、これとは逆の方向にも作用するのだろうか、と。FARCのメンバーは、いつでもどこにいても、可能なかぎりコロンビア代表チームのサッカーの試合をラジオで聴いていた。これは公開されたインタビューの中で元ゲリラ兵たちが認めている。ゲリラ兵たちは、武器を手にして国と戦ってはいても、自国のサッカーチームを応援する気持ちには変わりはなかった。つまり彼らは概して復員を促すあのメッセージを耳にしていたことになる。

コロンビア政府には復員《デスモビリサシオン》させることができた個人の記録が保管されているので、ファン・パブロは2001年から2017年までの間、毎月何人が自主的にFARCを抜けて対立から離れたかを調べることができた。1万9000人分を超える膨大なデータベース。まさに宝の山だった。

ルワンダとは違って、コロンビアでは全土でまずまずのラジオ放送が享受できた。ただし、雨が降った地域では、受信状態が悪くなり、ラジオをまともに聴くことができなくなる。だからファン・パブロは、W杯のキックオフの際の天気をもとに、FARCのメンバーがメッセージを聴いた可能性の高い場所を割り出すことができた。そしてそういう場所での試合後の復員率を、雨が降った地域でのそれと比較することもできた。まさに自然がもたらしてくれた実験だった。

政府とラジオ局との契約に基づいて、各試合でくだんのメッセージが本当に流されたのかどうかを確認するため、ファン・パブロはラジオ局に対して、200以上あるサッカー代表戦のアーカイブにアクセスできるか問い合わせた。答えはノーだった。そこで政府にも聞いてみた。やはり、ノー。

だが彼は諦めなかった。サッカーと国という、彼が深い関心を寄せてきたふたつの事柄が交差する中で、その思いはもはや執念のようになっていた。そこで、代表戦を録音していた熱狂的なサッカーファンがいたら1000ドル払うとTwitter（現X）に投稿した。それは賭けだったが、ファン・パブロはコロンビアの熱狂的なサッカーファンを多分に信じていた。

はたして、数時間もしないうちに返信があった。相手は、サッカー関連の面白いネタを集めたコロンビアで人気のサイトを運営している熱狂的なファンだった。ファン・パブロはこの人物とメデジンのショッピングモールで会い、ほぼすべての試合が録音されているというUSBメモリの山と引き換えに1000ドルを支払った。

それから数カ月、彼は両親や弟にも協力してもらって、ひたすら試合の録音を聴いた。やがて復員メッセージのデータベースが完成。また、NASAの熱帯降雨観測衛星による降雨データを用いて、サッカー代表チームの試合の最中にラジオを受信できていたのは、1122の自治体のうちのどこかを突き止めた。さらに、キックオフが夕方の試合もピックアップした。その時間帯は、FARCのメンバーがラジオを聴いている可能性が最も高かったからだった。

そしてファン・パブロはその結果に驚いた。**雨で受信が妨げられることなく試合が夕方から始まった場合、試合の翌日には毎回20人ものゲリラ兵が復員していたのだ！　これは、1日の平均的な離脱者の数の10倍だった。しかも受信状況に問題がないこれらの地域では、試合後1週間たっても復員が続いていた。**

対して、カリスマ的なFARCの指導者が殺害された際に復員した兵はおよそ36人。ただしこれほど大物の殺害は、コロンビア内戦中には数えるほどしかなかった。ファン・パブロのデータによれば、サッカーの試合の際に流すメッセージのほうがはるかに影響力を有していたといえる。そもそもサッカーの試合のほうが大物の殺害よりも頻繁におこなわれていたし、人命や財産が奪われることもまずなかったのだから。

サッカーの際の広告メッセージになぜこれほどの効果があったのかは、本当のところよくわかっていない。こうした離脱を促すには、さまざまな力が影響し合ったに違いない。また、カウンタープロパガンダ（逆宣伝）がつねに効果を発揮したわけでもない。コロンビアでは、他にもいろいろな広告が用いられたし、後述するようにもっとインパクトがありそうなものもあったが、うまくはいかなかった。

それでもファン・パブロは創造的なメッセージの力に重きを置くようになっていった。「命を奪うことなく、人々を対立から引き離せるんです」と彼はわたしに言った。「プロパガンダはそのためにとてもいい方法なんです」彼の研究結果によると、この手のメッセージを9年にわたって流し続けたことで復員した人数のほうが、2016年にFARCと政府の間で正式に調印された和平合意によって復員した人数よりも多かったそうだ。

わからないことはまだまだある。しかし確実に言えるのは、ゲリラ兵を含めたすべての人が、それぞれの心の内に複数のアイデンティティを持っている、ということだ。そして誰もが、そのすべてのアイデンティティに従って、正しくありたいと願っている。

「見えない市民」

サンドラに話を戻そう。サンドラを不健全な対立から引き離すために、妹がオートバイでやってきた。ふたりは日が暮れてから出発し、ボゴタ目指して山中を9時間走行。闇の中を疾走するサンドラは、心ここにあらずといった感じだった。政府軍のみならず、脱走したことで今度はFARCからも命を狙われるかもしれない、そう思うと怖くてたまらず、セバスチャンの死を悼む余裕もなかった。だから今はそのことを考えず、かわりにタマラのことを思った。

ボゴタに着くとサンドラはすぐに娘と再会し、生き返った思いがした。最初は。だがその後は？　実母のアパートに身を潜めていた彼女は、日に日に追い詰められていった。選択肢はふたつ。どちらも耐え難いものだ。ひとつは警察に逮捕されるのを待つ。街で家族と暮らしていれば、逮捕は時間の問題だった。もうひとつは政府に出頭する。それは、殺されるかもしれないことを意味していた。FARCからはいつも言われていた。「政府軍に捕まれば拷問を受け、口を割ったらあとは殺されるだけだ」と。だが実のところ、選択肢などなかった。タマラを育てたいなら。

サンドラはジャングルにいたとき、ラジオから流れてくる公共広告を耳にしていた。もっといい人生を約束して、FARCのゲリラ兵たちに投降を促すメッセージだ。だがサンドラはそんなメッセージなど一度として信じなかった。彼女の友人たちを殺したのも、家族を追い払い、隣人の命を奪った極右民兵を支援していたのもコロンビアの政府軍だ。FARCの仲間も、こんなメッセージは嘘っぱちだと言い、サンドラもそれを信じていた。

だが今、狭い部屋に暮らし、自分をママと呼んでくれず、自分のことをほとんど覚えてもいない娘と親子をやり直そうとしていたサンドラは、なんとしても対立から抜け出したかった。毎朝起きるたびに、計画を練ってみる。仕事を見つけて、家族を養いたかった。学校にももう一度通いたかった。でも、どうやって?

サンドラの物語は、シカゴのギャングたちの物語と驚くほどよく似ている。身内の家に隠れ、外に出るのが怖くてたまらず、無力感に苛まれる。今この瞬間も、道さえわかれば、不健全な対立から抜け出したいと思っている人が世界に何百万もいるのは間違いないだろう。

2010年1月、セバスチャンが死んで2カ月後、サンドラは妹のパソコンを借りてGoogle検索をした。彼女が調べたのは、いわゆる「社会復帰」を担当するコロンビア政府の部署名だ。ゲリラたちに復員を促すプロパガンダ放送でいつも耳にしていたのが、この「社会復帰」という言葉だった。

ついで、その部署のトップページに記された「社会復帰への道」というツールバーをクリックした。投降した一般のゲリラ兵は、投獄されることも殺されることもない、と書いてあった。かわりに、新たな人生を構築するための支援サービスが受けられるという。本当に？

どうやら仕事に応募するときのように、手順があるらしかった。1．近くの復員事務所を探す。2．面談を受ける。政府からゲリラ組織の一員だったと認められれば、それを認定する証明書が発行される。3．その証明書により、一定の権利が保障される。カウンセリングを利用したり、学校に戻る一助として毎月奨学金を受け取ったりするなど、必要に応じて、自分に合った社会復帰プログラムが提供される。そのウェブサイトで特に目を引いたのが、政府は仲間に関する情報提供を強要することはできない、との一文だった。

読めば読むほど惹きつけられた。依然として政府のことはまったく信用していなかった。それでも初めて、ほんの少しだけ心が開いた。画面に並ぶ、いかにもお役所風の書体で書かれた手順を見たからかもしれなかった。他に選択肢がなかったからかもしれなかった。理由は何にせよ、以前のようにメッセージをにべもなく拒んだりはしなかった。「あのとき」とサンドラは言った。「希望を感じたんです」

コロンビアの事例からまず得られる教訓がこれだ。**大勢の人を対立から助け出すには、そのための道を示すこと。しかもその道は安全で、合法的で、簡単に見つけられるものでなければならない。**内戦の場合であれば、政府機関がわかりやすく段階を踏んだ手順を用意すべきだろう。近年アメリカをはじめ多くの国を苦しめている政治的二極化といった、さほど暴力的ではない不健全な対立の場合であれば、第三者か、飽和点に達した人が簡単に見つけられる合法的で新しい集団が必要かもしれない。さらに、問題を解決するための新しい方法も必要だろう。

ボゴタに隣接する、貧しい人々が住む郊外の街ソアチャ。そこにある、コロンビア社会復帰プログラムの事務所をわたしは訪れた。待合室には子ども用の小さな椅子やおもちゃがあり、母親が生まれたばかりの赤ん坊に母乳を与えている。このような政府の機関が失敗した案件のリストは長く、けっして軽々しくとらえていいものではない。それでも、その存在自体に大きな意味があると感じた。そして、シカゴにあるCREDのオフィスを思い出していた。ギャングのメンバーが安心して行けて、新たなアイデンティティを育んでいける場所。

サンドラが社会復帰プログラムについてネットで調べていたころ、ディエゴという名の幼なじみが彼女を訪ねてきた。今のディエゴは警察官だった。だがサンドラを逮捕しにきたわけではない。自ら事務所に出向くよう説得しにきたのだった。それから数日後、サンドラはディエゴに付き添ってもらって、社会復帰のためのウェブサイトに掲載されていた事務所へ行くことに同意した。ディエゴはコミュニティの一員として、対立から抜け出す道をサンドラに示してくれたのだった。ちょうどカーティスやビリーがシカゴのギャングたちにしているように。対立から抜け出すには、寄り添って導いてくれる人の存在がとても大事だ。誰かに危険で困難な道を歩ませなければならないときに、その人にひとりで行くよう求めるだけでは不十分だ。

ウェブサイトに載っていた事務所は、ボゴタの金融街に建つ古いが有名なホテル・テケンダマの最下階に入っていた。2010年2月初旬、サンドラはディエゴに同行してもらってホテルへ向かった。「怖かったわ」とサンドラ。ジャングルをあとにしてからまだ2カ月もたっていなかったのに、今は人口1000万人の街を歩いていた。それも敵に会うために。ホテルの前に立つ、高性能の武器を手にした警備員たちのそばを通り過ぎる。心臓がバクバクする中、ドアを開け、床が大理石のロビーを抜けて、事務所へと歩を進める。いよいよだ。息をするのも忘れそうだった。

事務所に入っていくと、小さな個室に通され、そこで待った。15分がとてつもなく長く感じられた。ネックレスのイルカに触れる。部屋の前を通っていく警官や兵士がちらちらとサンドラを見ていく。銃も持たずに敵の機関にいる。まるで丸裸にされているような気分だった。手が震える。「恐ろしくてたまらなかった。次に何が起こるのか、想像もつかなかった。自分は正しいことをしてるんだって、思うしかなかった」

ようやく、面談のために若い職員がやってきた。彼は軍服を着ていなかったので安心できた。そして立て続けに質問された。「いつＦＡＲＣに加入しましたか？　これほど長い間いたのはなぜですか？　どうして今抜けたいんですか？」職員はメモを取っていた。目の前の女性が本当にＦＡＲＣのメンバーだったのか、プログラムの恩恵を受けるに値するかを判断しなければならなかったからだ。

コロンビアをはじめとする国々では、復員のための活動に便乗し、制度の抜け穴を悪用して、その資格もないのに恩恵に与ろうとする輩が大勢いた。だからこそ、面談は大事だった。だがこれは同時にサンドラのような人たちを危険な状況に追い込みもした。それはまるで国防省のオフィスで見ず知らずの人間がサンドラにこう言っているも同じだったからだ。「お前がわたしの敵だったことを証明しろ。国に対して犯した罪を告白しろ。お前が仲間を裏切ったことを信じさせろ。そうしたら金をやろう！」

サンドラには最後まで話せないこともあった。それでも、ＦＡＲＣのメンバーだったことを職員に信じさせるに足るだけのことは話した。その時点で、社会復帰サービスを受給する認定が受けられるという確約を得て、息が詰まりそうな事務所から解放されるはずだった。

ところがそのかわりに、事務所内にいたひとりの大佐が話をしたいと言ってきた。軍服を着て武装した男。彼はサンドラに、彼女の指揮官で、偶然にもセバスチャンの父親にしてタマラの祖父でもあった男の居場所を聞いてきた。サンドラは何もしゃべらなかった。すると大佐は、サービス受給の認定を取り消すと脅してきた。サンドラの着ていた平服に汗が滲んでくる。やはり恐れていた通りになってしまった。

自分にとって最も意味のあるもの、それを裏切ることはできなかった。FARCに加入したのは不正と戦うため。自分ではそう思っていた。けれどやがてFARCは文字通り家族となった。それを敵に売りわたすなど、これ以上ない裏切りだ。ゲイリーやカーティス同様、サンドラもまた自分にとって何が一番大事かはわかっていた。そしてそれを差し出すつもりはなかった。「わたしには権利があります」思っていた以上に堂々とした口調だった。そして、ウェブサイトで見た文言を引用した。それもほぼ一言一句違わずに。それから、大佐がサービス受給を認めないなら提訴すると告げた。ウェブサイトに書かれていた手順はすべて理解していた。銃は手放せても、家族は差し出せない。

これがコロンビアの事例から得られるふたつ目の教訓だ。**人々を不健全な対立から救い出したいなら、残っているアイデンティティ——対立に勝るアイデンティティを裏切るようなことを求めてはならない。**それは対立から離れるために必要なアイデンティティだ。「己が信じるように生きる権利を否定されれば人は社会からはみ出さざるをえない」とはネルソン・マンデラの言葉だ。

大佐と対峙してから3カ月後、サンドラは復員証明書を受け取った。結局のところ政府は約束を守ったわけだ。その後、社会復帰支援ワーカーに会い、教育と仕事を中心に自身に合ったプログラムを立てるのを手伝ってもらった。毎月76ドルの生活保護費を支給してもらいながら夜間学校に通学。また、ソーシャルワーカーと月2回面談することを条件に、さらに月76ドルが支給された。十二分な額ではなかったが、新しい生活のスタートを切ることはできた。

そのころサンドラが就いた仕事は、市場の露店で本を売る手伝いだった。そして夜は学校に通い、約束通りソーシャルワーカーのもとへも足を運んだ。この間ずっと母親がタマラの世話を手伝ってくれたおかげで、それ以外のあらゆることもどうにか回していくことができた。

そうやって「社会復帰」に勤しんでいたころのサンドラは、成長しているように思えたし、実際にそうでもあった。ただしこの時期は、とてつもなく孤独でもあった。対立から抜け出そうとし始めたころのカーティスと同じだ。サンドラは依然として身を潜めたままだった。その場所がジャングルからありふれた風景の中に変わっただけだ。自分の過去を話せる相手もいなかった。隣人にも、誰にも話せなかった。仕事に応募するときは、これまでの10年をずっとアーマ・デ・カーサ、つまり専業主婦として過ごしてきたと説明した。サンドラは、研究者たちが言うところの「見えない市民」だった。「見えない市民」の日々は孤独だ。毎日仮面をつけているようなものだ。身を潜めていなければならないときに、どこかに所属するのは難しい。

それまでの人生でありとあらゆる暴力を目の当たりにしてきたにもかかわらず、サンドラはトラウマに関するカウンセリングを受けていなかった。これこそが「社会復帰」のプログラムにおける最大の問題点だと、サンドラはわたしに言った。わたしもこれまでに数多くの社会復帰プログラムを見てきたが、やはりそのほぼすべてがこの点において失敗している。例外はこの種の支援にきちんと対応しているシカゴのCREDだけだ。サンドラの場合、ソーシャルワーカーのもとに通った最初の3年間は、基本的に無意味だった。毎回現れるのは、サンドラのことを何も知らない初対面のソーシャルワーカーばかり。それはカウンセリングというより仮釈放のための面接のようだった。

だがささやかな希望の光もいくつかあった。サンドラは高校の勉強を終え、ビジネスの准学士号を取得。Tシャツ製造工場での仕事も得た。やがてセルヒオという男性と出会う。対立にはかかわったことのない男性だ。彼には自分の物語を話せた。そして彼はきちんと耳を傾けてくれた。サンドラは、FARCのメンバー以外の誰かと恋に落ちた自分に驚いていた。

2012年、ふたりの間に男の子が生まれる。セルヒオ・ジュニアと命名。2カ月後、コロンビア政府はキューバの首都ハバナでFARCと交渉を開始する。それがマスコミに漏れると、コロンビア大統領は左翼ゲリラ組織と「予備交渉」を始めたことを認めた。サンドラは、成長していく家族を思い、これまでとは違う未来を思い描くようになっていった。

やがて、工場の上司がサンドラの欠勤について文句を言い始めた。月に2回、ソーシャルワーカーのもとに通うという義務を果たしていたために仕事を休まなければならなかったのだが、上司には欠勤の理由を話せなかった。だがついに、人事部の人間に「自分は道半ばにある」と説明した。「社会復帰」プログラムのことを婉曲的に表現したのだが、翌日人事部からクビを告げられた。「君を雇っておくのは危険すぎる」というのが人事部の言い分だった。

サンドラはまたしても、どうしていいかわからなくなった。今の自分ではなく、過去のアイデンティティのせいでこんな目に遭うなんて。サンドラは空虚で絶望的な思いを抱いて工場を後にした。もう一度、一から始めなければならなかった。家には生まれたばかりの赤ん坊もいて、とにかくお金が必要だった。

それでも、自分にクビを言いわたした人事部の人の気持ちはわかると、サンドラはわたしに言った。彼がＦＡＲＣについて知っていることは、テレビで見たことだけ。そんな彼にとってサンドラは「自分とは相容れない人間」、テロリストでしかなかった。サンドラは思い出していた、自分だってほんの少し前までは警察や政府軍のことを同じように考えていたじゃない、と。

彼女は新しい仕事を探し始めた。

クリスマス作戦

コロンビアには、対立から離れるよう人々に働きかける力が他にもあった。サッカーとは関係のない闇の力だ。たとえば、コロンビア政府軍が攻撃を続け、見事ＦＡＲＣの主要な拠点を破壊すると、多くのＦＡＲＣメンバーが投降した。

麻薬とお金絡み、というパターンもあった。ＦＡＲＣは世界有数の巨大麻薬密売シンジケートのひとつでもあり、コカ農家からバイヤー、トラックの運転手に至るまで、その供給ルートのすべての段階で「税金」と称して上前をはねていた。２００5年のコロンビア政府軍による概算では、ピーク時にはコカイン取引だけで5億ドルから10億ドルも稼いでいたとのこと。そのため、通貨単位のコロンビア・ペソが米ドルに対して高くなるときまってＦＡＲＣの利益は減少した。

その場合もFARCメンバーの投降は増えたという。これはエンツォ・ヌッシオとファン・ウガリッサの調査研究によるものだ。

反乱分子は戦場での敗北であれ収入の減少であれ、とにかく飢えや苦難を経験したときに対立から離脱している。当然と言えば当然だろう。FBIの捜査の手がギャングのリーダーたちに迫っていった際、カーティスが対立への自身の関与に疑問を抱いたように、ゲリラたちもまたプレッシャーを感じていた。概して、死にたい人間などいない。そもそも、毎晩ヘリコプターから逃げ回ってキャンプ地を点々と移動していれば、心身ともにへとへとになってくる。

このように、飽和点は苦しみの果てにもたらされることがある。状況があまりにも悪くなると、ゲリラたちの中に潜在するアイデンティティが浮上してきて、不健全な対立から離れるよう促す可能性があるのだ。

面白いことに、ヌッシオとウガリッサの調査によれば、他のタイプのプロパガンダは効果がなかったという。

たとえば2010年、コロンビアの国防省と提携している世界規模の広告会社が、コロンビアのジャングルにある9本の高木をクリスマス用の小さな青い豆電球で飾り、そのかたわらに横断幕を配した。そこに書かれていたのが「ジャングルにクリスマスが訪れれば、家に帰れる。復員しよう」だった。テレビを意識した美しいビジュアル。「クリスマス作戦」といわれるこのキャンペーンは、BBCのニュースから『60ミニッツ』(米CBSのドキュメンタリー番組)に至るまで、世界中のマスコミに取り上げられ、広告代理店は、これで投降者数が急増すると快哉を叫んだ。

ところが研究者たちによる調査の結果は違った。2010年から2012年までの3年間、クリスマス作戦のキャンペーン中とその後の数カ月間、他の要因の影響を差し引いたあとのFARCからの投降者数に、統計的にプラスと思われる変化はさして認められなかった。それどころか、**キャンペーンはむしろ投降にマイナスの影響を与えていた**ようだった。つまり、キャンペーン後にFARCから復員した者の数は、当初の予想よりもはるかに少なかった。

クリスマスツリーが失敗に終わったのに、サッカーの試合時の放送が功を奏したのはなぜなのだろう? 確かなことはわからないが、サッカーの際の放送が広範囲に届けられたことと、その影響力に関係があるのかもしれない。そもそもゲリラのメンバーにとってサッカーの試合は大きな関心事だったことから、より多くのメンバーがその放送を耳にした可能性がある。

また、メッセージそのものが一段と効果的に作用したのかもしれない。政府が考案したサッカー放送中の最初の広告メッセージが重点を置いたのは、ゲリラ兵の家族だった。反乱分子たちに、母親に会うために家に帰ろうなどと呼びかけたのだ。その後は、政府が呼び寄せたプロの広告代理店がキャンペーンの微調整を担当し、もっとサッカーそのものに重点を置いた内容に変更、反乱分子たちに、君たちはコロンビアチームの一員だと語りかけた。ただしファン・パブロが見たところ、家族に重点を置いた最初のメッセージのほうが効果的だったようで、投降者数の伸びはよかった。

「一番効果があるキャンペーンは、家族関係に訴えるもののようです」とファン・パブロは言った。それは、あらゆる対立の中でわたしも繰り返し耳にしてきたテーマだ。潜在する家族のアイデンティティを呼び覚ませば、不健全な対立からの離脱を促す一助となりうる。離婚裁判でもギャング間の抗争でも内戦でも同じだ。

しかしそれは誰にとっても、不健全な対立から抜け出すための始まりに過ぎない。軍による爆撃も為替の変動もサッカーの広告も投降を促しはしたかもしれないが、FARCを壊滅させることはなかった。投降した人々のかわりに新たな兵士が補充された。しかもその多くが子どもだった。一方で、武力紛争によって何千人もの民間人が命を奪われていた。いずれも、不健全な対立の悪循環を永続させ、その後何世代にもわたる新たな背景のもとをもたらすだけだった。

和平合意と同じで、飽和点も不健全な対立を変えていくための最初にして、おそらくは最もシンプルな一歩に過ぎない。その次に何が起こるか、すべてはそこにかかっている。

「これがあなたよ」

マリアナ・ディアス・クラウスは12年にわたってコロンビアで兵士たちの復員に尽力してきた。サンドラが飽和点到達後に頼った政府の社会復帰担当部署での活動もそのひとつだ。クラウスいわく、政府の内部調査によると、家族の存在がゲリラ組織からの離脱のきっかけになることが非常に多いそうだ。だが、それだけではじゅうぶんではない。

不健全な対立から身を守る最も賢明な方法は、新たなアイデンティティをしっかりと保ち続けることだ。そこから抜け出した人々が改めて呼び覚ました役割を育んでいけるよう手助けすること。英国王立協会が環境保護論者マーク・ライナスの書いた科学書籍に賞を授与したことで、彼の新たなアイデンティティ――科学的に考えるというアイデンティティが明確になった。それが意図されたものだったにせよ、そうではなかったにせよ、この受賞によって、マークはかつてのアイデンティティ――遺伝子組み換え作物と戦うというアイデンティティに戻ることが非常に難しくなったのだった。

コロンビアでは、身分証明書——文字通りアイデンティティを証明する政府発行の公式書類を与えたことが役に立った。元ゲリラ兵の大半が、ジャングルをあとにしたときには持っていなかったものだ。「身分証明書は非常に強力なツールでした」とクラウスは語った。「それを見せながら彼らに言うんです、『さあ、これがあなたよ。あなたの写真と名前と拇印があるでしょ。これは、権利を持った市民の証し、国家に合法的に要求ができる権利を持った人の証しよ』」

ほんの些細なことに聞こえるかもしれないが、身分証明書の存在は現実的にも精神的にもとても重要なことだった。コロンビアでは、身分証明書に記載された個人の識別番号がなければ、銀行口座の開設も投票も医療を受けることもできない。スニーカーすら買えない。元ゲリラ兵たちは、そんな新しい身分証明書を受け取ると、クラウスに誇らしげに見せるという。それはまさに、社会の一員であることを示す証しだった。

クラウスはまた、元ゲリラ兵の家族に直接支援の手を差し伸べるのも非常に効果的な方法だと教えてくれた。子どもを学校に通わせ、パートナーの求職活動を手助けし、元ゲリラ兵個人ではなく、その家族全員のために安全な住居を探し、医療を受けられるよう尽力する。

「家族が問題なく暮らせて、それが自分の決断のおかげだとなれば、その決断を簡単に覆すことはできなくなります」

サンドラの物語には繰り返し家族が登場する。彼女を文字通り対立から遠ざけてくれたのは妹だ。妹も母親も、経済的な余裕がないにもかかわらず、サンドラを快く迎え入れてくれた。ふたりの支えと愛情がなかったら、サンドラはどうなっていたことか。「家族は」とサンドラは言った、「わたしにとってなくてはならない存在でした」

こうしたサンドラのような物語を持つ人は何千人もいる。

2016年、エンツォ・ヌッシオと同業のオリバー・カプランは、コロンビアの元ゲリラ兵1485名について独自に収集した情報を、警察や軍の記録と照合した。復員後4年から9年の間に警察に逮捕されたり軍事作戦でとらえられたりした元ゲリラ兵について調べるためだった。そして、1485名のうちの14％が、警察や軍に再度身柄を拘束されたことが判明した。

どうして彼らは、犯罪や対立に再び巻き込まれたのだろう？　そして、それ以外の多くの元ゲリラ兵が巻き込まれなかったのはなぜなのだろう？

わかったのは、子どもの存在が大きかった、ということだ。**子どものいる人はいない人に比べて、非合法活動に戻る可能性が40％も低かった。**40％だ！　研究者らが驚いたことに、実のところ元ゲリラ兵が仕事を見つけたかどうかより、家族との強い絆があるかどうかのほうが、社会復帰の成功を予測する要因としてははるかに強力だった。

これまで見てきたように、多くの人がそもそも不健全な対立から離れようと思う理由は家族にある。家族は盾となってくれる。大切な人を対立から引き離し、対立の火種から遠ざけてくれる。その人が飽和点に達したことに気づかせてもくれる。ゲイリーの妻子もそうしてくれた。カーティスの息子も。家族はたとえ自分たちが対立に巻き込まれていなくても、世界中で不健全な対立と戦っているのだ。したがって理想を言えば、誰かを対立から救い出したいと思うなら、その家族を助けるべきだろう。ＰＬＯが「黒い九月」のメンバーを結婚させたように。

政治的に言えば、これを成し遂げるのは難しい。対立は強い怒りや不信感をもたらす。だがそれも当然だろう。かつてコロンビア人に調査をおこなったところ、元ゲリラ兵を信用しないと答えた人はほぼ10人に8人の割合にのぼった。それほどまでの不安や嫌悪感があれば、サンドラのような人やその家族への給付金や支援を正当化するのは非常に困難になる。コロンビア人の半数が、元ゲリラ兵はどんな支援も受けるべきではないと言っている。

これは、人々を対立から救い出そうとする際には、元ゲリラ兵やその家族の他にも対処すべき極めて重要な第三の集団がある、ということを意味する。それが一般の人たちだ。彼らもまた、別の意味で対立の一部だったと言える。だからこそ、一般の人たちが大事になってくる。彼らがサンドラのような人たちを敵と見なし続ければ、対立は続いたままだ。彼女たちは孤立し、恨まれ、排除される。

その意味で、「クリスマス作戦」は結局のところ多少の効果はあったのかもしれない。あの広告は、大勢のゲリラ兵を説得してジャングルから去らせることはできなかったが、それ以外の人たちの抱いていた二項対立の考えを揺るがすことはできたからだ。一般の人たちがあの広告に気づき、それを機に多くのメディアが注目した。そして一般の人たちは、家に戻ってくるよう呼びかけるゲリラ兵の母親たちの声を耳にした。これだけではとてもじゅうぶんではなかったし、むしろまったく足りないぐらいではあったが、きっかけにはなった。

心痛む事実がある。コミュニティは、元ゲリラ兵にかぎらず、かつて闘争に身を投じていた面々を快く受け入れなければならない。彼らが元ギャングや反乱分子やたとえそれらの幹部であったとしても、だ。さもないと彼らは、自分たちの拠り所と思える場所へ行ってしまう。そしてそれは概して対立へと戻っていく、ということだ。

コロンビアのブレグジット

サンドラが仕事をクビになった年、ソーシャルワーカーが新しくなった。ヴィヴィアナというその女性は、以来3年にわたってサンドラを担当してくれた。おかげで、定期的にソーシャルワーカーのもとを訪ねるのが、面倒なことから有益なことに変わった。ヴィヴィアナはトラウマのカウンセリングの専門家ではなかったが、優秀なコーチよろしく、徹頭徹尾サンドラをサポートしてくれた。政府やＦＡＲＣや他の誰かに導いてもらうのを待つのではなく、自分の人生は自分でつかみ取っていくよう励ましてくれた。

２０１６年10月、コロンビア国民は、政府がＦＡＲＣと結んだ和平合意についての投票を求められた。賛成か反対か、二者択一の国民投票だ。和平交渉自体にこの過程は不要だったが、国民の賛同を得るのにいい方法だと思われたのだった。

だが実際のところ、二項対立の力を考えると、これは危険な賭けだった。半世紀にも及ぶ内戦を、たった一度の信任投票で終わらせようとしたわけで、当然、政治的な対立の扇動者たちが簡単につけ込んでくる。それでも、誰もが国民投票で和平合意は可決されると思っていた。どの世論調査の結果も同じだった。サンドラは賛成票を投じた。そしてその夜、子どもたちや夫といっしょにベッドに入り、テレビで結果が放送されるのを待った。

その結果に世界中が衝撃を受けた。和平合意は否決されたのだ。それも、０・５％もない僅差で。内戦により直接被害に遭った大半の人は賛成票を投じていた。ところが、コロンビア国民の

3分の2がそもそも投票していなかった。結果を前に、サンドラは落ち込んだ。夫と見つめ合う。祝杯を挙げる準備をしていたのに、子どもたちを抱きしめながらベッドに座り込んだまま、涙が流れ落ちるに任せていた。「希望が奪われたような気がしました」

振り返ってみると、コロンビアにおける和平合意の可否を問う国民投票の失敗は、不健全な対立をなくしていくにはトップダウンの手法だけではダメで、ボトムアップの手法も重要だということを示している。指導者たちは、平和条約に署名をしたり司法制度を改革したりすることで、不健全な対立をなくすための過程を始めることはできる。だがそれはあくまでも外面的なことだ。では一般の人たちの内面は？

内面はたいてい無視される。クリスマスツリーの広告は、きっかけとしてはよかったが、多くのコロンビア人は元ゲリラ兵たちに怒りや不安を抱いていて、彼らを同じ人間とは見なしていなかった。なぜ同じ人間と思えなかったのか？　何十年にもわたって、政治家は自分たちの利益のためにFARCを悪者扱いしてきた。そして、たいていはそんな政府側の視点に立って対立を報道してきたのがニュースメディアだ。だから一般の人たちには自ずと、FARCは文明の敵だという考えが刷り込まれていった。

これもまた、対立の扇動者たちの有害な置き土産だ。彼らは元ゲリラ兵たちを中傷している。

いつの日か不健全な対立に立ち向かうべく、わたしたちとともに力を合わせなければいけないまさにその人たちを。これは大きな挑戦だ。かつて同じ人間ではないと見なした敵を、同じ人間だと認めなければならないのだから。

敵を同じ人間と認める、そのための方法はたくさんあるが、中でもすばらしいのが物語を語ること（ストーリーテリング）だ。どんな平和条約より功を奏する可能性がある。

マケドニアでは、非営利団体「サーチ・フォー・コモン・グラウンド」が子ども向けの番組を制作した。建物がおしゃべりをする不思議なアパートに暮らす、4つの民族的背景を持つ家族たちを描いた番組だ。番組内ではさまざまな民族の言葉がすべて表現されていたが、これはめったにないことだった。番組は大ヒット。マケドニアの子どもたちの10人中9人が少なくとも1話は見たことがあると言い、ほぼ半数がこの番組のことを両親と話したことがあると答えた。番組視聴前は、異民族の子どもを自宅に招いたことがある子どもは30％しかいなかった。それが8話終了後には60％にまで増えていた。

敵を同じ人間と認めるには時間がかかる。心から認めるのは容易ではない。だがそれは和平交渉と同じく必要不可欠なことだ。それなのに、コロンビアをはじめ多くの地で無視されてきた。

サンドラが感情的になったのを見たのは、あとにも先にも国民投票が実施された夜のことを語ったときだけだった。後年、そのときのことを話す彼女の目には涙があふれていた。「わたしの子どもたちが、それまでと何も変わらないコロンビアで、憎しみと不安に満ちたコロンビアで育っていくのかと思うと、恐ろしくてたまらなかったんです」そのときもまだサンドラが怯えているのがはっきりと見てとれた。自分自身は対立の沼から抜け出せても、自分の国までそこから引っ張り出すことはできない。

イギリスのEU離脱になぞらえて、コロンビアのブレグジットと称されることもある国民投票の失敗により、政府とFARCは早急に交渉の場に戻らざるをえなくなった。そして和平合意の内容を一部修正したのち、改めて署名をした。ただし、国民投票の結果が尾を引き、協定に深刻なダメージをもたらした。イギリスのEU離脱と同じく、誰もが二者択一を迫られたのだった。

その後間もなく、和平合意反対運動を展開していた政治家イバン・ドゥケ・マルケスがコロンビア大統領に選出された。そしてマルケス政権は、和平合意に記された内容の多くを、ためらうことなく無視するか破棄した。その一方で、和平合意締結以降、推定1000人にものぼる社会運動家や各地元の擁護者たちが殺害された。何十年も前にサンドラの隣人が命を奪われたときと同じ。反体制組織FARCは4000人ものコロンビア人を集めた。対立へと戻っていく。

翌年、サンドラは正式に社会復帰プログラムを終了し、社会復帰事務所での仕事を得た。彼女は原点に戻って、人々が対立から抜け出す道を見出す手助けをしている。かつて自分が助けてもらったように。

毎日仕事に行けること、ありのままの自分でいられること、過去を隠さず、むしろそれを活かして人助けができること、いずれも初めての経験だった。政治の現実を考えると、平和への道のりを前に、サンドラは依然として己の無力さを痛感していた。それでも、ゲイリーやカーティス同様、自分にとって一番大事なもの、つまり自分が経験してきた対立の背景を守っていく術は見出していた。そして今も、コロンビア人の正義のために戦っている。

ゲリラ活動に別れを告げて10年後のある日、サンドラは自宅近くの地域でビジネスを展開している地元企業向けにワークショップをおこなうよう言われた。社会復帰プログラムの効果を説明し、事業主たちに元ゲリラ兵の雇用を促す、というのが趣旨だ。それは、平和維持に欠かせないとサンドラが考えていることだった。

だが、このワークショップには他にも意義があった。サンドラとともにワークショップをおこなう相手は元極右民兵だというのだ。名前はハイメ。何年も前にサンドラの隣人の命を奪った連中と同じ一団に属していたことがある男。そんな相手といっしょに仕事をするなど、考えただけで身の毛がよだつが、このワークショップがどれだけ重要かは理解していたので、今さらやめますとも言えない。それでも、その日が近づくにつれ、サンドラは気が重くなっていった。

ワークショップ当日、サンドラはハイメと会い、互いの物語を語り合った。よく知っているようでいて、まるで違う物語。その際、ハイメがサンドラの1年前に復員していたことがわかった。彼だって同じ人間みたいじゃない。サンドラは認めざるをえなかった。おかげで多少ほっとした。元極右民兵とこれほど近しく接したのは、復員して以来初めてのことだった。戸惑いと解放感が同時に襲ってきた。

その1年後、サンドラは依然としてハイメとテキストメッセージのやりとりを続け、仕事上の問題で助け合っている。彼らは友人、とまではいかなかったが、もう敵でもなかった。

予防策

人は不健全な対立から抜け出せる。わたしたちはそれを目の当たりにしてきた。ゲイリーもカーティスもサンドラも、それぞれの方法で自分の飽和点に気づき、自分がとらわれていた対立の悪循環を断ち切った。それぞれの対立の根幹にある背景を探究した。自分や自分の敵が属していた集団が形成する二項対立を打ち破った。そして人生における対立の火種から確固として距離を置いた。

大勢の人を不健全な対立から引き離し、二度と近づけないように尽力する場合、サンドラがコロンビアで経験したように、政府や家族や隣人にはできることとできないことがある。できるのは、不健全な対立から抜け出すための合法的かつ明確な道をつくり、親や市民や従業員や隣人やバスケットボール選手といった、対立の外にあるアイデンティティを強化することで、抜け出しやすくしてあげることだ。

もちろん、ありがたいことに、目下内戦だのギャングの復讐だのに巻き込まれている人は、わたしたちの中にはまずいない。それでもやはり、誰しも人生の至るところで対立には遭遇するので、それにきちんと対処していかなければならない。

9カ国に及ぶ調査の結果、85%の人が仕事上の対立に直面しているという。中には健全な、いい対立もある。だが4人にひとりは、職場の対立が個人攻撃にエスカレートすると訴えている。対立に「いつも」あるいは「頻繁に」対処していると答えた人は3分の1に近かった。とりわけ不健全な対立が多く見られる職業もある。10人の看護師のうちの9人が、1カ月以内に言葉による暴力を受けたと回答していた。それも概して医師から。

家庭においては、さらなる対立が頻繁に見られる。家族が疎遠になるのは驚くほどよくあることで、しかもその関係は長期間続き、容易には終わらない。アメリカの成人の4分の1以上が、目下疎遠になっている身内がいると答えている。これはおよそ6700万人に相当し、アレルギーに苦しむアメリカ人の数を上回っている。しかもその半数が、相手とは4年以上連絡を取っていないという。この手の不和の大半は親子間か兄弟間で見られるものだ。そしてほぼ全員が、疎遠になっていることがずっと心に引っかかっていると話している。

とはいえ、疎遠になることが唯一のいい選択肢であることもある。特に、虐待が続いていたり、相手側にその対立を健全なものにしようという気持ちがまったく見られなかったりする場合はそうだ。しかし通常、疎遠になると不健全な対立は硬直してしまう。背景が探究されることもけっしてない。すると、誤解が誤解を呼ぶようになる。タールピッツのアスファルト（タール）のように、物語の流れが滞ってしまう。対立の結果、そこから学んだり成長したりする人も皆無。大切な人を失って、大勢の人、特に子どもたちが苦しむ。

アメリカではいまだに、家族法を含めた法制度を支配しているのが紛争と産業の複合体だ。離婚のおよそ4分の1は、程度の差こそあれ「不健全な対立」に分類されるといわれている。つまり、アメリカだけで年間ざっと19万5510件の不健全な対立による離婚が発生していることになる。その痛みをすべて瓶に詰めて爆発させれば、小さな町のひとつくらい簡単に破壊できるだろう。離婚にはいたらなくても、何十年にもわたって不健全な対立から抜け出せないまま過ごすカップルもいる。セラピストが言うところの「対立に慣れた」状態だ。

もちろん人間は、いっしょに暮らしていなくても不健全な対立に陥ることがある。世界中のリビングに生息する政治かぶれのことを考えてみるといい。毎朝パソコンの前で見出しをスクロールしては、そこに書かれていることをチェックし、今日、この結婚で勝つのはどっちだと予想する。彼らもまた、対立に慣れているのだ。

不健全な対立はさほど珍しいことではない。それはわたしたちを引きずり込む。そこから抜け出す道はあるが、過酷で孤独な旅だ。サンドラが身をもって示してくれたように。

つまりタールピッツから逃れる最良の方法は、**けっして足を踏み入れない**こと。いったんとらわれれば、抜け出すのは容易ではない。

7章

物語を複雑にする

「わたしたちは寄り添っていったんです」

マンハッタンのアッパー・ウエスト・サイドにある巨大なシナゴーグ、ブナイ・ジェシュルン。信徒たちの間では「ＢＪ」で通っている。１８００年代初頭、ドイツ系とポーランド系のユダヤ人によって建てられた。何世紀もかけて、アメリカで最も影響力のあるユダヤ人コミュニティのひとつとなってきた。ブロードウェイのすぐそば、西88丁目に位置するムーア風建築の聖堂は、およそ２４００人のニューヨーカーたちの心の拠り所となっている。

そのＢＪが創建２００年を目前にしたころ、コミュニティ崩壊の危機に陥った。遠く離れたところでおこなわれているように見えた政治論争によって追い詰められたのだった。すべては２０１２年の後半、国連がパレスチナの地位を非加盟オブザーバー国家に格上げするとの決議案を採択したことに始まる。あくまでも形だけの格上げだったが、これによってパレスチナが総会に参加し、発言ができるようになった。

アメリカとイスラエルの政治家たちはこの地位向上に反対したが、ＢＪの左翼系ラビたちはこれを祝した。「昨日の国連における決議は、わたくしたち世界市民にとってすばらしい瞬間でした」

とラビたちはすべての信徒に向けたメールに綴った。さらに、イスラエル自体は65年も前に国連によって独立の権利を承認されていることにも言及。「すべての人に承認される権利があります」

ラビたちのメールに対する反感は街中に巻き起こり、ついには『ニューヨーク・タイムズ』紙の一面を飾ることになる。見出しは「国連のパレスチナ評決を支持、シナゴーグが信徒を試す」。「多くの信徒は非常にショックを受けています。あんな見解は公になるし、メールは至るところに送られるし」と、15年にわたってBJに通うイブ・バーンバウムは同紙の取材に答えている。「がっかりです……ラビや理事たちが多くの信徒の思いに相反する立場を取るなんて」

シナゴーグへの寄付を控えた人たちもいた。このままならBJには二度と通わないと迫る人もいた。愕然とするラビたち。「まるで地震のようでした。強い怒りと憎しみが一気に押し寄せてきたのです」BJの上級ラビで、みんなからはローリーと呼ばれているホセ・ロランド・マタロンは言った。「わたくしが愛し、尊敬していた人々、わたくしに敬意を抱いてくださっていると思っていた人々から、ひどい言葉を投げつけられたのです」

ラビのローリーは、ほぼどんな場にあっても穏やかな人だ。角縁《つのぶち》の眼鏡をかけ、母国アルゼンチンの歌うようなアクセントで話す。ウードというアラブのリュートを好んで弾く。金曜の夜の礼拝では、手を叩きながら歌ったり踊ったりとわかりやすく楽しい演出をし、BJが広く街中に認知されるよう、何年も尽力してきた。国連決議を巡るメール騒ぎの時点で、このシナゴーグを率いるようになって30年がたっていた。だが不意に、はたして自分は信徒のことを本当に理解しているのだろうかと疑問に思うようになった。

ラビたちは信徒を集めて緊急の集会を開いた。その場で新たな文書を公表。するとこれもまた『ニューヨーク・タイムズ』紙に掲載された。「わたくしどものメールのせいで、心情的な隔たりが生じてしまったことを心苦しく思っています」とラビたちは綴った。「わたくしたちはまごうかたなく、イスラエルの安全と民主化と平和のために尽力しています」

それからラビたちは、心を乱される対立を経験した際にほとんどの人がすることをした。気持ちを切り替えようとしたのだ。いずれ騒動が収まり、万事元通りになることを願った。もちろん、イスラエルについての自分たちの見解を表明できれば、とは変わらずに思っていた。ただそれには、かつてそうだったように、信徒たちにも同じ思いで力を貸してもらいたかった。

それからちょうど1年ほどたったころ、ローリーと同じくBJのラビを務めるフェリシア・ソルは、強力な親イスラエル派のロビイスト（特定の団体・企業・個人の利益を政治に反映させるために、政党・

議員・官僚などに働きかけることを専門とする人々）に忠義だてしているニューヨーク市長を批判する短い文書に署名した。それを機に対立は再び燃え上がった。このとき報じたのは『ワシントン・ポスト』紙だ。

市長を批判するなどイスラエルへの背信行為だと、ラビたちはまたしても責められた。そしてこのときは、あの15年にわたってＢＪに通っていたイブ・バーンバウム、ＢＪで子どもたちのバーミツヴァとバットミツヴァ（ユダヤ教の成人式。前者が男の子、後者が女の子の場合）をおこなったバーンバウムがＢＪから離れた。「ラビたちとは相容れないって思ったんです」とバーンバウムは言った。

ＢＪの25年来の信徒であるサム・レヴィンも、ラビたちの行為は「我慢ならない、許し難い」と言ってＢＪを去った。ラビたちは「自分たちが特別な立場にあるのを利用して、ユダヤ人の気持ちを盛り上げるどころか、逆のことをしている」というのだ。

こうした非難の言葉に、ローリーは深く傷ついた。彼はかつてイスラエルに暮らし、その地で学んだ。ニューヨークに来てからは、イスラエルに関する数えきれないほどの教育プログラムを企画し、多くのＢＪメンバーを引率して何度もイスラエルに行った。そんなローリーがイスラエル政府の政策を非難したのは、ひとえに、それだけイスラエルのことを気にかけていたからだ。それが今では「反イスラエル派」呼ばわりされている？　なんとも信じ難いことだった。

だが、ＢＪのコミュニティで子どもたちを育て、大切な人を埋葬してきた家族たちにとっては、ラビの行為をなかったことにするなど、どうしてもできなかった。探究されないままの背景、二項対立という単純な形に落とし込もうという強い思い、親イスラエルと反イスラエル。それらが、際限ない非難と保身のサイクルによって煽られていて、このままでは不健全な対立に発展する可能性があった。

だからローリーは自分に与えられた3つの選択肢について考えた。

1．ＢＪを去る。それがひとつの選択肢だ。イスラエルに対する自分の見解にもっと同調してくれる新しい信徒を見つければいい。

2．今の自分の立場を固守する。そして自分に異を唱える信徒が全員コミュニティを出ていくまで戦う。信徒たちがもっと自分と同じ考えを持ってくれるようになるまで戦う。

3．ひたすら口を閉ざしておく。イスラエルに関する見解も、それ以外の論争を引き起こしそうな問題に関する見解も、もう他者とわかち合うことをやめればいい。多くの宗教指導者がそうしているように。２０１３年におこなわれた５００人を超えるアメリカ人ラビを対象にした調査では、過去3年間、イスラエルに関する自身の見解を公にすることを差し控えている、と答えた人がほぼ半数だった。

だがローリーにはどの選択肢もしっくりこなかった。この地を去るのも、戦うのも、発言を慎むのも違う。「信徒全員の意見がまったく同じ。そんなことは望んでいませんでした」ローリーはわたしに話してくれた。「議論のある場所にこの身を置きたいのです」

信徒の考えに異を唱えるのもローリーの仕事の一環だった。自分の考えとは違う考えを知らなければ、どんな成長もありえない。少なくともローリーはつねにそう思っていた。「宗教指導者であるということは、四六時中そういった緊張感を持って生きることだと思うのです」とローリー。とはいえ、今回のような対立の悪循環の中では、緊張を高めることが成長にはつながっていなかった。むしろ逆だった。「あんなふうに自分の考えを話し続けていたら、すべてを台無しにしてしまっていたでしょう」

ＢＪでローリーの前任として信徒たちを導いていたのがマーシャル・マイヤーだ。マイヤーはアルゼンチンで軍事政権による大規模な弾圧がおこなわれた時代に現地に赴任し、人権のために戦ったことで、アルゼンチンでは伝説的存在となっていた。彼は命を賭して軍事政権に抗い、社会正義を掲げて積極的に行動し、現地の保守的なユダヤ人支配層を激怒させた。自身の師であるマイヤーの遺したものの重みを、今ローリーはずっしりと感じていた。どうすれば、これ以上事態を悪くすることなく、自分も師のように勇気ある行動ができるだろう？

第4の道

さんざん悩むこと数カ月、ローリーが選んだのは第4の選択肢だった。去ることも、戦うことも、沈黙に身を委ねることもしない。かわりに、対立にもっと深く踏み込んでいくことで、信徒をひとつにまとめようとしたのだ。「わたしたちは寄り添っていったんです」

そのためには助力が必要なことがローリーにはわかっていた。ある信徒に、中東でイスラエル人やパレスチナ人と働いていた、調停に秀でた人を招くべきだと言われた。きっとBJの問題はもっと単純になるだろうから、と。そして招いたのがメリッサ・ワイントローブ。ラビでもあり、対話を主とした調停組織「リセッティング・ザ・テーブル」の共同創設者だ。初めてシナゴーグに足を踏み入れたとき、彼女はそこに満ちた緊張感に気づいた。「みなさん、仲間同士で固まって座っていました。それぞれが、他のグループに対して山のような偏見を持っていて、口も利いていなかったんです」ワイントローブは言った。「まるで分裂した社会の縮図みたいでした」

ワイントローブはまず、BJの信徒750人に聞き取り調査をおこない、その3分の1がイスラエルの問題に対して比較的強硬な考えを持っていることを突き止めた。この数字は、ラビたちの認識をはるかに超えていた。そしてその多くが若い信徒だった。また、半数近くの信徒が、他の信徒やラビとの緊張を避けるために、イスラエルに対する本音を胸に秘めておくことが「頻繁に」あるいは「ときどき」ある、と答えている。これはかかわりのあるすべての人にとっての損失だと、ワイントローブは経験から理解していた。人は、それぞれの考えの違いについて話し合わなければ、触発し合って、知的にも感情的にも成長し、強く、賢明になる機会を失ってしまう。

それからワイントローブは、BJの信徒たちと突っ込んだ話をしていった。それは、厄介な対立を数多く経験してきたワイントローブにとっても、気が滅入るような話し合いだった。50人と話をしたところ、どうやら状況はかなり悲惨なようだった。「彼らをまとめるなんて不可能な気がしました」とワイントローブは言った。「本当にいろいろな声がありました。それぞれ、望むことはてんでんばらばらだったんです」それでも、BJがアメリカのユダヤ人の間でどれほどの影響力を有しているかを考えると、彼女が話を聞いたほとんどの人が、このコミュニティの崩壊を避けるための努力がいかに大事かも理解はしているようだった。ある信徒はこう話す。

このコミュニティ内の意見の相違も乗り越えられないで、どうしてパレスチナの人たちとの違いを乗り越えていけるでしょう？　わたしたちはともに生きていかなければならないんです。彼らを排除するつもりなんてありません。彼らだってわたしを排除したりはしないでしょう。でも、どうすればひとつのコミュニティになれるんでしょう？

まるであの離婚した元夫婦、ジェイとローナのようだ。信徒たちも互いに行き詰まっていた。では、どうしたか？　その後1年にわたって、調停者たちはBJで25のプログラムを企画した。何百人もの信徒に対応できる体系化されたワークショップもあれば、スタッフの集中的な研修も、ラビや理事との徹底的な話し合いもあった。「(信徒たちの間では）懐疑的な声がやたらとありました」。シナゴーグの理事のひとりアーヴ・ローゼンタールは言った。「ラビたちは本気なのかどうか、こんなことをして役に立つのかどうかかって」

40人ずつのグループに分けられた信徒たちは、そこでイスラエルとのかかわりについて、正義感と義務感の板挟みになっている自分の気持ちについて、個々の物語をわかち合った。「昼夜を問わず、何時間もひたすら話し合いが続きました」とローリー。「本当に大変でした」

だがやがて何かが変わってきた。信徒たちは対立の背後にあるものにしっかりと目を向け出した。イスラエルの問題は、イスラエルという国だけの問題ではなかった。忠誠心や歴史や、子どもたちの未来の問題でもあった。ある女性は、親族の多くがホロコーストで命を奪われたために、イスラエルを批判することは冒涜と同じだと言われて育ってきたそうだ。「イスラエルについて、まるで同意できない意見もありました」と理事のアーヴ。「けれど、彼らがこれまで生きてきた物語を聞いて、多少は理解できるようになったのです」

そして、多くの人が最終的に目指すところは同じだということが明確になった。イスラエルの政情が安定し、人々が安心して暮らせること、そして、パレスチナの人々が独立と尊厳を得られること。違うのは——それも大きく違うのは、いかにしてそれを成し遂げるか、だった。

もうひとつわかったこともあった。信徒たちの考え方は大きくふたつにわかれていたわけではなかった。極端な立場を取る信徒もいたが、多くは相反する考えの間で揺れていた。そして、なんとかして折り合いをつけようともがいていた。質問の仕方によっては、その答えが日々変わることもあった。それだけ答えは簡単ではない、ということだ。各人の内面でも対立があったのだ。

やがて、信徒たちは自分の意見をきちんと伝えられるようになるとともに、ローリーが言うように、「違和感のある他者の意見を容認する」こともできるようになっていった。ゲイリーやカーティス同様、いい緊張感を維持することができるようになった。彼らは第4の道を見つけたのだ。

誰しも対立を避けることはできない。対立は、自分を守り、困難に立ち向かっていくためにも必要なものだ。人としてよりよくなっていくために必要なもの。マハトマ・ガンジーも言っている、「誠実な意見の食い違いは、往々にして進歩のためのいい兆候である」。だが、それなりの条件のもとでは、あっという間に不誠実な意見の食い違いや不健全な対立に陥ってしまう。

となれば肝心なのはその条件を避けることだ。そのためには、自分たちの街に、教会や聖堂に、家庭や学校に、ガードレール——**有益な対立に導いてくれるが、不健全な対立には陥らないよう守ってくれるガードレールをつくる。対立のインフラを構築するのだ。**背景を探究し、二項対立を減らし、この世界から対立の火種を遠ざけるようにして、不健全な対立が始まる前に先手を打つようなものだ。これは、対立の中にありながら、意図的に好奇心を育んでいくことを意味する。

このインフラを構築することで、対立からの回復力がもたらされる。それは、ただ対立を理解するだけではなく、対立を機に一段と強くなれる能力だ。ただし、対立のインフラ構築には多大な時間がかかる。生半可な気持ちではできない。

「多くのコミュニティから声がかかります。ワークショップをして、すべてを変えたいと」とワイントローブは言う。「BJのスタッフは、そのために時間と労力を惜しみなく捧げてくれました。たった1回のワークショップではインフラ構築はできません。7回でも無理です」

後述するように、BJの対立のインフラは、つくってはやり直す、という過程を何度も繰り返した。体力と同じで、対立からの回復力にも耐えずメンテナンスが必要だ。だがそのうちに、緊張を容認する術を身につけていくと、不思議と緊張から解放されていく。それだけで対立が解決したわけではなかったが、全員が対立の本質についてよりよく理解できるようになった。そして自分とは異なるさまざまな意見を面白いもの、謎めいたものととらえられるようになっていった。冒涜だ、などと思うことが減っていった。ある信徒も言っている。

それまでは、イスラエルのことについて話すのは自分の眼鏡にかなった友人とだけだったんですが、そうやって人を選ぶようなことはまったくと言っていいほどしなくなりました……BJのワークショップや指導のおかげで、イスラエルの問題について改めて意見交換することができたし、自分がその問題についてもっと深く話をしたいんだ、構えることなくいろんな人と話ができるんだってことがわかったんです。必ずしも自分と意見が同じではない人と話をする。そのことを考えたときに、不安より好奇心が勝ったんです。

難しい会話研究所

ブナイ・ジェシュルン・シナゴーグからブロードウェイを3キロほど北上したところに、うっかり見過ごしてしまいそうな場所がある。窓もないそこは「ディフィカルト・カンバセーションズ研究所」と呼ばれている。コールマンは同僚たちとともに10年以上前にこの研究所を立ち上げた。現在までに、この研究所と世界中にあるいくつかの姉妹研究所では、500件ほどの緊迫したやりとりについての分析がおこなわれている。

ここでは、コロンビア大学の研究者たちが見ず知らずの者同士、それもヒートアップしそうな話題において意見を異にする者同士を組ませる。そしてそのふたりをひとつの部屋に入れ、与えられたテーマについて20分間議論させ、それを記録する。

「期せずして現実に起こっている厄介な対立について研究するのは容易ではありません」と社会心理学者ピーター・T・コールマンは話してくれた。「これは、そんな対立にできるだけ近いものを用意しようという試みなのです」

もちろんいつもうまくいくわけではない。訴訟や暴力沙汰をはじめとする気まずい状況を避けるために、20分たたないうちに打ち切らなければならない会話もある。人はいとも簡単に不満を抱いたり相手を非難したりすることがあるからだ。

だが、そんな会話ばかりではない。**意見を戦わせる中で、被験者らは不満と非難の波にずっと揺られながらも、別の感情も繰り返し示していることにコールマンは気づいた。それが好奇心や瞬間的なユーモアや理解といったものだ。**空転する会話ばかりしている人たちに比べると、相手への質問も多い。肯定的な感情を経験したと思ったら、すぐに否定的な感情になり、また肯定的な感情を抱く。そこには、空転する会話には見られない柔軟さが見てとれた。これこそが健全なよい対立の姿だ。融通が利く。

言うまでもなく実験終了後も、人々の意見は異なったままだったが、これが大事なことだ。わずか20分間、見知らぬ人と交わした会話をもとに、自分に深く根づいている信念を変える人などいない。人間の脳はそんなふうにはできていないのだ。

しかし、もっとたくさんの相手、とりわけ信頼できる相手と、この手の会話をもっとたくさん重ねていけば、やがて考え方も変わってくるかもしれない。もちろん、変わらないかもしれない。ただし、変わるためには好奇心が必要だ。太陽の光や水と同じで、好奇心だけでは成長を保証することはできないが、好奇心がなければ、内面から有意義に変わっていくことはできない。

「ディフィカルト・カンバセーションズ研究所」は、シアトルの「ラブ研究所」に多少とも触発されたものだ。ラブ研究所では、心理学者のジュリー&ジョン・ゴットマン夫妻が何千組もの夫婦を研究している。同じ「研究所」と言いながら、一方は愛について、もう一方は敵意についての研究だ。だが、見方によってはどちらの研究所も、愛と戦争の違いこそあれ、そこで発生しうる不健全な対立の防ぎ方について研究している、と言えるだろう。

では、何が違いをもたらしたのか？　ひとつは、やりとりの数だ。肯定的なやりとりの数のほうが否定的なそれよりも多ければ、プラスの効果をもたらす。これが、すでに学んだ魔法の比率だ。ゲイリーと隣人との庭いじりに関する会話や火星シミュレーション中の誕生日パーティ（どちらも5章参照）のように、ちょっとした心遣いが不健全な対立の緩衝材となる。

これを、すぐさま見事に成し遂げられるのがルーピングだ。相手に、その人の話をきちんと聞いていることを毎回しっかりと伝えようと努力を続ければ（そして、相手の話を正しく理解できているかどうか問い続ければ）、魔法の比率を高めることができる。「誰しも、自分の話を相手に聞いてもらえている、面白い話ができた、と感じる心の安定が必要です」とコールマンは教えてくれた。「そうすれば、もっと複雑で繊細な状況にも身を置くことができ、そこで、物事のさまざまな面を見ることができるようになるでしょう」

イスラエルの問題を取り上げたＢＪのワークショップでは、調停者たちの指導のもと、全員が相手の話に積極的に耳を傾ける術を学んでいった。ゲイリーが、サンフランシスコでストライキを決行していた交響楽団の楽団員たちにおこなったのと同じだ（1章参照）。本来こうしたスキルは、すべての子どもに小学校で教えるべきだとわたしは強く思っている。相手の話に耳を傾け、理解できているかを確認する。それは、生涯にわたって健全な対立を維持していくための唯一にして最良の方法だろう。だからこそ、不健全な対立を巧みに切り抜けているすべての人がこの方法を実践している。賢明な聖職者や心理学者、販売員、あるいは人質解放の交渉担当者のいるところには、たとえ呼び方は違っていたとしても、必ずルーピングのやり方を知っている人がいるはずだ。

とはいえ、わたしたちには生まれつきそんな能力が備わっているわけではない。身につけるには努力が必要だ。たいていの人が、相手の話にじっくり耳を傾ける、ということをまったく教わってもこなかったし、得意でもない。それに、熟練調停者を組織に招いて、対立に対処していけるよう尽力してもらうのはいい考えだが、それが必ずしも功を奏するとはかぎらないし、そもそも熟練調停者を招くのが難しいこともある。

では、どうしたらいいのだろう？　よりよい対立へと人々を促す方法はあるのだろうか？

その方法を見つけるべく、コールマン率いるチームは実験に挑戦した。見ず知らずの被験者たちが難しい会話に臨む直前、被験者たちをふたつのグループに分けてから、それぞれのグループに、世論を二分している問題についてのニュース記事を見せた。一方の記事には、その問題についてふたつの立場からの見解が記されていた。従来のニュース記事と同じで、たとえば、銃を持つ権利について論じたあとで、銃はもっと規制すべしという考えについても述べている。賛成と反対、わたしたち対彼らといった、敵対的な文化の中でよく目にする二項対立のようなものだ。

もう一方のグループに見せたのは、同じ問題についての別バージョンの記事だ。示されている情報は同じだが、書き方が違う。この記事は、銃の問題を二項対立の問題として論じるよりもむしろ、銃にまつわる議論の複雑さを強調している。たとえば、多くのアメリカ人はすべての銃保持者に身元調査を義務づけることを支持している、と書いてあった。だがそれに続けて、身元調査をしたところで、銃を盗まれ、それで暴力が引き起こされるのを防ぐことはできない、とも指摘している。一方で、身元調査によってプライバシーが侵害されるのではないかと心配する人たちの存在も指摘。言い換えれば、この記事は実に多様な見解について記していた。それは弁護士による冒頭陳述というより、人類学者による現地調査の記録のようだった。

この実験から明らかになったのは、**記事には多彩な内容が重要だ**ということだ。続けておこなわれた難しい会話では、前者の、より単純化された敵対的な記事を読んだ被験者たちは、否定的な考えにとらわれがちだった。相手への問いかけも少なければ、会話に対する満足度も低かった。対して、後者のより複雑な記事を読んだ被験者たちは、相手にも積極的に問いかけ、より質の高いアイデアを思いつき、満足度も高かった。

すなわち、**人は複雑さに少なからず影響される**。これはとても大事なことだ。つまり、人は複雑さによって、世の中をさほど二項対立のない場所として見られるようになる。すると、好奇心がますます旺盛になり、新しい情報もよりすんなりと受け入れられるようになる。要するに、耳を傾けることができるようになる。

誰であれ、健全な対立を育みたい人が学ぶべき基本的なことはひとつ。早いうちから頻繁に、物語を複雑にすることだ。教師や上司にとっては、生徒や部下全員の話に耳を傾け、気づいた矛盾や微妙な違いについてきちんと説明してあげることかもしれない。グループの中にある多様性を指摘すること。それは往々にして、グループ内の違いを指摘するよりもすばらしい。好奇心を持つことだ。そうすれば、周囲の人たちにも影響を及ぼしていける。

政治の場合であれば、敵対することや、わたしたち対彼らといった言葉をよしとしない人たちに投票して、指導者となってもらうことだろう。つまり、わたしたちという概念を再三にわたって広げ、そこに彼らも含めていける人だ（これは「中道派」や「穏健派」とは違うので気をつけること。ダイナミックな変化をサポートし、さらにわたしたち対彼らという二項対立的な言葉にきちんと異を唱えられる政治家のことだ）。あるいは、改革――二大政党に属していない人のための場所をつくるという改革を承認できる人、とも言えるかもしれない。なぜなら、ふたつのカテゴリーのいずれにも当てはまらない人がほとんどだからだ。政治の世界には、対立のためのガードレールを設置できる方法がたくさんあるのに、全米レベルで見ても、そのほとんどが実践されていないのが現状だ。

ジャーナリズムの場合、物語を複雑にするとは事実を伝えることだと思う。自ら出かけて行き、知らない人とも、理解できない人ともきちんと向き合い、相手の話にちゃんと耳を傾けること。もちろん簡単にはできない。最初は危険を感じるかもしれない。間違った考えや偏狭な考えを持っていそうな人の話に耳を傾けていて、自分まで引きずられてしまわないだろうか？　ジャーナリストである自分は、そういう人に対してその無知を責め立て、恥じ入らせるべきではないのだろうか？

だがそんな考え方はあまりにも荒唐無稽だ。歴史を振り返ってみても、見ず知らずの記者から責められたぐらいで自分の主義主張を変えた人など、ひとりとしていない。人間はそんなふうにはできていない。相手に恥をかかせて、こちらの望み通りの効果を得られることなどめったにない。たとえ相手が知り合いでも、だ。そんなやり方が通用するのは、せいぜい自分が属する集団の中だけで、記者というものはほぼいつも部外者だ。

耳を傾けることは、同意することではない。相手の言うことを正当化することでも後押しすることでもない。物語に何を取り入れ、何を省くのかを決めるのはあくまでもわたしだ。きちんと耳を傾けることは、誤った等価関係（相反する見解に対して、実際は違うのにどちらも論理的に価値が同じであるかのように扱うこと）をもたらすことではない。対立を深く理解していないから、何でもかんでもとにかく対立だと思い込んでしまう。そうではなく、背景を探究する。そうすれば、相手とと

もに会話を深めていける。好奇心を持って相手の言葉の裏にあるものについて考えていける。

人々がワクチンについてあれほど詳しくなったのはどうしてだろう？　トランプの共和党政権を嫌って、民主党に関心を持つようになったのは？　ゲイリーが学んだように、非難には概してその背後になんらかの脆弱さが潜んでいる。では、人々が守っているのはどの脆弱さなのか？　もしも明日目覚めたとき、奇跡的にこの結婚で自分のほうが「勝った」（5章参照）としたら、人々は自分の人生がどうなると思うのだろう？　そんな日が来たら、順を追って最後まで説明してもらいたいものだ。

相手を理解したからといって、それで相手を変えられるわけではない。理解するだけではとても足りない。ほとんどの人は、自分の話を相手に聞いてもらえていると実感できるようになるまで変われない。それが不健全な対立における第3の逆説だ。人は、たとえ相手が自分とは意見を異にするとわかっていても、相手に自分のことを理解してもらえているという確信を求めようとする。そしてその確信が持てないかぎり、相手の話に耳を傾けることはない。多くの紛争が結局は、誰が最初に相手の話に耳を傾ける勇気を示せるか、という覚悟の問題と化すのはこの逆説のためだ。

わたしの仕事の場合、物語を複雑にするということは空間を見つけること。つまり、わたしがそもそも語るつもりだった物語に合わない引用や枝葉末節を取り入れる、ということだ。相反する感情や矛盾を示しながらも、依然として真実であるもの。そういったものを、わたしは自分の原稿からよく削除していた。だが今は、そのまま残そうと努力している。読者は、たいていのジャーナリストが思っているよりもはるかに複雑さに対処できるからだ。

20年前にわたしはある編集者から、すべてのすばらしい物語には対立が必要だと言われた。以来わたしはずっと、何の疑問も抱くことなく、この言葉を呪文のように繰り返してきた。だがジャーナリストの言う対立の定義は恐ろしく狭められてしまっている。日常には、内面的なものも含めて実にさまざまな対立がある。よりよい物語とは往々にして、複雑さを求めることでもたらされるのであって、対立を求めることではない。

だが一方で、「複雑にする」という言葉に人々が不安を覚えることをわたしは学んだ。結局のところ、どうやっても複雑にならないものもある。犯人と被害者、公平と不公平、善と悪といった、とにかく単純なものが存在することがあるのも事実だ。複雑さを利用して、物事をうやむやにしてはならないし、説明責任を避けてもならない。また、すべての対立が複雑であるわけでもない。

すべての人間は複雑だ。そして不健全な対立にはほぼつねに、物語のどこかしらにまとわりついている誤った単純さがある。その単純さの中にあると、自分が聞きたくないことには誰も耳を貸さない。そんな場合、物語を複雑にすれば、何もなかったところに好奇心を引き起こせることがある。そして好奇心は成長へとつながる。

これは真実を隠そうという考えではない。余すところなく真実を語る、ということだ。

謎を解き明かす

BJでのイスラエル問題に関するワークショップが終わってから1年後、ラビたちは再び人々を苛立たせ始めた。このときラビたちが検討しようとしたのは、異教徒との結婚は可能か、だ。異教徒との結婚は、保守的なシナゴーグでは長年禁じられてきたことだった（BJは公式には特定の宗派に属してはいなかったが、ユダヤ教の保守派の流れを汲んでいる）。前々から、BJで育ち、BJを心の拠り所と思ってきた若い信徒たちが、ユダヤ人ではない相手とこのシナゴーグで結婚式を挙げたいと言ってきていたが、ラビたちは許さなかった。その結果彼らはBJを離れていき、ラビたちは心を痛めていたのだった。そこでラビたちは、異教徒との結婚を禁ずることにまだ意味があるのかどうかを、せめて話し合ってみる時期なのではないかと考えた。

それはいわば試練のようなものだった。コミュニティは、この対立がもたらす激しい痛みを切り抜けることができるだろうか？　それとも再び個人攻撃が始まり、またしても長きにわたって心を通わすことができなくなってしまうのだろうか？

簡単なことではなかった。「わたしにとってはイスラエルの問題も大事です。けれどBJが異教徒との結婚を検討すると聞いて、黙ってなどいられませんでした」。そう言ったのは理事のアーヴの妻ルース・ジャムールだ。ちょうど、異教徒と結婚しようとしていた親戚をなんとか思いとどまらせようと必死になっていたのだった。「そんなこと、耐えられません。わたしはその親戚のことが大好きですし、その人とはずっと親しくつき合っていきたいんです。それにユダヤ教には、ただ生き残るだけじゃなく、ちゃんと繁栄していってもらいたいんです」

他のシナゴーグでは、異教徒との結婚に関する新たな方針を決定事項として発表しただけ、というところもあった。だがBJのラビたちは、対立を引き起こしたこの前の経験を踏まえ、もう『ニューヨーク・タイムズ』紙に干渉されたくないとの思いもあって、再度調停者に来てもらうことにした。調停者たちによって、前回以上に難しい会話が繰り広げられた。今回は、信徒たちの家庭で、少人数のグループで物語を分かち合った。効率は落ちたが、信徒たちの関心は高まった。

また今回は、懐疑的な態度も少しは減った。ＢＪのラビや信徒の多くが、今では第４の道の存在を知っていたからだ。この地を去るよりも、戦うよりも、発言を慎むよりももっと満足できる道の存在を。この４番目の選択肢は、攻撃を始めるというより、むしろ調査を始めるという感じだった。

ラビのローリーは「ディフィカルト・カンバセーションズ研究所」からの助言通りのことをした。信徒たちに、複雑さとはどういったことかという情報を与えたのだ。その過程の初期のころにオンラインセミナーをおこなったのだが、そこでローリーは明確に二項対立を否定し、対立にはさまざまな背景があることを訴えた。言い換えれば、真実を語ったのだ。次のように。

わたくしたちがここで考えていくのは、とても複雑な問題です。この問題についていろいろと思うところがあるかたも多いでしょう。不安を覚えているかたもいらっしゃると思います。また中には、希望を抱いているかたもいるでしょう。異教徒との結婚問題について、個人的な実体験をお持ちのかたもいらっしゃいます。そうかと思えば、まだ自分の意見がまとまっていない、というかたもいます。「誰を仲間に入れてしかるべきなのか？」「仲間に入れてはいけないのは誰なのか？」「そもそもわたくしたちはそんなことをすべきなのだろうか？」。いずれも、単純な答えなどない問いなのです。

会話は丸1年続いた。ゲイリーがサンフランシスコ交響楽団の団員たちに対しておこなったように、関係者全員がひとつの部屋に集められた。アメリカにおいてユダヤ人であることが今日どんな意味を持つのか、という講義や、信徒の家での少人数での話し合い、オンラインでの対話もあった。多くの人々が、信徒それぞれの内に、そして自分自身の内にさえも多種多彩な考えがあることに驚いた。ある信徒は言っている。

わたしの娘には結婚を約束した相手がいました。相手はユダヤ人ではありません。そのふたりの結婚式を、ラビが――「わたしのラビ」とお呼びしているかたが執りおこなってくださらないと聞いたとき、わたしはひどく傷つき、がっかりしました。そしてそんな思いを他の人に訴えている自分の声を聞いたとき、わたしは何よりショックを受けました。そのことでどれだけシナゴーグを遠くに感じ、疎外感を覚えたことか。自分でも、よもやこれほどとは思ってもいませんでした。「資格」が得られなかったことで、自分は「仲間でもなければ、コミュニティの一員ですらなくなったんだ」との思いにどれだけ苛まれたことか。

他者に自分を理解してもらえないだけではなく、自分で自分を理解していないこともある。自分の属する教会が、自分の子どもとその子が大切に思っている相手との結婚を認めてくれなければ、それによって社会的な痛みが強まる。この場合、自分がその結婚を認めていようがいまいが関係はない。そして往々にして、社会的な痛みが強まれば強まるほど、背景はどんどん奥深くへと埋没していく。

何カ月にもわたって相手の話に耳を傾け、話をし、説得するのではなく理解するよう努力を重ねてのち、ラビたちは何百人もの信徒が集った討論会の場で、自分たちの考えと選択肢を示した。その後参加者全員が、それに対する自分たちの意見を、会話を介してだったり、手紙にしたためたりしてラビたちに返した。それがラビたちにとっては、最終的な決断を下す際の助けになった。

そしてラビたちは宣言した、将来的に、異教徒との結婚式を執りおこなうと。ただしそれは、結婚するふたりがユダヤ教に則った家庭を築き、いずれ子どもを授かったらユダヤ教の信仰のもとで育てることに同意した場合にかぎられた。自分たちが決定したことについて説明していく際ラビたちは、信徒の間でも意見が分かれている多くの点を具体的に認めた。「全員が同意したわけではありません」と上級ラビのローリーは言った。「ですがみなさんは、自分の話に耳を傾けてもらえた、自分の意見を尊重してもらえたと感じたことと思います」。ゲイリーがミューアビーチで証明したように、人々がよりよくなっていくためには、意見を一致させる必要はないが、自分の話に耳を傾けてもらえたと思えなければならない。そしてそれこそが対立に強くなる鍵だと、わたしは信じている。

今回はＢＪから離れていった信徒はひとりもいなかった。最後まで異を唱え続けていた人たちも、方針転換は痛ましい間違いだと考えていた人たちも、だ。対立は、コミュニティを分裂させることなく、その結びつきを強めたのだった。「みんな、見事に対処できたと思います」。そう言ったルースは誇らしげだった。たとえルースが異教徒との結婚に依然として反対はしていても、他者を理解することには意味があった。そして第４の道は、シナゴーグとその関係者のアイデンティティの一部となっていったのだった。

「みんな、ステレオタイプにしか思えなかったんです」

２０１６年11月、ルースやその夫アーヴを含めたＢＪの関係者の大半は、ヒラリー・クリントンに投票した。彼らの知り合いもほとんどがそうだった。マンハッタンでは、有権者の86％がクリントンを選んだ。誰もが彼女の勝利を思い描いていた。

トランプはニューヨーカーだったが、概して他のニューヨーカーからあまり好ましく思われていなかった。食わせ者だと見られていた。彼が大統領選への出馬を表明すると、ニューヨーク市のタブロイド紙『デイリーニューズ』は「ピエロが大統領選出馬」と書いた。投票日、トランプと妻が投票するため地元の投票所に姿を現すと、人々からブーイングが巻き起こった。「お前は負けるぞ！」とある男性が叫んだ。

しかしそのトランプが勝利したことで、ＢＪの信徒の多くは愕然とした。移民や女性に対するトランプの発言にひどく心を痛め、今後執務室で何をしでかすかと不安でたまらなかった。そして、自分たちが再び対立に戻っていく気がした。ただし今度の相手はトランプ支持者だ。

このときまでに多くのＢＪの信徒は、健全な対立を人一倍理解していた。だから、議論を深めることを恐れてはいなかった。ただ、会ったこともない相手とどうやったら議論を深められるのだろう？「そんな議論ができるのは、ＢＪの人たちだけでした」そう言ったのはＢＪの信徒、マーサ・アッケルスバーグだ。「それ以外の人はみんな、ステレオタイプにしか思えなかったんです」

それから1年間、彼らは答えを見つけられずにいた。ルースやマーサをはじめ多くのＢＪの信徒が全エネルギーを政治に注ぎ込んだ。トランプ・タワーの外でおこなわれた抗議デモにも参加した。マーサはさらに、ＢＪの人種平等委員会にも加わった。だが、それくらいではとてもじゅうぶんとは言えない気がした。

ある日、同じニューヨーカーでコミュニティ・オーガナイザー（地域住民がコミュニティを形成することで共通の利益のために行動していけるよう先導する人）でもあるサイモン・グリアが、誕生日パーティのためにＢＪを訪れた。マンハッタンで育ったユダヤ人のサイモンは、たびたびシナゴーグに足を運んでいた。また、自身がおこなっている社会正義のための活動を介して、ラビたちとも顔見知りだった。パーティの場でサイモンがあるラビに話したのが、ミシガンで彼がともに活動をしている保守的な人たちのグループのことだった。彼らは刑務官で、大半がキリスト教徒。とても好感の持てる、思慮深い人たちだとのこと。そしてそのほとんどがトランプに投票したという。

「とんでもないアイデアがあるんです」とサイモンは言った。

「ＢＪの信徒何人かをミシガンへ派遣して、彼らに会わせてみてはどうでしょう？」

ラビは声を上げて笑った。想像してみてほしい。リベラルなニューヨーカーであるユダヤ人の一団が、片田舎のミシガンへ巡礼の旅に出て、刑務所で働く保守的なキリスト教徒とともに過ごす？　ラビにしてみたら、サイモンがタチの悪い冗談を言い出したとしか思えなかった。

だがサイモンはミシガンに戻ると、自分が思いついたことをミシガン州矯正局の刑務官組合で事務局長を務めているアンディ・ポッターにも話した。当時アンディは山のような問題を抱えて頭を痛めていた。刑務所は過密状態、人手は足りず、州議会議員の多くからは組合への不信の声が上がっていた。それでも、サイモンの話には心を惹かれるものがあった。刑務官は実在する人間であり、プロとして刑事司法制度を改革する方法をいろいろと考えてもいる。ただそれを誰からも問われないだけで、だからこれは、そういったことをリベラル派のエリートたちに示せるいい機会かもしれない、と。

それから数カ月後、サイモンは再びニューヨークに戻り、改めてBJのラビに聞いた。対立を避けるのではなく、対立を求めてミシガンへ行きませんか？　それこそがBJのこだわりじゃないんですか？

ミシガンの片田舎への文化交流の旅

電話がかかってきたとき、ケイレブ・フォレットはいつも通りミシガン州ランシング郊外にある刑務所の敷地内に配された独房施設で、午後10時から翌朝6時までの夜勤についていた。刑務官は自分の携帯電話を刑務所内に持ち込むことを許されていない。というより、実際にはどんな私物も、だ。だからケイレブは翌日、子どもたちが妻といっしょに自宅の階上にいるとき、地階にある自分のデスクから折り返し電話をした。

「我々は、ニューヨーカーと文化交流プログラムのようなものをおこなっています」と、ケイレブが所属する組合の男性が言った。「あなたにぜひ参加してもらいたいのです」

「文化交流――?」

「ええ、要するに、ニューヨーク市のリベラル派のユダヤ人グループを受け入れるんです。3日間。我々の家にホームステイしてもらいます」

ケイレブは大柄で、筋骨逞しいスキンヘッドの男性だった。内には激しさを秘めているが、それを自制する術は身につけていた。政治、宗教、哲学、その他何でも議論を交わすのが大好きだ。眉間に皺を寄せながら、結論の出ない議論をひたすら続けては喜んでいる。それが彼のエネルギー源だ。だが刑務所での仕事で、この手の議論ができる機会はそうはない。

組合の男性の話を聞きながらケイレブは、自分にはユダヤ人の知り合いがひとりもいないこと、リベラル派の知り合いもほとんどいないことに気づいた。つまり、ケイレブと真っ向から意見を戦わせられる人が実はひとりもいなかった、ということだ。それが今、ミシガン州矯正局の人間が、リベラル派ユダヤ人のホストファミリーを務める機会を与えてくれようとしている。

「そういうことなら」とケイレブ。その話にわくわくしてきた。「やりましょう」

ある意味で、多くのBJメンバーが考えるトランプのサポーターのステレオタイプにぴったりなのがケイレブだ。白人のキリスト教徒で異性愛者。トランプに投票したのはもちろん、トランプのために選挙運動もおこなった。トランプが掲げた、メキシコとの間に「国境の壁」を建設するという公約にも賛成している。ミシガンの片田舎の自宅にはちょっとした武器庫もあり、その中にはAR-15――アメリカの銃乱射事件でよく使われる銃もあった。

そんな一面とは別に、ケイレブは心理学の講義も受けていて、セラピストを目指すことも考えている。少し前にアメリカに移住してきたフィリピン人女性と結婚し、まだ幼い子どもがふたりいる。もうすぐ3人目も生まれる予定だ。海兵隊予備役（予備役は軍隊の役職のひとつ。一般社会で生活している軍隊在籍者で、有事の際軍隊に戻る）に所属。しばしば思い返す座右の銘は、「真実と愛によって人々に影響を与える」だ。

ケイレブはすぐに、この訪問者たちにどんな質問をしようかと考え始めた。たとえば、福音主義のキリスト教徒の家庭で育った彼は、ユダヤ人は神に選ばれし民なのだから、ユダヤ人を尊敬するように、と教えられてきた。だが同時に、ほとんどのユダヤ人が政治的にはリベラルであることも知っていた。しかし、それでは筋が通らない。彼らがリベラルであるなら、なぜ神に選ばれし民と言えるのか？　困惑していた。

「できるだけ大勢の人を受け入れたいです」ケイレブは組合の男性に告げていた。

「なんでわたしがそんなことをしなきゃいけないの？」

ラビたちは、定期的に発行しているニューズレターで、BJの全信徒に向けてミシガンへの旅を発表した。その春、ミシガンの片田舎への「研究交流」を引率するのはローリーと、同僚のラビ、シュリ・パッソーだった。「我が国を走る大きく広がった亀裂。それを直すには、わたくしたちが、偏見を抱くことなく、心を開くしかありません」と案内状には記されていた。

アーヴはこの旅のことを耳にするや、すぐに参加を決めた。イスラエル問題や異教徒との結婚についておこなったワークショップのように、これもまた対立をより深く探究する機会だと思ったからだった。もう一度第4の道を探究できる機会。妻のルースにも参加しようと声をかけると、妻はあまり気が進まないようだった。それでも夫と参加することにした。

「わたくしたちは彼らのお宅に泊めていただき、彼らにはわたくしたちの家に泊まってもらいます。ホテルに泊まるわけではありません」宿泊場所について質問されたときにラビのローリーはそう説明した。そして彼ら全員に、イスラエルや異教徒との結婚についてのワークショップの際に学んだことを思い出させた。「真実の探究は同意ではなく、論争の中にあります」

当初、マーサ・アッケルスバーグはこの企画にさして関心がなかった。「なんでわたしがそんなことをしなきゃいけないの？　何の意味があるわけ？」マーサならこの論争をニューヨークから眺めていることができた。飛行機に乗る必要もない。トランプ支持者を探すなら、同じニューヨーク市内のスタテンアイランド（2016年の大統領選の予備選でトランプが8割近くを得票した選挙区）に行ったっていいではないか。まあ、スタテンアイランドに行く予定はなかったが、それでもマーサはそう思っていた。

ある意味、多くの保守派が考えるリベラル派のステレオタイプにぴったりなのがマーサだ。アイビー・リーグ（アメリカ東部にある8つの名門私立大学の総称）を卒業した、教養のある研究者で、退職する前はスミス大学（伝統ある名門女子大学7校から成る「セブンシスターズ」のひとつ）で教授を務め、女性学プログラムの設置に尽力。日常会話で「交差性《インターセクショナリティ》」だの「白人優越主義《ホワイト・スプレマシー》」だのといった言葉を使う女性だ。ショートヘアの同性愛者でもあり、実用的な靴を履き、色褪せた淡いブルーのバックパックを愛用している。

また、とても信仰心が強い。シナゴーグで歌うのが大好きで、口にするのはコーシャ（ユダヤ教徒が食べてもいいとされ、関連団体によって認証されている「清浄な食品」のこと）のみ。そして、ユダヤ教の安息日もきちんと守っている。つまり、金曜の夜から土曜の日没までは礼拝に参加するだけで、労働は慎んでいる。両親は一族の中で初めて大学に進学した。子どものころは、ニュージャージーの街に暮らす数少ないユダヤ人の子どものひとりで、しばしば孤独に苛まれていた。

「この旅は、あなたがおこなっている人種の平等を求める活動とつながるかもしれませんね」ラビのシュリがマーサに言った。「あなたは刑事司法制度の改革に熱心に取り組んでいるのですから、刑務官から話を聞くのも役に立つのではないでしょうか」どうやら研究交流先のミシガンの保守派たちも刑事司法制度の改革を望んでいるらしかった。というか、そうラビのシュリは言った。

その一言がマーサの関心を引いた。刑事司法制度における受刑者側の視点についてはよく考えてきていたが、そこで働く側の人については考えたこともなかった。はっきりとした理由は、パートナーにも、自分自身にさえも説明はできなかったが、それでもマーサは行くことにした。彼女はBJの他のふたりの女性とともに、ケイレブ・フォレットの家に泊まることになる。

「絶対ダメです」

「とんでもない！」ミンディ・ブロマンは組合の男性からの電話に対して答えた。男性は、政治的な違いやユダヤ教について学べる機会について話していた。「絶対ダメです」とミンディ。

ユダヤ人など誰も知らなかった。ミンディの考えるユダヤ人はいつでも「お高くとまった大金持ちで、アーミッシュ（アメリカのペンシルベニア州に主に居住するドイツ系移民の宗教集団で、昔の生活様式を踏襲し、農耕や牧畜で自給自足生活を送る）のような結束のかたいコミュニティ」の人間だった。政治に関しては、あまりじっくりと考えたことがなかった。現状を揺り動かしてくれると期待してオバマに投票したが、彼は変化をもたらしてはくれなかった。だから今度は、同じことを期待してトランプに投票した。

ミンディは青い目とそばかすの持ち主で、くすんだ金髪を短く切り揃えていた。父親とおばたちが刑務所付属の矯正施設で働いていたので、地元のコミュニティ・カレッジで刑事司法を学んだあとは、彼女もそこで仕事に就いた。子どもは3人。刑務所ではしばしば二交代制で働かなければならなかった。だから、「研究交流」だか何だかよくわからないが、そのための時間など取れないと組合の男性に告げた。彼女は頑張って、ありのままを正直に話した。それが彼女の矜持だった。

「うちは農場暮らしです。銃もあります。わたしはお酒を飲みます。みんな言葉遣いが悪いです。『ユダヤ教』のことなんて何も知りません。そういう言葉すら知らなかったんです」

だがどういうわけか、組合の男性は話をやめなかった。

「おわかりだと思いますが、この交流は双方にとって利益があるんです。今回あなたが彼らを受け入れれば、数カ月後にはあなたが彼らを訪ねてニューヨーク市へ行けるんです、それもタダで」

沈黙。

この電話、話がどんどん妙な方向へ進んでいく。それでもミンディは改めて思っていた、わたし、一度もニューヨークへ行ったことがないのよね。

「夫に相談してみます。でも期待しないでくださいね」

不安

ちょうどこのころ、わたしはラビのローリーに、対立に対するシナゴーグの挑戦について取材をしている。彼がその挑戦を介して学んだことを聞くためだ。取材の中でローリーは、もうすぐ信徒たちを率いてミシガンの片田舎へ旅行をすると話してくれた。どんな旅になるのか、まったくわからない、とも。つまり、わたしがこの旅行の話を知ったのは、まさにその直前だった。

当然、同行させてもらえないかと頼んだ。BJがどうやって対立に向き合うのか、それを間近で見られるこれ以上ないチャンスではないか。

参加者は全員、わたしの同行を認めてくれた。わたしがBJの女性ふたりと滞在するように言われたのは、ある刑務官の祖母の暮らす片田舎の家だった。ふたりの女性は快くわたしを受け入れてくれた。

だが不意に、これってやっぱり変じゃないか、という気持ちになった。ジャーナリストであれば普通は、プロとして客観的な距離を取るべく、ホテルなどの外部の施設に泊まるだろう。それに、ホテルならバスルームもひとりで気兼ねなく使える。もちろん、彼らがどんなふうに交流するのかをこの目で確かめたかったが、だからと言って、彼らといっしょになって自分も交流に参加したいと本気で思っていたのだろうか？

ジャーナリストが独立性を保っておくためのひとつの方法は、取材対象者との間に一定の距離を取ることであり、ときにはそれが理にかなっていることもある。自分が担当している警察の署長と親しくなりすぎてはならない、ということだ。しかし、こうしたやり方が逃げ口上に過ぎず、単に自分の弱さを見せまいとしているだけ、という場合もある。そして今回はまさにそのケースだと思った。見ず知らずの人たちと片田舎の農家で過ごすことにどこかしら気が引けていたのはおそらく、わたしも彼らと同じようにこの交流を必要としていたというサインだったのだろう。

同じ頃ニューヨークでは、ルース——理事である夫や他の13人のBJメンバーとミシガンへの旅に参加することに決めたルースの決意が大いに揺らぎ始めていた。「とんでもないことを考えていたんです」とルースが話してくれた。「『向こうの人たちに怪我でもさせられるんじゃないかしら？　撃たれるんじゃないかしら？』って、とにかく不安でたまらなかったんです」

かたや元大学教授のマーサは、荷造りに頭を悩ませていた。自分とはまるで共通点がない受け入れ先の相手に、いったい何をお土産に持っていけばいいのだろう？「考えに考えました」結局選んだのは鍋つかみと布巾。どちらにも、ニューヨーク市を象徴する図柄が入っていた。自由の女神にエンパイア・ステート・ビルディング。これなら無難だろう。

「どうしようもなく不安だったんです」とマーサ。いろいろな人から、どうして行くのかと聞かれたという。「実は、相手を納得させるだけの答えが浮かばなかったんです」自分ひとりの力でミシガンの人たちの考えを変えられるなどとは思っていなかったし、ミシガンの人たちが自分の考えを変えられるとも思っていなかった。では、何をするつもりだったのか？　飛行機で出発する前夜、彼女はなかなか眠れなかった。

そのころミシガンでは、刑務官のケイレブが妻を安心させようと必死になっていた。「わたしがこの話に夢中なのは、妻にもわかったと思います。ですが妻はひたすら心配していたんです」とケイレブは話してくれた。彼女は、ニューヨーク市から3人もの見ず知らずの人たちを迎え入れることに神経を尖らせていた。「妻は不安だったんです」

ケイレブはある友人から、こんな交流に参加するなんてまったくもってどうかしている、と言われた。「彼はリベラル派を恐れていたんだと思います。ニュースでアンティファ（ファシストに対抗する勢力のこと）の暴力的な抗議活動を目にしていたからでしょう」とケイレブは言った。

双方が不安を抱えていた。印象的だったのは、それぞれが相手に対して同じことを言っていたことだ。双方ともに白人のアメリカ人で、同じタイムゾーンに暮らしていた。それなのに互いに相手を受け入れようとせず、ひょっとしたら理不尽な攻撃をされるかもしれないとも思っていた。ミシガンの人たちが主に警戒していたのは、自分たちの真価を認めてもらえなかったり、軽んじられたり、見下されたりするのではないか、ということだった。「わたし自身やわたしのライフスタイルを批判されるんじゃないかって思ってたんです」とミンディ。田舎暮らしだったり、刑務所で働いていたりする自分たちはきっと馬鹿にされると心配していた。

ニューヨーカーたちが最も不安を抱いていたのは、無知や嫌悪の壁に阻まれるのではないか、あるいは、ミシガンに行くだけでリベラル派としての理想を保てなくなるのではないか、ということらしかった。きっと反感を抱かれると心配していた。

マーサは、身の危険はさほど感じていなかったそうだ。自分の身を守る術は心得ていたし、BJの他のメンバーもいっしょだったから。それよりも、ありのままの自分を隠さなければならない気がして不安でたまらなかった。自分を偽ることなど、もう何年も前にやめていたのに。失敗したらどうしようと気が気ではなかった。話をしようとした相手が、自分のことなどまともに取り合ってくれなかったらどうしよう？　自分をさらけ出せなかったらどうしよう？　互いにそんな状態で交流することに何の意味があるのだろう？

どこかでこんなことが実際に起こっていると想像してみてほしい。たとえば、ポーランドでふたつのグループが顔を合わせる計画を立てているとしたらどうだろう？　一方は田舎に暮らし、他方は都会に住んでいる。だがどちらも同じ国の人間で、同じ言語を話し、伝統的な文化も多々共有している。それでも、互いに警戒している。俯瞰すると、なんとも妙に映るかもしれない。このポーランド人たちは、どうして互いに気を許さなくなってしまったのだろう？　そんなふうに思い込ませたのは誰なのか？　考えてみると、ニューヨーカーやミシガンの人たちにとっては、互いを受け入れるよりポーランドの人たちを受け入れるほうがはるかに心穏やかでいられたかもしれない。

ニューヨーカーたちが到着する前日、ケイレブは、自宅に受け入れるのがマーサ・アッケルスバーグを含めた年配の女性3人だと知った。この知らせに妻はほっとした。年配の女性3人なら、危険なことなどまずないだろう。ケイレブは早速Googleで検索を始めた。「マーサを見つけました」と彼は言った。そして、フェミニズムと権力に関する彼女の研究、さらには無政府主義《アナーキズム》を掲げるスペインの女性組織をテーマにした彼女の著作について書かれたことを読んだ。「彼女はちょっとした有名人みたいで、おかげで少々気後れしましたよ」なにしろ、ケイレブは平凡な白人男性に過ぎなかったかもしれないが、相手はプリンストン大学出の博士だったから。

2018年4月29日、ミシガンの州都ランシングにある刑務官組合の事務所で全員が顔を合わせた。「初デートみたいでした」とアーヴ。双方が入り交じって、自己紹介と世間話があちこちで始まった。「YouTubeで拝見しましたよ！」ケイレブがマーサに話しかけている。ラビのローリーは、ピンストライプの黒いベレー帽をかぶり、ザ・ノース・フェイスのフリースを着ていた。ニューヨークにいたときと違って、一見しただけではラビとわからなかった。

彼らが会っていた組合事務所の奥には、刑務官の制服を着たマネキンが何体かあった。何年にもわたって受刑者たちから押収してきた武器でいっぱいのケースも。手製のナイフに短剣《ダガーナイフ》に剃刀。ルースはそこから目が離せなかった。「自分のこともだけど、あの武器ものすごく不安でした」とルースは言った。

両者を引き合わせたこの交流会の主催者でコミュニティ・オーガナイザーのサイモン・グリアは、基本のルールを3つ挙げ、これだけは絶対に守ってほしいと告げた。

「それぞれが大切にしているものを尊重する」

「お互いに、相手が間違っていると説得しようとしない」

「つねに好奇心を忘れない」

このリストを見て思う。もしもこれと同じ基本ルールのもとに政治討論がおこなわれたらどうなるだろう、と。想像もつかないが、今目の前で繰り広げられている場面とて、最初は想像もつかなかったのだ。

最後にサイモンは、アクティブリスニング（1章参照）の実践を忘れないようにと、全員に念を押した。相手の話したことを要約し、自分が相手の話を正しく受け止められているかを相手に確かめる。誰もが、自分の話をきちんと聞いてもらえていると思えなければ、魔法の比率――対立の衝撃緩衝材をもたらすことはできない。

サイモンは告げた、もしも何をやってもうまくいかないときには、相手に向かって「詳しく教えてください！」と言ってください、と。

こうして、このいささかぎこちない集団はその場をあとにし、とりあえず打ち解けるための最初の活動へ向かった。射撃場だ。それがミシガン州立大学のキャンパス内にあることに、リベラル派の面々は驚いた。だがおかしな話だが、同時に安心もした。射撃に使ったのは22口径の拳銃だったが、刑務所で働くミンディはそれを「本物の射撃」とは思っていなかった。「射的《プリンキング》」だと言って、撃ち続けた。マーサはケイレブからいくつか助言を受けたことで、うまく撃てるようになった。自分でもびっくりした。しかも、思っていたよりずっと面白かった。生まれて初めて、銃を撃つのが楽しいという人の気持ちがわかった気がした。

その後、地元にあるビール醸造所のレストランで夕飯を食べてから、それぞれのホストファミリー宅に向かった。わたしが滞在する農家はとんでもなく広く、静かで、ホストであるおばあさんはわたしたちを温かく迎え入れてくれた。不安などまるで感じなかった。この交流会に同行させてもらえて、本当に運がよかったと思った。そして、当初気が引けていた自分を思い返して恥ずかしくなった。


一方、自宅に戻ったケイレブは、BJの女性3人を家族に引き合わせ、彼女たちが寝起きする部屋へと案内した。子ども部屋だ。子どもたちは両親の部屋に移り、ケイレブは地階に移っていた。「みなさん、文句も言わずに自分たちの場所を譲ってくださったんだわ」とマーサは気づいた。彼らのその行為に、マーサは言葉にできないほど感動した。

ケイレブは自宅に客人を迎えたことが嬉しくてたまらないらしく、全身から抑えきれない喜びがあふれていた。子どもたちがベッドへ行くと、ケイレブはニューヨーカーたちに向き直った。

「わたしの銃をご覧になりますか?」

「詳しく教えてください!」とマーサは言った。

揃って地階へ行き、ケイレブは銃キャビネットの鍵を外して、ショットガンを2挺《ちょう》取り出した。1挺は狩猟用で、もう1挺は祖母からのプレゼントとのこと。銃に個人的な思い入れがあるという考えは、ニューヨーカーには理解し難いものだったが、ここへ来るまでの間に繰り返し聞かされていた。

ついでケイレブはAR－15を取り出し、持ってみますか、と聞いた。「いいえ、遠慮します」とマーサ。銃乱射事件を取り上げたテレビやニュース記事で目にしていたあのAR－15とまったく同じだったからだ。あれは兵器よ。軍隊用の戦闘ライフルの民間版だわ。狩りに使うのでもなければ、遺産でもない。なんだか呼吸が苦しくなってきた。

「それはどんなときに使うんですか？」マーサはケイレブに聞いた。

「まずは自分の身を守るためです。次はスポーツですね。3番目は、最悪のシナリオですが、専制政治に対する自己防衛です」

「専制政治というとたとえば？」

「そうですね、歴史を見てみれば、その手の例はいくらでもあります。政府による市民の銃の没収や、市民への抑圧、さらには大量虐殺などですね」

「なるほど、ですがこの国ではかつて革命（18世紀後半に北米の13植民地が宗主国イギリスの植民地政策に逆らって独立戦争を起こし、共和国を成立させたことを指す）が起き、それによって憲法と代議制の政府が確立《た》されました」とマーサ。「代議制ということは国民の投票によって選ばれた代表者が政治をおこなうということですから、つまり政府はわたしたちということであり、そんな政府と戦う必要などないのではないでしょうか」

ケイレブは説明しようとした。自分は政府のために働いているが、だからといって闇雲に政府に忠誠を誓っているわけではない。何があっても自分と家族を守れると思うことで、安心感も増す、と。だが、こうしたことを余すところなくきちんと伝えるのは難しく、自分の話がマーサの耳には届いていないこともわかった。

また、マーサが銃を前に動揺しているのもわかったので、銃をしまった。彼女がこんなにもショックを受けたことにケイレブは驚いていた。彼の知り合いはほぼすべて、生涯にわたって銃を何挺も持っていた。それが普通だった。狩猟シーズンの解禁日は祝日で、ケイレブは毎年その日を楽しみにしていた。確かにAR－15は非常に危険だが、彼はその扱い方も心得ていた。

マーサはベッドに入っても頭が冴えたままだった。ケイレブがあれほどの数の銃を所有していたことに動揺していた。国のために働き、政府そのものとも言える海兵隊予備役に所属している男性がどうして、政府に対して武装しなければならないなどと考えるのだろう？　理解し難いことだった。

もうひとつの問題は、ケイレブのことが気に入りつつあることだった。そんなこと、夢にも思っていなかったのに。彼は、たとえ意見が違っても鷹揚に構えていて、屈託がなかった。だから、自分たちはあまりにも隔たっている、と思うととても嫌な気持ちになるのだった。

それこそが緊張感だった。そしてマーサは気づき始めた、おそらく、こうした思いすべてをきちんと受け入れる術を見出すことこそが肝心なのだ、と。

複雑さ

翌日からの2日間、ミシガンの保守派のキリスト教徒の主に男性陣が、わたしと、ニューヨークのリベラル派のユダヤ教徒の主に女性陣を何台かのトラックに乗せてあちこち案内してくれた。ミシガン州ジャクソンは独特の歴史を有する街だが、そこにある「セル・ブロック7」という、刑務所敷地内の閉鎖された施設を利用した刑務所博物館を訪問。スーパーマンというアイスクリームも食べた。その名の通り、青、黄色、赤というスーパーマンのコスチュームの3色のフレーバーで、ミシガンやウィスコンシンでは人気とのこと。だがほとんどのニューヨーカーは初めて目にするものだった。同じくジャクソンにある公園にも連れていってもらった。そこには

1854年、奴隷制の拡大に抗議して1000人以上の人たちが集った。アメリカにおける共和党の始まりとして記録されている集会だ。このことはほぼすべての人が初めて耳にすることだった。

刑務所博物館では、刑務官たちが各人の仕事について話してくれた。ある刑務官は、血のつながりのない長男がかつて刑務所に収監されていた話をしてくれた。ミシガンのその地域で成長し、その後州都ランシングへ出て、当時2万人もの従業員がいた自動車メーカーのオールズモビルで働いていたという人もいた。堅実な中流階級の仕事だった。だがやがてリストラの波が押し寄せ、刑務官に転職。刑務所勤務は自動車メーカー勤務よりはるかに安定しているとのことだった。

彼らは、経費節減のために給食サービスが民営化されて、刑務所の食事がとても食べられたものではなくなった際に、刑務官たちが受刑者たちの賛同を得ていかに改革を要求し、成功したかも話してくれた。また、ミシガンの刑務所はどこも受刑者でいっぱいで人手が足りず、二交代制のはずが、事前に連絡もなくそのまま昼夜続けて勤務に就かざるをえないことがよくあり、ときには自宅にいるのは子どもたちだけになってしまうこともあるという。さらに、丸腰のまま800人もの受刑者がいる刑務所の構内にいるときの胸の内も話してくれた（刑務官は受刑者といっしょにいるときには銃の携帯を認められていない。万一にもその銃が奪われ、自分たちに向けられないようにするためだ）。ある刑務官は、受刑者から大小便まみれにされたことがある、と語った。しかも、受刑者のプライバシーが保護されているために、その受刑者がなんらかの感染症を患っていたかどうかもわからなかったという。

刑務官たちも、ニューヨーカー同様、制度そのものが崩壊していると考えていた。しかも刑務官たちは、さらに多くのことを見聞きしていた。「わたしはほぼ8年にわたって、週に40時間、年に50週、刑務所で勤務しています」ミンディが言った。「その間に、泌尿器科医よりもはるかに多くのペニスを見せられてきました」

ニューヨーカーたちは、こうした話に耳を傾けながらも、驚いたり嫌悪感を示したりはしなかった。呆れた顔もしなかった。「びっくりしました」と言うのはある刑務官だ。「あの人たちには、気取ったところなんてほとんどなかったんですから」目の前のニューヨーカーたちは、刑務官たちが思い描いていたリベラル派の人物像よりもずっと実直だった。

やがてピザが届けられた。ランチドレッシングもいっしょだ。これもまた中西部に昔からあるものだった。ケイレブはマーサと昼食を取った。「おかげで、心が軽くなった気がします」とケイレブは言った。自分がまっとうな人間だと受け入れてもらえてほっとしたようだった。

「我々保守派の人間は、主だった報道機関やコメディアンやハリウッドの連中が、我々のことをわざと歪めて伝えているのを実際に見聞きしてきました」ケイレブはのちにそう話してくれた。

ところが、今回のニューヨーカーたちはそうした連中とは違うと感じたという。「要するに、我々の声があの人たちの耳には届いていたんです。そしてそれが我々にもわかったし、実感できた、ということなんだと思います」

ゲイリーの法律事務所で相対していた夫婦（1章参照）と同じで、誰もが自分の話を聞いてもらいたいと思っていた。だがマーサは困惑していた。どうしてケイレブはこれまで自分の話を聞いてもらえていないと思っていたのだろう？　彼の意見はFOXニュースで取り上げられていなかっただろうか？　それに、彼が投票して大統領になったトランプもいる。その声は毎日、あらゆるソーシャルメディアのプラットフォームに反映されていたではないか？

なぜケイレブはハリウッドの面々にも話を聞いてもらうことにこだわるのだろう？　あるいは、ニューヨークから来た初対面のわたしたちに聞いてもらうことにこだわるのだろう？　マーサは彼のことが理解できずにもがいていた。その反面、彼といるのはとても楽しかった。彼の運転するシボレー・エクイノックスSUVの助手席で激しく揺られつつ、憲法について意見を戦わせ、ユダヤ教について説明し、質問や見解を交わした。「彼にはあふれんばかりの熱意と一途さのようなものがあるんです。気づけばすっかり引き込まれていました」とマーサ。「でも、ときに理解し難い面もあったんです」

会話はその日も翌日もひたすら続けられた。ニューヨーカーたちはホロコーストで命を奪われた祖先の話をした。そして、トランプがイスラム教徒を入国禁止にしようとしていることが、全ユダヤ人を標的にしたナチスの命令を思い出させるのだと説明した。

ミンディは、トランプの言動がナチスを想起させると思ったことなどこれまで一度もなかったが、この話を聞いてからというもの、それがずっと心に引っかかっている。ミンディ自身がのちに何度もわたしにそう語ってくれた。刑務官たちはニューヨーカーに、9・11やイスラエルについてありとあらゆる質問をぶつけた。そして、ニューヨーカーがイスラエルのパレスチナ政策については極めて慎重に言葉を選びながら話していることに気づいた。これにより、同じひとつのグループ内にあっても、意見の不一致が予想以上に大きな問題になる可能性がある、ということに思い至った。

全員参加での会話もあった。テーマはトランプについてと銃についてだ。その際、ほぼ全員が互いの立場を思いやることに四苦八苦していたのは注目に値する。ミシガンの人々は、ニューヨーカーが自分たちから銃を取り上げようとしていると決めてかかっていた。ニューヨーカーたちは、そんなことはないと必死に言い続けた。

いくつか同意も見られた。「トランプはTwitter(現X)をやるべきじゃないっていうのが、わたしたちの考えです」ミンディは自分とラビのシュリを示しながら言った。マーサを含めたニューヨーカーの多くが、国境をきちんと定めることは国にとって大事だと認めていて、これにはケイレブも驚いた。

もちろん、広大な海のような隔たりもあった。たとえば、ケイレブがトランプ支持を説明しようとしたときだ。「トランプは本当は人種差別主義者じゃないんです。彼は、そういうことを言ってるわけじゃないんですよ！」トランプの発言を文字通りに受け取るなんてどうかしていると、ケイレブは笑いながら言った。「彼は建物の解体用に使う鉄球のように、何でも破壊してしまうんです。ポリティカル・コレクトネス（人種などの違いによる偏見や差別を含まない、中立的な表現や用語を用いること）なんかもね」

ところがニューヨーカーたちはこの発言ににこりともしなかった。だからと言って、いきなり怒り出したりもしなかった。かわりに、1点ずつ反論していった。「ケイレブは、偏見を正当化するようなことを言っています」とはラビのシュリの弁だ。

取材とはいえ、そのやりとりを眺めているのはなんとも奇妙な気分だった。少々ぎこちなくはあるものの、思ったほど気まずい雰囲気ではなかった。わたしは、ニュースを専門に扱うケーブル・チャンネルに登場する有識者や政治家がひたすら不毛な議論を繰り返しているだけのワシントンD.C.をあとにして、目の前のアメリカ人たちがもっと有意義なことをしている場に立ち会うためにここにやってきた。彼らもまた、可能性と山のような誤解と多くの質問を抱えて集った。こんなふうに交流しているミシガンの人々とニューヨーカーたちは、どちらもアメリカでは異国人のような存在だった。

だが何を差し置いても、あらゆる紛争産業の複合体に逆らってでも、彼らは互いを理解し合いたいと願っていた。それを見てわたしは再度、不健全な対立における第1の逆説を思い出した。人間には、物事を単純化して敵視する能力があるが、調和を切望してもいる。わたしたちは、対立によって駆り立てられ、対立によって苦しめられる。そこから抜け出したいと願い、とどまっていたいとも願う。

「うまく説明はできませんが」とミンディは言った。「わたしは心からあの人たちのことが好きになってきています」

別の会話でのこと。同性同士の結婚式のためにケーキ職人がケーキづくりを強要されるべきではない、とケイレブが言った。それは信教の自由を否定するものだと。この発言を耳にすると、マーサは静かに立ち上がり、席を外した。怒りを覚えたわけではなかった。悲しかったのだ。「ケイレブは、自分とは立場を異にする側にも自由があり、そちら側の人にも感情があるということには考えが及ばなかったのでしょう」とマーサ。そういったことについて、ケイレブと話し合いたいと思っていたが、今はまだ難しいようだった。「だから数分ほど外で風に吹かれながら、ひとりで泣くだけにとどめました」

最終日、彼らは一同揃って、組合事務所の押収された武器ケースの隣にある大きなテーブルについた。そして、自分たちがこれほどのつながりを築けたことに驚いていた。「今回このような経験ができたことに心から感動しています」ケイレブが言った。「簡単に言うと、話を聞いてくださって、ありがとうございました」

「こちらこそ、あなたがご自宅を提供してくださったこと、ご家族もご協力くださったことに、とても感謝しています」とマーサ。「本当に信じられないような経験をさせていただきました。おかげで、みなさんのことをこんなにも深く思いやれるようになりましたし、これから先も意見の一致を見ないことはあるでしょうが、それでも大丈夫なのだと思えるようになりました」

次はミンディの番だ。人前ではめったに感情的にならない女性だった。「教育に感謝します。わたしは世間知らずでした」そして室内を見回す。「わたしたちは互いに忌憚なく質問し合いました。それで腹を立てたりする人はひとりもいませんでした」。ミンディはナプキンをつかんで涙を拭った。

刑務官組合の事務局長アンディは、みんなが心の壁を取り払ったことに驚いたと言った。それは、普段はなかなか心を開かない組合員たちも含めてのことだった。なにしろ彼らは同僚にも自宅の住所を教えなかったからだ。我が身を守るためにFacebookでも偽名を使っている者もいた。それなのに今ここにいるのは、ナプキンを顔に当てて泣いている者だったり、初対面の人を自宅に快く迎え入れた者だったりする。「全体として言えるのは、伝聞を拠り所にして人を判断してはいけない、ということです」アンディは告げた。「誰かを本当に知りたいなら、心の壁を取り払って自分の弱さをさらけ出してください」

最後に話をしたのはラビのローリーだった。「わたくしにとっては転機となりました」静かな口調。「深い癒しを感じています。そしてそれは、わたくしたちがともに生み出したものです」そのとき、今回の訪問を通して、彼がほとんど説教をしていなかったことにわたしは気づいた。そこにいるローリーはとても幸せそうだった。居心地の悪さを感じることもなく、理解できないあらゆることに心惹かれているようだった。だがそれもひとえに、そのときまでに何年にもわたって対立に立ち向かってきた経験があったからだろう。ローリーはその術を知っていた。

カンノーリとヤムルカ

過去1世紀の間に、アメリカでは政治的な分断が一気に進み、これまで述べてきたような交流は珍しいものとなってしまった。1973年以降、政治に対する考えが違う者同士が結婚する割合はほぼ半減している。コミュニティもしかり。同じ政治理念の人たちがひとつのコミュニティを形成する傾向は、わたしが子どもだったころよりも今のほうが強くなっている。昔は、近隣で誰が誰に投票したかなど誰も気にしていなかったように思う。だが2016年の大統領選以降、わたしの息子が通うワシントンD.C.の公立校では、どの子どもの親がトランプに投票したかを全員が知っているようだった。しかもその一家はその後すぐにフロリダへ引っ越している。

人種差別や宗教差別と同じで、分断もまた偏見を生みかねない。「分断は、集団における対立の悪化を煽る一連の連動したプロセスを引き起こす」と社会心理学者トーマス・ペティグリューは書いている。「否定的な固定観念は誇張される。不信感は溜め込まれる。そして、限られた集団間で繰り広げられる交流を象徴するのが気まずさだ」

この20年間で急増したアメリカの政治的反目も、その一部はこの分断に起因している可能性がある。同じ政治理念を持つカップルには、相反する政治理念の持ち主をより厳しく批判する傾向が見られる。そんなカップルの間に生まれた子どもたちは、政治的に「相容れない」相手に関する、恐ろしく限定的で正確さにも欠ける物語に何十年もさらされ、苦しんでいる。つまり家庭が、FacebookやYouTubeにも引けを取らない、究極のエコーチェンバー（価値観の似た者同士で交流することで、特定の意見だけがどんどん増幅されていく現象）になってしまっているのだ。

対して、政治に対する考えが違う者同士で結婚したカップルは、相手の支持政党や候補者をより複雑な視点から考える傾向にある。家族という小さな単位内での多様性は、国レベルの二項対立に大きな影響を及ぼしていく。

世界的に見ても、自分とは考えや見方が異なる人を知ることで、人は急進的な発想から脱却できるようだ。それによって不健全な対立に陥るリスクも減り、かかわるすべての人がより充実して豊かな人生を送れるようになっていく。そんな対立からの回復力に必要なのが、新たなインフラの構築だ。それはつまり、**対立と切り離したものではなく、対立の中にありながら有意義な関係を生み出していける人間関係や組織を構築する**ことを意味している。

ニューヨーカーたちがミシガンを訪ねて2カ月後、当初の計画通り、今度はミシガンの保守派たちが飛行機でニューヨーク市へやってきた。全員が顔を合わせたのは、ウォール・ストリートにあるコーシャのピザ店。わたしは今回もありがたいことに参加させていただけた。ニューヨークの心理学者ロビン・カーナーが、アッパー・ウエスト・サイドにある自宅に泊めてくれた。彼女自身はソファで休み、ひとつしかないベッドルームをわたしに提供してくれた。それも当然といった感じで。自分がミシガンに行ったときにホストファミリーにそうしてもらったから、自分も同じようにしているだけだ、と言ってくれた。

あちこちでハグが交わされ、写真を撮り合う。最初に会ったときのようなぎこちなさはどこにも見当たらなかった。今回ミシガンの面々が一番不安だったのは、ニューヨーク市そのものに対してだった。

「来る前の3日間はずっと泣いてたんです」とミンディが教えてくれた。地下鉄や人混みで迷子になったりしないか、よくわからないものを食べなければいけないのではないかと心配だったという。だが思い出してほしい、彼女は刑務所で働いている。凶悪犯罪の罪で服役している屈強な男たちを日常的に監督している女性が、ひとりでニューヨーク市を旅するのが心配だった？「怖くて、来るのをやめようかと思ってたんです」とミンディは言った。

ケイレブは今回の旅に備えて、いろいろな問題について学び直してきたと話してくれた。今回の議題には、同性婚や移民といった難しいテーマも含まれているので、きちんと準備をしておきたかったという。「マーサとLGBTについて話をすると思うと、少し緊張しています」とケイレブ。

その夜、一行はラビのローリーがシナゴーグで執りおこなう安息日《シャバット》の礼拝に全員で参加した。「彼らは、縁もゆかりもない人たちでした」ローリーはそう言って、説教の際に彼らを信徒たちに紹介した。「ですが、彼らが『彼ら』であったのは以前の話で、今は『わたくしたち』であり、友です。わたくしたちは、ありとあらゆる問題に関し、考え方が大きく隔たっています。けれど、とてもすばらしいものをともに備えてもいます。それが思いやりです。そして、相手が心を寄せてくれていることに思いを致せば、『わたくしたち』と『彼ら』をつなぐ橋をわたることができるでしょう」

やがて音楽が流れてきた。わたしのホストのロビンが、わたしとケイレブに身を寄せてそっと教えてくれる。「ダンスの時間よ」すると、スキンヘッドに白いヤムルカ(敬虔なユダヤ教徒の男性がかぶる帽子のようなもの)をかぶったケイレブがさっと立ち上がり、ニューヨーカーたちと手をつないで、歌を歌いながら聖堂の中をぐるぐると回り始めた。わたしもいっしょに。不思議な感じがしたけれど、なんだか楽しかった。

その後の夕食の席でケイレブは、みんなと再会できたことにも、ニューヨーク市への初めての旅にも、初めてかぶったヤムルカにも感動しきりだった。「夢みたいですよ。我々が揃ってここにいるなんて。しかもこの帽子をかぶって。これは何というものなんですか?」

マーサは、ワシントン・ハイツ南部にある自宅にケイレブを招けることにわくわくしていた。ケイレブにとって宗教がいかに大事かは承知していたので、彼が、宗教学者であり教師でもある自分のパートナーとの会話を楽しんでくれることを願っていた。彼との再会は嬉しくもあり、不安でもあった。同性婚について話をすることになっていたが、意見の一致を見ないであろうことはわかっていたからだ。

その夜、自分の書斎を見せて、ここで寝起きしてほしいとケイレブに話しながら、マーサはアパートの狭さが気になって仕方がなかった。全部で3部屋のアパートは、ニューヨーク市ではじゅうぶん広かったが、ミシガンから見ればとても広いとは言えなかった。だから、この辺りはニューヨークの他の地域に比べると物価が安いと説明しようとしたのだが、ケイレブに家賃はどれくらいかと聞かれたときには、知らないと認めざるをえなかった。家賃がいくらかを気にしなくなって久しかったからだ。「あのときは本当に恥ずかしかったです」とあとでマーサは話してくれた。「自分がいかに恵まれているかを痛感させられました」

その夜、ケイレブはあまり眠れなかった。その日、目にしたありとあらゆるもののことや、話し合いの際に自分が言いたいことが頭の中でずっとぐるぐる回っていた。マーサがミシガンで迎えた初めての夜、ケイレブの家で横になったまま、心のざわつきを抑えられずにいたのと同じだった。

週末、リベラル派のユダヤ人と保守派の刑務官一行はセントラル・パークへ行き、ついでチャイナタウンでヴィーガン（完全菜食主義者）のコーシャフードを堪能。全員の期待を上回る美味しさだった。それからリトル・イタリーにある有名なフェラーラ・ベーカリーで、イタリア伝統の焼き菓子カンノーリを購入。この辺りでは、誰もがアパートやマンションに住んでいて、中には、好んでテレビを置いていない家もあることにミシガンから来た面々は驚いていた。そして、シナゴーグの理事アーヴと妻のルースの隣人がドナルド・トランプ・ジュニアの恋人キンバリー・ギルフォイルと知るや、興奮のあまり大騒ぎになった。

2日目。刑務官一行はトランプ・タワーへ行きたいと言い、そこで20分も写真を撮ったり、ギフトショップでお土産を買い込んだりしてすっかり舞い上がっていた。店の外で待つニューヨーカーたちの顔はどこか口惜しそうだった。

行く先々で、ミンディはにおいに苦しんだ。ペンシルベニア駅で乗ったエレベーター内にこもった小便臭。チャイナタウンに充満する生魚臭。わたしが足を止めて何かを指差そうとしたとき、ミンディに言われた、「吐いちゃうから立ち止まらないで」

彼女は、ニューヨーカーたちが信号を守らないことに気づいた。「法や秩序への尊重を欠いているんです」というのがミンディの出した結論だった。だが全体としては、ニューヨークという街の人々が思いがけずとても礼儀正しかったことに、ミシガンから来た面々は喜んだようだった。

「一度も身の危険を感じませんでした」と、ある刑務官は驚きのあまりうわずった声で話してくれた。「850万人もの人がいるのに、汚い言葉ひとつ耳にしなかったんです！」

ほぼどの観点から考えても、当時のニューヨークは長年そうであったように、とても治安のいい街だった。殺人事件の発生率も、刑務官たちの故郷に一番近いミシガンの州都ランシングのおよそ半分。だがそんな現実はどういうわけか、ミシガンに伝わるまでに失われてしまっていた。だから彼らは、ある程度の騒乱を覚悟していたのだった。

彼らのほっとした顔が見られたのはよかったが、つらくもあった。どうして正しい情報が伝わらなかったのだろう？　わずか4州しか離れていない地に暮らすアメリカ人同士が、どうしてこれほどまでに異質な存在になったのだろう？

「これを止めなければなりません」

丸一日いっしょに過ごせる最後の日、シナゴーグの主要聖域のかたわらにある部屋で、彼らは当初の予定通り同性愛者の権利についての難しい議論を交わした。最初に出されたのはファラフェル（ひよこ豆などを使った、コロッケのような中東の料理）とフムス（トルコを起源とし、主にひよこ豆を使った、ペースト状またはディップ状の料理）。シナゴーグの性別不問のトイレについても、少々の戸惑いが見られただけだった。「どうやって使うんですか？」とミシガンの男性がたずねた。「他のトイレと同じですよ」

話し合いを始めるにあたり、各人の見解にどれだけの差異があるかを示すため、コミュニティ・オーガナイザーのサイモンは全員に一列に並んでもらうことにした。自分の宗教観と同性婚の理念は対立しないと思う人は一方の端に、多分に対立すると思う人はもう一方の端に立ってくださいと告げる。マーサを筆頭にすべてのニューヨーカーは、対立しないほうの端に立った。ミシガンから来た面々の大半は真ん中に立っていた。

対立するほうの端に、それもうんと離れてただひとり立ったのはケイレブだった。「なんだか彼が気の毒な気がしました」とマーサ。それから全員で席につき、同性婚について最近下された最高裁判所の判決について話し合った。まずはマーサが先陣を切って、裁判所のこの件に対する考え方とともに、彼女自身が抱いている問題点を論理的に説明していった。話し合いは行きつ戻りつし、何も解決はしなかったが、みんなが真剣に耳を傾け、意見を述べ、反駁した。やがてケイレブとマーサはひしと抱き合った。どちらにとってもつらいことだったが、それでもそれぞれの違いを秘めたままにしておくよりもずっと気分がよかった。

あとでケイレブに、マーサとの友情と彼の信念――同性愛行為は罪深いことだという信念とをどうやって両立させたのかと問う人がいた。

「相手を大事に思う気持ちだよ」とケイレブ。そして言葉を継いだ。大切な人が罪を犯しても、その人を大事に思う気持ちに変わりはないだろう。それと同じだよ。それに、罪を犯さない人間なんていないんだから。

同性婚をテーマにした、満を持しての話し合いを終えたマーサはほっと一息つけた。ようやく一山越えたと思ったが、いささか拍子抜けした感もあった。「『わたしたちは誰かの考えを変えられたのかしら？』と思わずにはいられませんでした」その発想はこの交流におけるルールを破るものだということは承知していたが、だからといってどうすることもできなかった。

むしろ、いくつかの点で自分の考えが変わったことには気づいていた。ひとつ例を挙げるなら、今では、刑事司法制度の改革に刑務官にも参加してもらうことの重要性を認識していた。また、これまでのように保守派というだけで一括りにするのもやめた。リベラル派と同じで、保守派にもいろいろなタイプがあった。政治的に相反する人たちのことを簡単に当てこすったりもしなくなり、自分も相手も変われると考えるようになった。「ミシガンから来た面々はわたしたちを、自分たちのことを否定することもなければ否定する必要もない人間、これまで以上に豊かで複雑な人間と見なしてくれるようになりました。そしてそれはわたしたちも同じでした」

最終日、テネメント博物館（19世紀後半から貧しい移民たちが多数住んでいたアパートを修復し、移民の歴史と生活を紹介する博物館）に行ってから、一行は今後も交流を発展させる方法について話し合った。「夢みたいなことを言ってるのはわかっています」とルース。「でも、この交流が国中に広がってくれればって本気で願ってるんです。連邦議会に行って、こうした意見を発表できたらいいのに。ただ家に帰って、お昼に食べた美味しい中華料理のことだけ考えてるなんてこと、したくないんです」

この交流を主催し、彼らを引き合わせたサイモンは、別れの前のひとときを驚きの目で見つめていた。議会になど行けなくても、ここで、目の前で、とても価値のあることが繰り広げられていた。「あんなにも多くの人が好奇心に満ちている姿を目にしたのは初めてでした」とサイモンは言った。「好奇心が一気に跳ね上がる分岐点があったんです」

みんなが互いに別れの言葉を告げた。めったに泣かない人たちも涙を流していた。2カ月前のミシガンと同じ光景だった。ラビのローリーはこれまで世界中を旅して、ありとあらゆる人たちに会ってきたが、ここは何かが違った。「これまでの人生で、このような経験はほとんどしたことがありません。あなたの物語が、いまやわたくしの物語となり、わたくしの物語がいまやあなたの物語となったのです」とローリーは言った。

それからおよそ4カ月後の2018年10月27日、ペンシルベニア州ピッツバーグのシナゴーグで「ユダヤ人は全員死ね」と叫びながら男が銃を乱射し、礼拝に訪れていた人たち11人の命を奪った。男はアサルトライフルのAR－15と拳銃3挺を持っていたが、いずれも合法的に購入したものだった。

3日後、ミシガンとニューヨークのメンバーたちが電話会議をおこなって、サポートを約束し合い、悲しみを分かち合った。誰もが衝撃を受けているようだった。彼らはみんな、事件の数カ月前に、ピッツバーグでの礼拝と同じように、揃ってニューヨークのシナゴーグでの礼拝に参加していたのだ。「これまでにも銃撃事件はありましたが、今回ほど悲しみに打ち沈んだことはありませんでした。本当に身につまされました」ケイレブの言葉だ。「このグループに参加したおかげで、喜怒哀楽をちゃんと表現できるようになったんです。理由はわかりません。これまで生きてきて、こんなに感情をあらわにしたことなんてないんです」それでも、と彼は言葉を続けた。銃規制に対する考え方は変わらない、と。

その後ミシガンの面々は、ニューヨークの仲間たちに、自分たちはいつも彼らとともにあることを伝える手紙を書くことにした。ケイレブやミンディをはじめ、交流に参加した全員で文章を練り上げ、サインした。銃撃事件から2週間後、アンディとふたりの同僚ジェレミー・トリップ、マイク・レノックスがニューヨーク市へ飛び、ケイレブたちからのメッセージをニューヨーカーたちに直接届けた。そしてBJで執りおこなわれた安息日《シャバット》の礼拝で、それを読み上げた。

わたしたちは今日、保守派の愛国心強きアメリカ人としてこれを書いています……。アメリカは世界に対して唯一無二の象徴として、そしてまた手本としての役割を果たしている、まさに非凡なる地だと信じています。そしてそれゆえに、わたしたちの国を分断する対立をもたらす政治を嫌というほど見てきました。だからこそ、憎しみや不安をかき立て、それを愛国心と混同させるような大袈裟な言い回しを止めるよう求めています……なんとしてもこれを止めなければなりません、さもないと、いずれアメリカがアメリカではなくなってしまうでしょう。

ミシガンからやってきた面々が全文を読むのに要した時間はおよそ9分。そして読み終わると、BJの全信徒が立ち上がって拍手をした。それはささやかな恵みのときだった。借り物の白いヤムルカをかぶった保守派の男性3人を囲む、ニューヨークに暮らすリベラル派のユダヤ人たち。その全員が、自分たちの国のためにもっと力を尽くしたいと願っていた。もちろん、それが微々たるものでしかないのは、その場にいた誰もがわかっていただろうが、それでもそれは、今日のアメリカで多くの人が想像しうる可能性をはるかに超えたものだった。

それから2年にわたって、彼らは共同でFacebookページを作成し、しばらくは連絡を取り合っていた。マーサとケイレブは、何度かテキストメッセージを送り、話をしたこともあった。だがやがてふたりが別々に、Facebookへの投稿の頻度を減らしたとわたしに言ってきた。ふたりがそれぞれ経験したことが理由だった。「トランプ支持者に対する、腹立ちまぎれの鼻持ちならないつぶやきや投稿をする人たちに我慢がならないんです」とマーサは言った。「わたしたちがメッセージを送ったところで、逆効果でしかありません。火を見るよりも明らかです。ちっともうまくいかないんです」

その後、新型コロナウイルス感染症が世界的に大流行し、ミネソタ州ミネアポリスでジョージ・フロイドが白人警官によって命を奪われ、世界中から抗議の声が上がり、続いて2020年の大統領選がおこなわれた。そして記憶はその本領を発揮して、人々の脳裏からどんどん消えていった。やがてわたしは、ケイレブの投稿を含め、一部のFacebookページが再び過激になっていることに気づいた。敵対的な推断が息を吹き返していた。そして多くのグループメンバーの内にも、わたしたちと彼らという考えが蘇ってきた。

紛争産業の複合体は強力だ。敵対的な世界にあって、健全な対立を維持するには、話し合いを続けなければならない。この点については研究でも明確になっているし、ミシガンとニューヨークの交流もそれを裏づけている。対立のインフラは鋼鉄製で、しかも長期にわたって構築され続けていなければならない。さもないと、その効果は時間の経過とともに失われていく。誰もが敵対的なエコーチェンバーに戻っていってしまうからだ。

だが、人々が政治信念を同じくするコミュニティの中にこもったまま、その中の人としかつき合わず、結婚もしない、という状況が増える一方のこの国において会話を続けていくには、とてつもない努力を要する。分断された社会では、自然な出会いなど望むべくもない。

それでもBJは依然として、新たな対立にかかわり続けている。ラビたちが目下計画を進めているのは、マンハッタンのセントラル・パークを挟んだ向かい側にある、正統派シナゴーグとの交流だ。イスラエルとパレスチナの対立や、正統派ユダヤ人の多くが支持しているトランプについて、気まずくてもいいから、とにかく会話ができるといいのだが、とラビたちは考えていた。

一方、サイモンもBJやミシガン州矯正局と協力して、新たな交流に着手していた。今度は大学生同士の交流だ。そして2020年初頭、オハイオ州にあるリベラルなオーバリン大学の学生が、ミシガン州の保守的な福音主義キリスト教系の大学スプリング・アーバー大学の学生と交換交流をおこなった。また、他にも8大学がこのプログラムの導入を計画していた。

最後にマーサと話したとき、彼女は、ケイレブが何を考えているだろうと思うことがよくあると言っていた。ミシガンでは刑務所内でコロナウイルスの感染が相次いでいるだの、抗議デモがおこなわれただのといったニュースを目にするたびに、ケイレブのことを考えるのだそうだ。「こういったことを、ケイレブはどう見ているのかしら？」と自問するのだと。

マーサは、おそらく自分はその答えが気に入らないだろうと思った。それでも、その答えを知っていると決めつけることはしなかった。これはとても大きな変化だった。彼女は、自分勝手な思い込みを取りのぞいた。交流から2年たってなお、好奇心を抱いていた。

「おかげで、自分の持っている力を最大限発揮できたような気がします」とマーサ。わたしには彼女の言わんとすることが手に取るようにわかった。なぜならわたしも同じ思い——健全な対立の中にあって、自分は存分に生きている、という思いをしたことがあったからだ。自分の大切なものを手放すことなく、自分がこれまで理解していなかったことについて議論し、疑問を呈し、考えを改め、気づきを得ることができた。

そんな感覚を一度でも味わったら、もう一度経験したくなる。健全な対立の中で、互いに共通する人間性があると気づいたことで得られる驚き。マーサはそんな驚きを、ミシガンとニューヨーク、それぞれの地でおこなわれた交流で経験していた。とはいえ、日常生活でそんな経験ができることはめったになくなってしまった。

「神のお導きであの2回の経験をさせてもらえた気がします。だからこの先の人生でもあちこちでまた経験させてもらえることを願ってるんです」とマーサ。「ありのままで心を開けば、思いがけない経験ができるんです」

同感だ。

本文の注釈、参考文献、付録を
下記よりダウンロードできます。

付録

不健全な対立を見分け、防ぐ方法

https://d21.co.jp/special/highconflict/

ID：discover3047

PASS：highconflict

注釈、参考文献

https://d21.co.jp/download/highconflict.pdf

High Conflict

よい対立　悪い対立

世界を二極化させないために

発行日　2024年 6月21日　第1刷
　　　　2024年 9月20日　第2刷

Author　アマンダ・リプリー
Translator　岩田佳代子　翻訳協力:株式会社トランネット(www.trannet.co.jp)
Book Designer(カバー)　西垂水敦(krran)
(本文)　山之口正和、齋藤友貴(OKIKATA)

Publication　株式会社ディスカヴァー・トゥエンティワン
〒102-0093　東京都千代田区平河町2-16-1 平河町森タワー11F
TEL　03-3237-8321(代表) 03-3237-8345(営業)
FAX　03-3237-8323
https://d21.co.jp/

Publisher　谷口奈緒美
Editor　牧野類

Distribution Company
飯田智樹　蛯原昇　古矢薫　佐藤昌幸　青木翔平　磯部隆　井筒浩
北野風生　副島杏南　廣内悠理　松ノ下直輝　三輪真也　八木眸　山田諭志
鈴木雄大　高原未来子　小山怜那　千葉潤子　町田加奈子

Online Store & Rights Company
庄司知世　杉田彰子　阿知波淳平　大﨑双葉　近江花渚　滝口景太郎
田山礼真　徳間凜太郎　古川菜津子　藤井多穂子　厚見アレックス太郎
金野美穂　陳玟萱　松浦麻恵

Product Management Company
大山聡子　大竹朝子　藤田浩芳　三谷祐一　千葉正幸　中島俊平　伊東佑真
榎本明日香　大田原恵美　小石亜季　舘瑞恵　西川なつか　野﨑竜海
野中保奈美　野村美空　橋本莉奈　林秀樹　原典宏　牧野類　村尾純司
元木優子　安永姫菜　浅野目七重　神日登美　小林亜由美　波塚みなみ　林佳菜

Digital Solution & Production Company
大星多聞　小野航平　馮東平　森谷真一　宇賀神実　津野主揮　林秀規
斎藤悠人　福田章平

Headquarters
川島理　小関勝則　田中亜紀　山中麻吏　井上竜之介　奥田千晶
小田木もも　佐藤淳基　福永友紀　俵敬子　池田望　石橋佐知子　伊藤香
伊藤由美　鈴木洋子　藤井かおり　丸山香織

Proofreader　株式会社鷗来堂
DTP　株式会社RUHIA
Printing　日経印刷株式会社

ISBN978-4-7993-3047-0
YOI TAIRITSU WARUI TAIRITSU – SEKAI WO NIKYOKUKA SASENAI TAMENI by Amanda Ripley